YIDAIYILU
DIANLI HEZUO
GUOBIE YANJIU
YINNI HE YUENAN

“一带一路”电力合作国别研究
——印尼和越南

袁家海　刘琪林　著

中国水利水电出版社
www.waterpub.com.cn
·北京·

内 容 提 要

本书采用技术经济分析、风险评价、环境压力测试等方法，选取印尼和越南作为“一带一路”电力合作国别研究的典型国家，在前书《“一带一路”绿色电力合作研究》的基础上，进一步探讨“一带一路”国家电力合作的相关问题，尤其是煤电和可再生能源方面的问题。本书对印尼和越南发展现状和需求展望进行了详细分析，总结了两个国家电力工业发展面临的主要困境，并以实际案例剖析了中国电力企业“走出去”遇到的问题，为中国企业、印尼/越南政府、行业和企业的国际合作提供建议。

本书适用于高等院校管理科学与工程、技术经济及管理、企业管理等专业的师生，以及相关研究机构、电力行业、金融机构和政府部门的人员阅读参考。

图书在版编目（CIP）数据

“一带一路”电力合作国别研究. 印尼和越南 / 袁家海，刘琪林著. -- 北京 : 中国水利水电出版社，2019.7
ISBN 978-7-5170-7823-4

Ⅰ. ①一… Ⅱ. ①袁… ②刘… Ⅲ. ①电力工业－国际合作－研究－中国、印度尼西亚②电力工业－国际合作－研究－中国、越南 Ⅳ. ①F426.61②F434.266 ③F433.366

中国版本图书馆CIP数据核字(2019)第154269号

书　　名	**“一带一路”电力合作国别研究——印尼和越南** “YIDAIYILU” DIANLI HEZUO GUOBIE YANJIU ——YINNI HE YUENAN
作　　者	袁家海　刘琪林　著
出版发行	中国水利水电出版社 （北京市海淀区玉渊潭南路1号D座　100038） 网址：www.waterpub.com.cn E-mail：sales@waterpub.com.cn 电话：(010) 68367658（营销中心）
经　　售	北京科水图书销售中心（零售） 电话：(010) 88383994、63202643、68545874 全国各地新华书店和相关出版物销售网点
排　　版	中国水利水电出版社微机排版中心
印　　刷	北京瑞斯通印务发展有限公司
规　　格	184mm×260mm　16开本　9.5印张　231千字
版　　次	2019年7月第1版　2019年7月第1次印刷
印　　数	0001—1000册
定　　价	**48.00**元

前言

“一带一路”倡议已走过五个年头，秉承开放包容、互利共赢、市场运作、安全发展、绿色发展与和谐发展的六项原则，助力沿线国家经济、能源、基础设施、文化等领域的发展，赢得了国内外的广泛好评与支持。东南亚地区与中国紧密相邻，既是“一带一路”倡议重点地区，又集中了多个新兴经济体，是当前全球投资的热点地区。麦肯锡全球研究院最新报告认为，如果连续50年人均国内生产总值（GDP）增长率达3.5%或者连续20年人均GDP增长率达5%，新兴经济体被认为显著增长。根据这个标准，印度尼西亚、马来西亚、新加坡和泰国等可归为“长期典范”组，越南、老挝、柬埔寨和缅甸等可归为“近期典范”组。印度尼西亚和越南作为东盟新兴经济体中的代表国家，经济发展迅速，能源供应尤其是电力能源供应成为其当前亟需解决的问题之一。

印度尼西亚（以下简称“印尼”）各类资源丰富，经济发展水平达到中等偏上收入国家的标准，独特的地理位置使其成为全球贸易的重要节点，投资快速增长，市场前景广阔。目前，印尼已转变了依靠能源出口换取经济收益的策略，转而重视国内电力工业基础设施建设，较快的经济和人口增长使得印尼成为当前国际电力投资合作的热门国家。目前，印尼电力行业发展面临的主要问题如下：①NDC目标难以实现，能源行业挑战巨大；②政策与规划的不确定性；③PPA新政的负面影响，投资吸引力降低；④现役煤电机组普遍落后；⑤可再生能源产业基础薄弱；⑥偏远岛屿电力短缺问题严重。

越南GDP增速在6%左右，但人均收入在东盟国家中处于较低水平。越南目前以水电、煤电和气电为主，电源结构相对合理，并且注重提高电力供应质量，基本实现了全国通电。但越南电力行业发展存在着很大的不确定性，原因在于：①越南煤电碳排放强度较高，NDC减排压力大，需要对现役机组进行大规模清洁高效改造；②如果越南大规模发展煤电，对于进口煤炭的依赖程度将增加，可能会有能源安全和电力供应成本不确定性的风险；③越南对煤电投资提出新的规定，今后的外资投资项目将只是IPP项目，PPA无国家担保，而且越南的PPA无照付不议条款，无视同调度条款，项目投资方的风险较大；④越南要平衡追求低电价与提高能效之间的关系；⑤越南电力供需矛盾问题得到缓解，但区域失衡问题依然会存在；⑥可再生能源尚未得到充分开发。

“一带一路”电力合作国别研究以印尼和越南为例，一方面是因为这两个国家处于经济与电力需求迅速增长阶段，有着巨大的投资吸引力；另一方面，这两个国家煤电行业都存在着明显的问题和缺陷，而中国煤电清洁高效发展经验正适合现阶段印尼和越南等发展中国家，既可以有效解决电力供应问题，也可以缓解落后发电技术造成的环境污染问题。此外，中国电力企业已经在东南亚国家广泛开展投资合作，有着良好的合作基础。

本书着眼于“一带一路”电力合作国别研究，研究定位是深入剖析印尼和越南的电力发展难题以及中国电力企业“走出去”遇到的问题，为中国企业、印尼/越南政府提供建议。首先介绍了当前“一带一路”电力合作的现状，明确电力合作在国际发展中的重要作用，并阐明了典型国家印尼和越南电力行业的主要问题；然后详细介绍了本书的方法论：风险评价指标体系、经济性分析和压力测试工具；其次对印尼和越南的电力发展状况进行了全方面的阐述，包括能源经济发展现状、电力工业基础、电力市场监管与准入机制和电力工业展望等；再次，对印尼和越南的风险评价、经济性和压力测试的结果进行了分析探讨；接着介绍了中国煤电清洁高效发展、可再生能源产业发展和电力普遍服务的相关经验；最后得出本书的研究结论与主要建议。

本书的出版得到了全球环境研究所（GEI）的大力支持，在此表示感谢。作者分工如下：袁家海和刘琪林负责本书的策划与统筹、研究主体方向与框架，以及主体内容的编写工作；欧阳敏负责第1章的辅助工作；张浩楠负责第3章和第6章的辅助工作；翟迪和曾昱榕负责第2章和第4章的辅助工作，李忻颖和杨晓文负责第5章的辅助工作，赵梦原负责研究内容的整合与修订工作。

由于作者水平有限，书中不足之处，还请各位读者批评指正。

作者

2018年12月

目录

第1章

绪 论

1.1 “一带一路”电力合作现状

1.1.1 “一带一路”电力合作基础情况

2013年9月和10月，中国国家主席习近平在出访中亚和东南亚国家期间，先后提出共建“丝绸之路经济带”和“21世纪海上丝绸之路”（以下简称“一带一路”）的重大倡议，至今已经受到全球多个国家和国际组织的支持，国际社会普遍对“一带一路”所取得的长足进展给予高度评价，认为是迄今最受欢迎的国际公共产品、前景最好的国际合作平台。“一带一路”倡议从无到有、由点及面，不断开花结果，在各方的共同推进下逐渐从理念转化为行动，从愿景转变为现实，形成了各国共商共建共享的合作局面。

“一带一路”倡议不但赢得越来越多沿线及相关国家的积极响应和积极评价，也得到了联合国的支持，包括安理会在内的联合国机构的有关决议或文件已不止一次纳入或体现了“一带一路”的内容。其中，2016年9月，中国与联合国开发计划署签署关于共同推进“一带一路”建设的谅解备忘录引人瞩目。这是中国政府与国际组织签署的第一份共建“一带一路”的谅解备忘录，是国际组织参与“一带一路”建设的一大创新。同年11月，联合国大会首次在决议中写入中国的“一带一路”倡议，决议得到193个会员国的一致赞同。此外，据零点集团的报告分析，尽管也有少数智库持消极态度，比如认为亚投行会与已有国际金融机构恶性竞争等，全球顶级智库对“一带一路”态度总体正面，多数智库对“一带一路”倡议持中性乃至积极态度，评价客观公正且看好其实现前景[1]。

能源与电力是“一带一路”合作的重要领域，中国电力行业积极探索合作新模式，电力国际合作硕果累累。“一带一路”国家（以下简称“带路”国家）是中国电力企业国际产能合作的主要市场，在电力合作方面已经取得显著成效。2013—2017年，我国主要电力企业在“带路”国家，年度实际完成投资额3000万美元以上的项目50多个，累计实际完成投资80亿美元；签订电力工程承包合同494个，总金额912亿美元；成功投资运营菲律宾、巴西、葡萄牙、澳大利亚、意大利、希腊等国骨干能源网。国家电网公司管理的海外资产达655亿美元，华能集团境外发电装机容量超过1000万kW，三峡集团、南方电网公司、大唐集团、华电集团境外总资产分别达 1150 亿元、437 亿元、130 亿元、200 亿元[2]。

我国电力企业在“带路”国家投资建设了一批发电项目，主要为水电站和燃煤电站。中国电力工程承包企业在“带路”国家也承建了大量项目，如印度境内的世界目前最大的燃煤电站、巴基斯坦最大水电站、斯里兰卡最大的燃煤电站、伊拉克最大的燃油电站等，提升了中国企业在当地的影响力。中国电网企业在“带路”国家主要开展电力贸易、电网资产并购和绿地投资业务，与俄罗斯、蒙古、越南、老挝、缅甸等国家实现了电网互联互通，投资运营菲律宾国家电网资产，开展中巴经济走廊重要标志性工程——巴基斯坦±660kV直流输电绿地投资项目[3]。

“带路”国家电力合作前景广阔，中国电力企业大有可为。根据预测，2016—2020 年“带路”国家用电量负荷年均增长率为 14.5%，中国为 5.9%，全球为 3%。尽管“带路”国家总体电力需求增长很快，但沿线各个国家发展水平不一，有些国家甚至长期处于未通电状态，严重制约了经济发展。“一带一路”倡议目前覆盖国家总人口 46 亿人，人均用电量约为 2825kWh，远低于国际水平的 3295kWh[4]。据世界银行数据统计，2016 年仍存在未通电人口的“带路”国家有 16 个，占比约 24%，未通电人口约 3.12 亿人。许多“带路”国家为能源富余型国家，资源的富余为电力建设提供了可靠的条件。随着“一带一路”合作的深入，相关国家的电力需求将出现持续增长现象，尤其是未通电率高的国家在基础设施、电源和电网方面的建设需求会大幅增加。作为支持和促进经济发展的基本要素和主要力量，电力在合作实施过程的先行作用不可忽视。在“带路”国家开展电力合作，既能满足当地居民的用电需求，又可以促进当地经济的快速发展。

中国企业在电力技术水平、设备制造能力、电力工程的设计、建设和总承包能力等方面处于世界领先水平，在满足我国电力发展的同时，具有为世界电力发展做贡献的能力和意愿，推动“带路”国家的电力建设，使得技术装备、节能减排和金融投资等方面的标准“走出去”，发挥自身“绿色”领导力。

1.1.2 煤电电力合作

“带路”国家煤电仍是电力供应主力。2015 年，“带路”国家的煤电装机总量达到了 13.98 亿 kW，占全球燃煤装机总量的 73%。2006—2015 年，全球每年 90%左右的新增煤电装机容量集中在“带路”国家，其中东亚、东南亚和南亚最多（中东国家主要是油气发电），见表 1-1。“带路”国家约 80%的电力需求是由化石能源发电提供的，2014 年化石能源发电总量达到了 11 万亿 kWh，而煤电是其中最主要的电力来源。过去 10 年是煤电发展的高峰期，但是到了 2016 年，煤电装机总量开始大幅度下降，这主要归因于中国和印度政策及经济形势的改变。

截至 2016 年年底，中国参与了沿线 25 个国家共 240 个煤电项目，总装机容量达到了 251054MW，其中开工前（规划中和已签约）的项目共 52 个，总装机容量为 72116MW，占全球开工前煤电厂总装机量的 12.66%；建设中的项目共 54 个，总装机容量为 48005MW，占全球建设中煤电厂装机总量的 17.59%；运营中的项目共 114 个，总装机容量为 88018MW，占全球运营中煤电厂总装机容量的 4.48%[5]。图 1-1 是中国参与“带路”国家煤电项目的总体情况。

表 1-1　　2006—2015 年"带路"国家新增煤电装机情况　　(万 kW)

国家	2006 年	2007 年	2008 年	2009 年	2010 年	2011 年	2012 年	2013 年	2014 年	2015 年
中国	8217.5	7670	5671.3	6425.3	6097.8	6528.1	4949.9	5267.7	3998	5626
俄罗斯	18	0	0	63	0	21.7	42.3	0	99.6	108.5
日本	5	58.5	43.8	63	90	0	0	185	0	0
韩国	50	210	150	224	25	0	0	0	177	102
印尼	195	15	10	35.1	87.6	469.7	407	191.9	108	245.1
泰国	71.7	71.7	3.6	0	8.5	0	66	0	0	0
马来西亚	74.8	149.6	0	177.4	0	0	0	0	0	108
越南	41.4	0	0	30	52	161	30	104	277.4	441.4
菲律宾	28.4	0	0	0	26.7	34.9	0	30	8.5	58.5
老挝	0	0	0	0	0	0	0	0	0	125.2
印度	235.6	533	544.1	567.2	1219.5	1491	1816.6	1785.8	2288.3	2023
土耳其	108	5	0	27	139	60	0	32.8	95	174
波兰	0	3.3	47.4	56	6.4	85.8	0	5	0	5.5
保加利亚	0	0	0	68.8	0	67	0	0	0	0
哈萨克斯坦	12	12	0	0	0	15	0	0	0	0
全球	9205.6	8972.2	6628.6	8061.2	8756.6	9566.2	8542.9	8215.7	7446.1	9795.4

数据来源：End Coal。

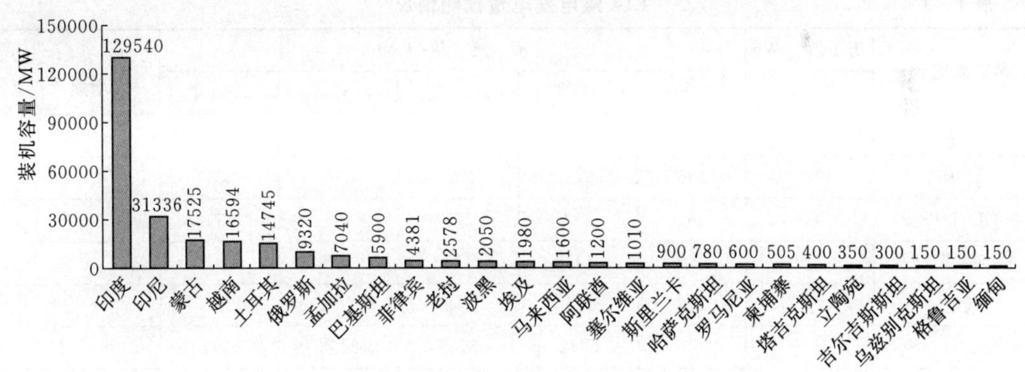

图 1-1　中国参与"带路"国家煤电项目的总体情况

数据来源：全球环境研究所。

根据已有数据的粗略估算，"带路"国家电力增长潜力巨大，到 2030 年，煤电新增装机容量预计可达 6.96 亿 kW，到 2040 年，煤电新增装机容量约 9 亿 kW[6]。表 1-2 和表 1-3 分别是美国能源信息署（EIA）对不同国家或地区煤电装机和发电量的预测，可以看出，到 2030 年"带路"国家煤电装机和发电量增长潜力巨大，尤其是印度、东南亚和独联体的煤电发展前景广阔。目前，印度正在调整煤电规划，而且印度的投资环境、环境约束和水资源压力情况都不乐观，所以在印度进行煤电投资合作需要谨慎，目前主要是进行电力装备方面的贸易合作；对比之下，东南亚和独联体的煤电合作前景更好。同时，为了更好地协调电力需求与环境治理之间的共同发展，“一带一路”煤电合作要以高效清洁、节水型煤电机组为主，预计“带路”国家所有规划装机中有3.6亿kW左右的装机是超临界或超超临界机组。

表1-2 EIA（美国能源信息署）煤电装机预测情况

国家或地区	历史值/GW	预测值/GW					2012—2040年均增速/%
	2012年	2020年	2025年	2030年	2035年	2040年	
日本	50	49	47	46	44	43	−0.6
韩国	31	39	38	38	39	41	1.0
非OECD欧亚	110	112	109	111	111	111	0.0
俄罗斯	49	53	51	54	56	56	0.5
其他	61	59	58	57	55	55	−0.4
非OECD亚洲	994	1178	1195	1195	1208	1236	0.8
中国	770	888	901	886	865	845	0.3
印度	153	188	189	197	222	255	1.8
其他	71	102	105	112	121	136	2.4
中东	0	1	1	1	1	1	6.4
非洲	36	46	45	46	47	51	1.3
巴西	4	5	5	5	4	4	0.6

表1-3 EIA煤电发电量预测情况

国家或地区	历史值/TWh	预测值/TWh					2012—2040年均增速/%
	2012年	2020年	2025年	2030年	2035年	2040年	
日本	285	270	260	251	242	233	−0.7
韩国	225	235	228	227	236	251	0.4
非OECD欧亚	389	361	352	379	405	414	0.2
俄罗斯	159	152	141	170	196	203	0.9
其他	230	209	211	209	209	211	−0.3
非OECD亚洲	4717	5658	5982	6069	6258	6547	1.2
中国	3587	4212	4392	4353	4273	4194	0.6
印度	753	944	1016	1087	1281	1536	2.6
其他	377	502	574	629	704	817	2.8
中东	0	1	3	4	5	7	—
非洲	239	283	303	308	322	346	1.3
巴西	12	18	18	17	17	16	1.0

未来，虽然煤电仍是“带路”国家电力供应主力，但煤电项目风险预期将会升高。首先，大量煤电项目被搁置，中国参与的规划中的项目风险加大。2018年1月与2016年同期相比，全球开工前及规划中燃煤电厂装机下降59%，在建项目装机下降38%，而搁置

项目为同期的 176%（表 1-4）。截至 2018 年 3 月，全球 30MW 以上煤电项目有 634777MW 装机被搁置，碳约束、融资缺口、投资环境、水资源压力都成为燃煤电站搁置的原因。考虑到国际社会对煤电越来越大的反对声音和能源结构加快转型的现实要求，煤电投资项目的风险可能随之加大。其次，除了项目搁置风险，中国投资燃煤电厂还面临当地法规变化风险。印度、土耳其、印尼、越南等国家正在调整或重新审查燃煤电厂规划；中东国家经济受油价下跌影响、南亚国家由于政治因素，纷纷加大对中国煤电企业的税务稽查。目前中国在"带路"国家的电力合作仍以煤电项目为主，必须对上述风险有全面的认识。未来，中国煤电输出的重点应转向提高发电能效、减少燃煤电厂污染物排放项目；电力企业还需密切关注当地行业、投资、税收等法规的变化，如果面对突如其来的税务稽查，及时寻求专业法律顾问和税务顾问的帮助，避免不必要的税款损失[7]。

表 1-4　2016 年 1 月到 2018 年 1 月全球拟建燃煤电厂变化　(MW)

状　态	2016 年 1 月	2017 年 1 月	2018 年 1 月	2017 年 1 月与 2016 年 1 月相比	2018 年 1 月与 2016 年 1 月相比
宣布	487261	247909	174884	−29%	−64%
前期开发	434180	222055	168127	−24%	−61%
核准	168230	99637	103613	4%	−38%
宣布、前期开发及核准	1089671	569601	446624	−22%	−59%
开工建设（过去 12 个月）	169704	65041	45913	−29%	−73%
在建	338458	272940	209566	−23%	−38%
搁置	230125	607367	634777	5%	176%
投产（过去 12 个月）	101624	83785	60195	−28%	−41%
运行	1914579	1964460	1995818	2%	4%

数据来源：全球煤炭研究网络"全球燃煤电厂追踪系统"，2018 年 1 月（包括装机容量 30MW 及以上的燃煤发电机组）。

另外，受气候变化、金融投资、能源替代、水资源约束和能效提高等因素的影响，燃煤装机尤其是高能耗高污染的落后机组面临着淘汰或升级改造的命运，为减少污染、碳排放和水资源压力，煤电的发展必须要遵循绿色可持续的原则，大力发展煤炭清洁高效利用技术。日本是世界上海外燃煤电厂的最大资助者，在南美、非洲和亚洲都有建造计划，在 OECD（经济合作与发展组织）出台《官方支持出口信贷安排》后，计划以超超临界技术替换所有当前拟建的亚临界和超临界电厂。中国、印度、越南和韩国是目前在建燃煤机组最多的 4 个国家，实现 NDC（国家自主贡献）目标承诺的同时也要保障经济和社会用电，必须要加快对老旧燃煤电厂的淘汰或者升级改造，对新建机组的技术标准提高要求，减少燃煤电厂污染物和温室气体排放，做好电力行业绿色转型的准备。

1.1.3　可再生能源合作

整体而言，中国同"带路"国家的可再生能源合作潜力较大，中国企业需要理性评估当地市场以把握发展机遇。由于可再生能源自身特点和储能技术的进步，其发电成本迅速下降，甚至可以和传统化石能源竞争。而随着可再生能源成本下降，众多国家一方面积极规划可再生能源项目；另一方面开始调整和削减补贴政策。未来，可再生能源项目的成功将更多取决于投资者对当地市场的把握而非电价补贴支持。投资者将需要更全面细致地评估当地可再生能源的新增或替代需求，融资的难易程度、电力销售协议以及当地政治、经济和经商环境。

中国与“带路”国家可再生能源合作日益紧密，呈现较好发展前景，尤其是风力发电站和太阳能电站建设业务取得较大突破。近几年，随着环保意识的提高以及可再生能源电力设施的建设成本降低、新技术的不断突破和应用，越来越多的国家开始大力发展可再生能源，特别是在中亚、中东、拉美等工业化基础比较好的国家，可再生能源项目不断增加。2016年中国在“带路”国家电力总投资额达76.55亿美元，较2015年增加了两倍多。其中，可再生能源占48%，煤电占21%，输变电占16%，矿产资源占9%，其他约占6%[8]。2017年，中国企业在境外风力发电和太阳能发电项目合计新签合同额60.5亿美元，尽管水电站建设业务年度新签合同额同比下降11.7%，但2017年仍新签约了赞比亚下凯富峡水电站、尼日利亚蒙贝拉3050MW水电站等大型项目[9]。

“带路”国家可再生能源装机增长潜力巨大。未来一些“带路”国家的能源角色将发生转变，逐步由能源供应者向能源消费者转变，加快电力基础设施的建设有助于促进“带路”国家的社会经济发展。到2030年，预计新增可再生能源装机19.6亿kW，达到28.3亿kW；根据资源禀赋和发展需求，可再生能源发展潜力较大的地区分布在欧洲、南亚、东南亚、中东、非洲。而按照巴黎协议的碳减排目标所规定的目标期限，到2030年，“带路”国家可再生能源新增装机预计发电量可达3.5万亿kWh。

作为2030议程和巴黎协定的重要部分，电力建设的先行作用不可忽视，而可再生项目更是今后电力建设的重点。无论在传统的水电还是新兴的风电和太阳能，中国都有着较强的技术实力、项目实施经验和装备制造能力。现阶段，尽管很多中国企业正在积极开展可再生能源合作，可再生能源行业“走出去”的脚步仍需进一步加快。

未来，中国企业将面临广阔的可再生能源合作机遇，但东道国针对可再生能源日益频繁的政策调整和优惠调减等因素不容忽视。过去的一两年中，许多国家不断调减上网电价补贴，越来越多欧洲和亚洲的大型项目由电价补贴改为竞价上网（表1-5）。在欧洲，欧洲委员会批准了几个成员国大型项目电价招标的更改，德国、法国、捷克、斯洛文尼亚、波兰、英国等国都经历了上网电价补贴政策的调整。在亚洲，除了中国、日本降低太阳能上网电价补贴，巴基斯坦太阳能电价调减36%，菲律宾提议调减第三轮上网电价补贴。只有印尼调高太阳能发电上网电价70%，并设定地热能的固定上网电价。在非洲，肯尼亚宣布将上网电价补贴转向招标制，埃及宣布了新的上网电价规定，规定太阳能项目30%的资金和风电项目40%的资金必须来自本国。除了上网电价规定，很多国家正在对支持可再生项目的财税政策和其他相关配套政策进行调整。伊朗规定太阳能和风能发电厂35%的国产化率，土耳其规定如果所有风机都由本国生产则可享受50%的电价提升，而进口太阳能面板发电价格则要减半。总的来看，未来“带路”国家可再生能源发展潜力巨大，但电力企业需要更多关注基本市场因素，密切跟踪海外领先技术趋势，准备应对越来越频繁的政策调整和优惠调减。

表 1-5　部分国家可再生能源支持政策及调整

国　家	上网电价补贴	可再生能源项目招标制	税负减免	资金补贴或其他优惠
波兰	Y	Y	Y	Y
捷克	R		Y	Y
德国	R	Y	Y	R
英国	R		Y	R
法国	R	Y	Y	R
印尼	R	Y	Y	R
菲律宾	R	Y	Y	Y
越南	Y	Y	Y	Y
印度	R	Y	Y	Y
巴基斯坦	R		Y	Y
沙特阿拉伯		Y		
阿联酋		Y	Y	Y
埃及	R	Y	Y	Y
美国	Y		Y	R
文莱				
老挝			Y	
马来西亚	Y	Y	Y	Y
缅甸			Y	
新加坡		Y	Y	
泰国	Y	Y	Y	Y

注　Y 为有相关支持政策；R 为对相关政策进行了调整。

资料来源：21 世纪可再生能源政策网络、德勤研究、水电水利规划设计总院。

1.2　典型国家电力发展问题

1.2.1　印度尼西亚

1. NDC 目标难以实现：能源行业挑战巨大

印尼的 NDC 目标提出，当前情景 BAU（business as usual）下，要在 2030 年将温室气体排放量控制在 2881Mt 以内。如果 2030 年印尼煤电碳排放强度与 2015 年一致，煤电发电量 3103.4 亿 kWh，推算出届时印尼煤电碳排放量为 330Mt 左右；如果印尼提高煤电机组技术水平和能效，将煤电碳排放强度降低为 850g/kWh，2030 年煤电碳排放量为 264Mt，较之前降低了 66Mt，对无条件降低 29％目标的贡献率为 21％，对有条件降低 41％目标的贡献率为 16.6％（见图 1-2）。IRENA（国际可再生能源署）的相关研究显示，2030 年印尼 BAU 情景下与能源相关的行业（电力、工业、交通和建筑）碳排放总量为1253Mt，电力行业碳排放量为605Mt，其中煤电碳排放量330Mt（估算结果），占能源相关行业碳排放总量的26.3%。对比煤电碳排放量比重和减排贡献率，煤电碳排放强度下降到850g/kWh仍不足以完成减排任务。

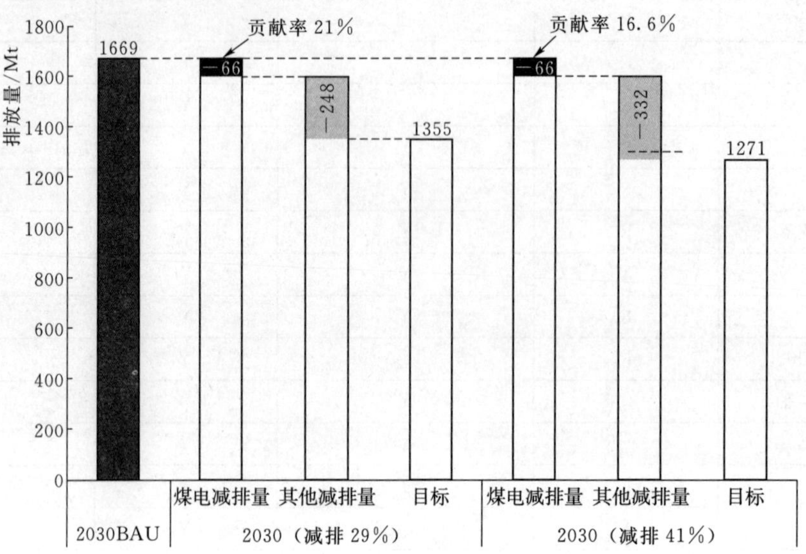

图1-2 印尼能源部门减排情景

2. 政策与规划的不确定性

印尼国内经济增长速度较快，加之人口规模扩大、电气化水平提高等因素，使得中长期内印尼电力需求将持续增长。对此，印尼政府每年都会制定相应的电力发展规划。规划进程推动方面，印尼也面临着很多挑战。

(1) 经济增速逐渐放缓，使得电力需求增速也要随之下调，以往的规划目标立足于GDP年均增速在8%左右的预测，但2017年实际的GDP增速已经降到5.1%，甚至有进一步下降的趋势，使得规划目标立足点难以维持，最新颁布的2018—2027 RUPTL（2018—2027年印尼电力供应规划）对电力规划目标进行了修正，将新增装机目标调低了36.65GW（见图1-3），这是很有必要的举措。

(2) 电力装机有着明显的区域分布矛盾，此前规划的新增装机有20.8GW（59.65%）是在爪哇一巴厘地区，如果这些项目全部投产可能会使得当地出现一定程度的装机过剩，而其他地区尤其是边远岛屿的通电率还比较低，区域电力发展差异悬殊，面临潜在过剩风险。

(3) 电力发展规划中煤电占了很大的比重，虽然2018年将煤电规划装机下调了5GW，但到规划期结束煤电装机比重将提高到54.4%，可再生能源发展不足，电力低碳转型将十分困难，届时受诸多方面因素的影响，部分煤电项目可能存在着搁浅的风险。印尼电力规划需要立足于需求增长、资金实力、未来转型需要和外部约束，制定比较明确清晰、结构合理、统筹推进的发展目标，消除政策不确定性给电力合作项目带来的风险影响。

3. PPA新政的负面影响：投资吸引力降低

印尼IPP（独立发电厂）项目不能将电力直接销售给消费者（自备电站除外），只能

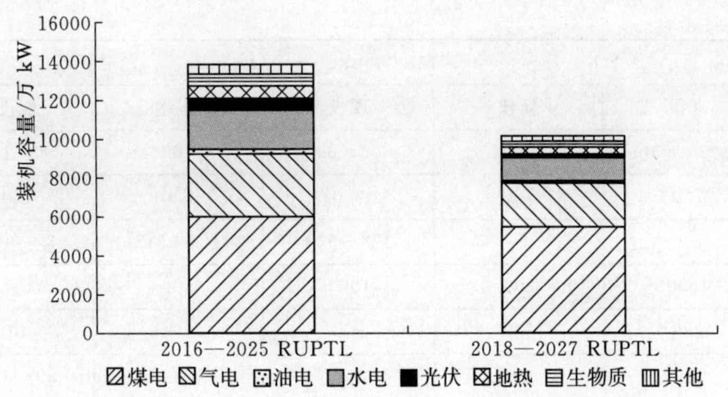

图 1-3 印尼不同规划中 2025 年电力装机情况

将电力出售给 PLN（印尼国家电力公司），因此需要与 PLN 签订 PPA（购电协议）。IPP 的收益很大程度上是通过 PPA 担保来实现，其中的“照付不议”协定是所有条款中的核心，该协定为售电方提供了一个与购电方需求无关的有保障的收入现金流，而这样一种稳定的收入现金流显然是对融资方最有吸引力的一种购售电安排。而印尼从自身情况考虑，最新出台了 PPA 新规——遇政策或监管变动等不可抗力，PLN 无需承担“照付不议”责任，可重新协商调整 PPA，这无疑会使得 IPP 项目风险进一步加大，电力行业投资吸引力也会有所降低。此外，印尼的最高限价政策规定，以全国平均水平的 85%或地区供电成本（BPP）作为新项目的限价门槛，这会使得部分 IPP 项目的经济性恶化。这些政策调整最终可能会导致 IPP 项目退出，影响印尼电力规划的资金支持和正常推进。

4. 现役煤电机组普遍落后

印尼现役煤电机组普遍落后，其平均发电效率为 30.8%，与中国当前煤电平均发电效率 39.8%相比，还有很大的差距，而煤电发电效率会直接影响发电煤耗、碳排放和污染物排放等。印尼煤电机组污染物排放限制标准与西方发达国家、中国的排放标准都有较大的差异（表 1-6），过于宽松的排放标准使得印尼面临着环境保护的压力。印尼的电力规划决定了在未来很长一段时间内煤电都将作为主力电源，为了满足经济增长需求与环保约束的双重目标，煤电机组的建设一方面要实现经济运行目标；另一方面也要对煤电机组进入的技术标准提出要求。在全球低碳转型、履行 NDC 承诺、环保要求和经济性驱动等压力下，印尼煤电必然要走向清洁高效发展之路。虽然短期内会使得电力行业投资压力增大、发电资金成本提高、企业收益率下降，但也避免了低碳转型过程中低效和无效投资造成的巨大浪费问题，摆脱发达国家工业化进程中“先污染后治理”的发展道路，为提高未来的发展效率打下基础。

表 1-6　世界主要煤电国家现行大气污染物排放限值标准对比　（mg/m^3）

国家	SO_2		NO_x		PM	
	现役	新建	现役	新建	现役	新建
中国	200～400	50	200	35	30	15
欧盟	200～400	150～400	200～450	150～400	20～30	10～20
美国	160～640	160	117～640	117	23	23

续表

国家	SO_2		NO_x		PM	
	现役	新建	现役	新建	现役	新建
印度	200～600	100	300～600	100	50～100	30
印尼	750	750	850	750	150	100
日本	—	—	123～513	123～513	30～100	30～100
菲律宾	1000	200	1000	500	150	150
韩国	286	229	308	164	40	20～30
泰国	700	180	400	200	80～320	80
越南	1500	500	1000	650	400	200

数据来源：《World Energy Outlook Special Report 2016 Energy and Air Pollution》，国际能源署（IEA），2016。

5. 可再生能源产业发展薄弱

印尼可再生能源丰富，有着优质的地热、水电、太阳能及生物燃料等资源，但开发程度仅有5%左右，潜力巨大。印尼出台的能源政策虽然对本地可再生能源产业的发展起到了积极的作用，但未能真正做到政策与产业的协调互动，整条产业链的发展依然受限。从目前可再生能源开发情况来看，阻碍其发展的因素主要有：①有发展可再生能源的雄心，但项目进展缓慢，缺乏长期的政策激励机制和执行能力；②丰富的地热资源大多分布在深山丛林等尚未开发地带，并且远离负荷中心，资源探索和应用成本高；③风电、光伏等能源发电成本较化石能源缺乏竞争力，政府财政补贴压力大，投资吸引力不够；④没有形成完整的可再生能源产业链（勘探—评估—开发—设备制造—发电—运营维护等），产业各环节缺乏市场竞争、良性互动和循环促进机制。如果错失此次能源转型革命和可再生能源高速发展的机遇期，将会严重拖延能源低碳转型的步伐和电气化发展进程。

6. 偏远岛屿电力短缺问题严重

印尼很多偏远的海岛没有电网覆盖，主要依靠小柴油机或移动燃油电站发电，发电成本很高（约1.2元/kWh），是分布式能源、微电网的理想试点。印尼偏远地区建造大规模电网或者集中式发电站的经济性很低，柴油发电机供电成本很高，但很多渔业中心是分布在这些零散岛屿，至少有700个渔业中心（fishing center）由于缺乏电力供应和制冰能力，严重影响地区和行业经济发展。

目前，技术较为成熟且适用于印尼可再生资源条件的分布式能源系统是“分布式光伏＋储能＋微电网”的形式，充分满足用户对电能质量、供电可靠性和安全性的要求。以1套装机容量6MW/1.2MWh的分布式光伏－储能系统为例，目前分布式光伏发电系统单位造价约为9000元/kW，发电项目寿命25年，电化学储能的市场价格是2000元/kWh，寿命在15年左右，可估算该系统的LCOE（平准化发电成本）为0.71元/kWh，相比柴油发电平均成本1～1.2元/kWh，“分布式光伏＋储能”的经济性更为客观，可以在最大化使用本地资源的前提下显著提高印尼边远岛屿的供电质量，保障当地居民生活和渔业中心的发展，同时降低印尼对柴油进口的依赖，与印尼政府规划中降低柴油发电比重的政策目标相一致。

1.2.2 越南

1. 电源结构合理，但电力装机增速有所放缓

到 2016 年，越南电力总装机容量达到了 4244 万 kW，其中，水电、气电和煤电的装机容量分别为 1755 万 kW（41.35%）、750 万 kW（17.67%）和 1444 万 kW（34.02%），虽然非水可再生能源装机发展不足，但电源结构相对合理（图 1-4）。从近年来越南装机增长情况来看，煤电成为主要的新增电源，电力供应主体其他电源变化不大，电力装机增速有所放缓，主要原因有：①近期来看越南电力短缺情况有所好转，随着近两三年陆续有在建项目投运，总体上电力供需即将平衡；②煤电虽是未来电力供应的主力，但是煤电高增长会使得对进口煤炭的依赖度提高，对于越南环境的负面影响也较大，已经放缓了新增煤电的规划；③水电的技术经济开发潜力已基本耗尽，在湄公河流域越南有意减少开发，目前除了少数的在建项目外，只剩下中小规模的水电站项目；④越南制定了较为宏伟的可再生能源发展目标，目前出台了短期的 FiT（Feed in Tariff）电价政策（2017—2019），但总体上看，自 2010 年以来实际落地的可再生能源项目规模很小，仍处于技术示范阶段。

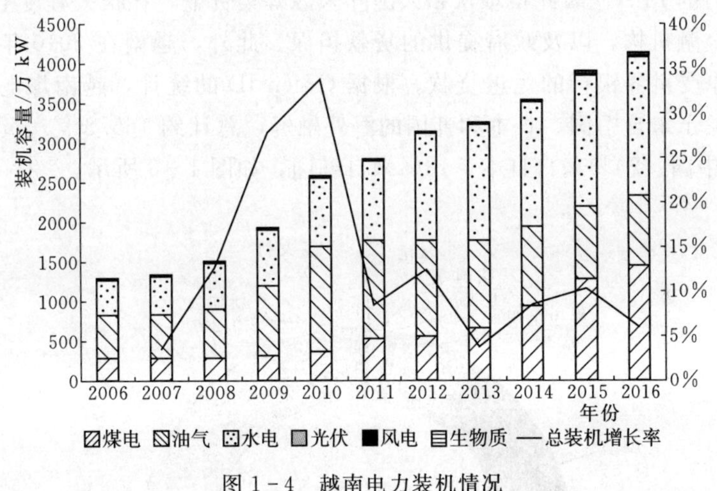

图 1-4 越南电力装机情况

2. 大力提高供电服务水平

越南政府重视电力供应普遍服务。截至 2016 年年底，越南电力公司（EVN）已向超过 2485 万用户提供了电力，比 2015 年增加了 117 万，城镇和农村的通电率分别达到 99.97%和 98.69%（图 1-5），农村和偏远岛屿的通电服务取得了显著成绩。此外，电力供应质量显著提高，电力系统平均中断持续时间指数（SAIDI）从 2015 年的 2281min 下降到 2016 年的 1651min。根据世界银行发布的《2017 年营商环境报告》，通过减少程序环节和缩短等待电力恢复的时间，越南的电力指标从 2016 年的第 96 位上升到 2017 年的第 64 位，这一改进归因于 EVN 在改革和提升其业务和客户服务方面的巨大努力。

3. 致力于完善利用市场机制和吸引外资创建本国电力工业体系

越南电力行业民营化改革规划设计的进程已经进入第三阶段：通过打破 EVN 在市场上的垄断地位来实现电力批发市场的全面自由化，并且允许大买家（大企业）直接向批发卖家购买，对于降低大企业大项目运营成本，优化本地投资环境，提升招商引资竞争力，

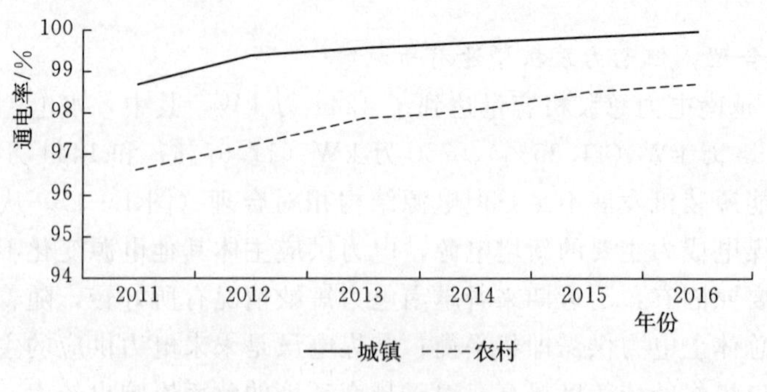

图1-5 越南通电率

具有十分重要的意义。EVN制定了到2020年的电力基础设施发展目标，计划投资约220亿美元。这是一项庞大的投资，需要与国际金融机构、外资企业的合作，但越南的低电价政策使得EVN经营状况并不是很好，在国际资本市场的信用度较低，且缺乏具有法律保障和收益吸引力的PPA，因此很难从私人国际来源筹集资金，在很大程度上依赖于世界银行和其他国际金融机构，以及政府提供的贷款担保。此外，越南在2010年成为中低收入国家，将不再享受世界银行的优惠贷款。根据Green ID的统计，越南煤电项目的开发在很大程度上得益于来自中国、日本和韩国的海外融资，总计约165.3亿美元的国际煤电投资有50%来自中国、23%来自日本、18%来自韩国，如图1-6所示。

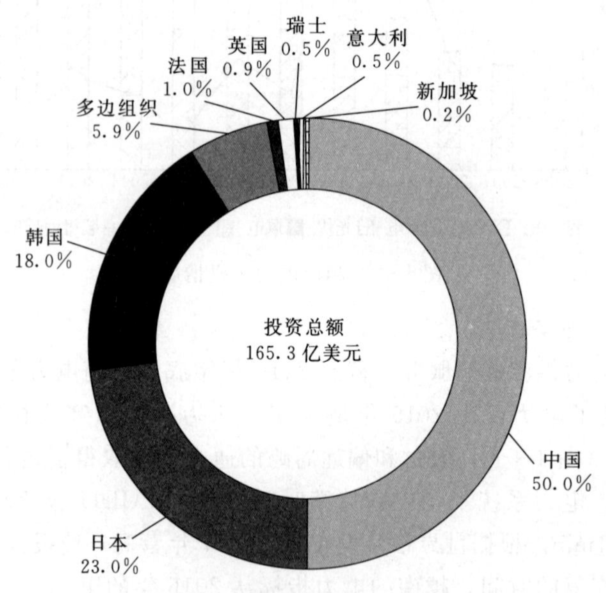

图1-6 越南国际煤电投资项目资金来源

4. 平衡追求低电价与提高能效之间的关系

越南电力需求猛增的原因不仅仅在于国民经济发展的需求，还在于越南电价过低。越南的水电在电力结构中处于主导地位，煤电和气电享有一定的间接补贴，且越南国内煤炭价格要低于国际市场价格，此外，煤炭运输基础设施部分是由政府资助的，这些因素使得越南的电价始终处于较低水平，如图1-7所示。低电价在一定程度上会加剧电力浪费的情况，不利于能源效率的提高，而且电价过低会阻碍投资进入，甚至会导致发电企业因经营压力过大而退出市场。对比越南与其他国家和地区的能效指标可以看出，越南的GDP能源强度和GDP电力消费强度明显高出其他国家，电气化率较低（图1-8），目前首要任务应是提高能源利用效率。前几年越南的电价较低，甚至低于电力经营活动所需要的成本，不能保证电力生产企业的财政平衡，更不能吸引投资商向电力领域投资，导致新电源项目的投资进度缓慢，限制了能源密集型产业的发展。在电力生产成本越来越高的情况下，越南平衡低电价和提高能效之间的关系，对于活跃市场经济、吸引电力投资非常重要。

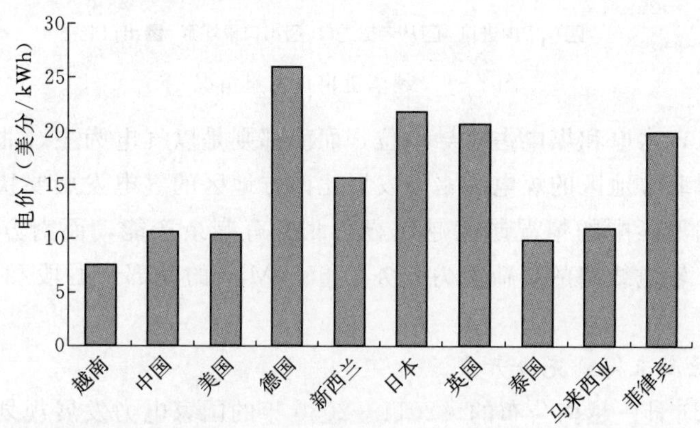

图1-7 不同国家平均电价情况

5. 电力供需矛盾问题得到缓解，但区域失衡问题依然存在

越南是东南亚国家甚至亚洲国家电力需求增长速度最快的国家之一，尽管年均发电量增长较快，但仍满足不了市场需求。2005—2015年间，越南累计净进口电量高达262亿kWh。随着越南国内发电能力的提高，进口电量呈下降趋势，2016年进口电量仅为27.8亿kWh（图1-9）。除了国内电网大扩容和电力进口外，加大国内发电站建设的资金投入、加快新建扩建电厂的步伐成为越南解决电力供应短缺问题的重要手段。电力规划执行的滞后性和电源建设周期长等特点使得电源建设难以与需求增长始终保持一致，随着近两三年陆续有在建项目投运，越南总体上电力供应能力有所提高，但从目前电力消费增速高于发电量增速的情况来看，如果越南大规模电力开发计划无法落实，未来进口电量仍然是不可或缺的。

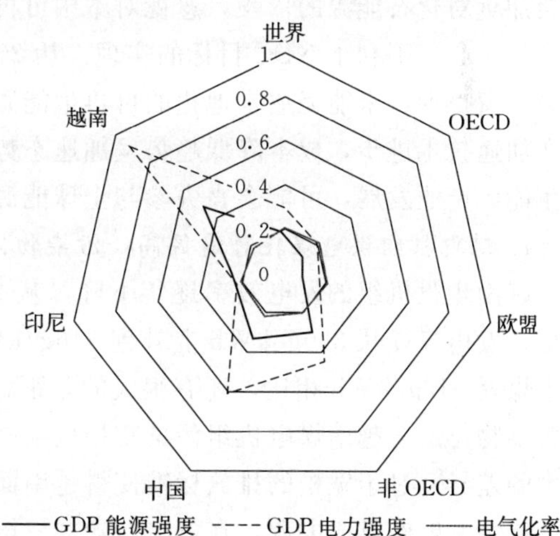

图1-8 2015年越南与其他国家和地区能效指标

此外，越南的电力分布受其自然地理和能源储量的影响，南北地区电力供需情况差异

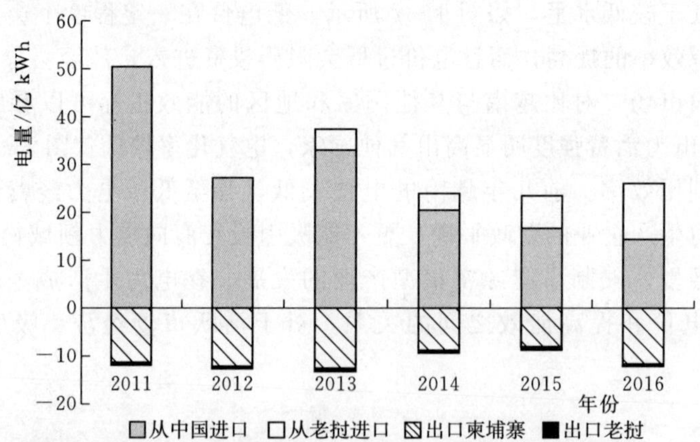

图1-9 越南进出口电量情况

很大。在北方地区，水电和煤电占主导地位，而南部则是以气电为主。北方和南方地区的负荷增长较快，但北方地区的煤电和水电发展比南方地区的气电发展要快，因此，区域需求与供给能力之间不匹配的情况越来越明显，北方有剩余产能，而南方的系统备用率较低。目前，500kV 输电线路的负荷能力服务于 3500MW 的南部中心段和 1800MW 的北部中心。

6. 可再生能源尚未得到充分开发

2011 年 7 月 21 日，越南公布的《2011—2030 年的国家电力发展规划》指出，把非水可再生能源利用比例从 2010 年的 3.5%提高到 2020 年的 4.5%和 2030 年的 6.0%。该规划会加重对化石能源的依赖，忽视对本国可再生能源的开发利用，表明越南缺少实现能源转型的决心，不利于 NDC 目标的实现。从 2010 年至今，越南已经丧失了发展可再生能源的第一窗口期，未能完成本地化的可再生能源产业发展。而当前全球和中国的可再生能源都在加速技术进步，成本降低趋势呈加速态势，如果越南不能够利用能源政策杠杆撬动可再生能源产业发展，可能会丧失参与全球能源技术创新与升级的机遇。

7. 煤电机组供电煤耗普遍偏高，污染物排放标准很低

越南现役机组的发电效率逐年下降，从 2010 年的 35%降到了 2015 年的 29.5%，相应地，发电煤耗从 350g/kWh 上升到 416g/kWh，与中国当前煤电平均发电效率 39.8%、供电煤耗 312g/kWh 相比，还有很大的差距。煤电发电效率低下、煤耗较高会提高碳排放和污染物排放。越南煤电机组污染物排放限制标准与西方发达国家、中国的排放标准都有较大的差异，过于宽松的排放标准使得越南面临着环境保护的压力。对于越南而言，煤电将会成为主要的供应电源，在煤电新建规模增长趋缓的情况下，需要用更高的环保与能效标准引领煤电高质量发展，通过技术改进、环保标准提高、市场竞争的方式，来推动煤电行业从“高速发展”转向“高质量发展”，降低煤电发电煤耗，缓解因煤电发展带来的煤炭消费大幅增长。

8. 大力发展煤电会导致煤炭供应不足，煤价上涨，影响国家能源安全

越南国内煤炭已无法满足电力等行业需要，已经彻底从煤炭出口国变为煤炭进口国。此前，越南的电力规划目标是，到 2020 年，煤电总装机容量达到 2600 万 kW（43%），发

电量为1310亿kWh，占各类电能比例49.3%，消耗约6300万t煤炭，这会加重越南对进口煤炭的依赖，不利于越南能源安全。根据Green ID预测，2030年越南发电用煤将达到1.37亿tce（吨标准煤），煤炭进口比重达到75.7%（见图1-10）。煤炭需求增长带来的不确定性在于：一方面，进口煤炭主要来自资源丰富、距离较近的印尼和澳大利亚，但印尼已开始逐渐减少煤炭出口量；另一方面，煤炭贸易的国际竞争会使得煤价上涨，使得越南电力供应成本增加。从能源安全与成本角度考虑，越南应着力提高煤电整体能效水平，尽量平衡化石能源与可再生能源发展。

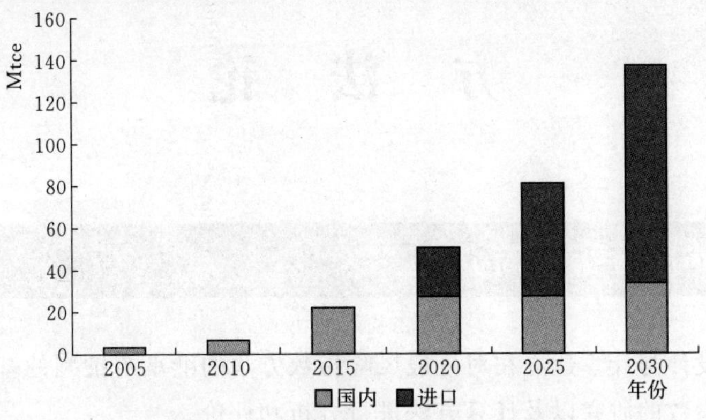

图1-10　越南电煤供需情况预测

第 2 章

方 法 论

2.1 国内外风险指数简介

风险指数的设计与计算建立在对一般风险指数方法的继承与批判的基础之上。文中主要对国内外风险指数的研究以及计算方法进行分析和评价。

2.1.1 国外的风险指数研究与计算方法

风险指数是对风险的半定量测评，是利用顺序标度的记分法中得出的估算值。风险指数可以用来对使用相似标准的一系列风险进行评分，以便对风险进行比较，进而对风险做出预警和应对。目前，世界上已经有许多权威性的专业风险评估机构，对国家主权、政治、经济、军事、社会安全状况进行评估。典型的如：标准普尔（Standard & Poor's）、穆迪指数（Moody's）、惠誉指数（Fitch's）、世界银行开发的全球治理指数（WGI）、商务环境风险指数（BERI、NSE）、经济学人指数（EIU）等。

1. 世界银行开发的全球治理指数（Worldwide Governance Indicators，WGI）

自 20 世纪 90 年代以来，发展领域的研究者和实践者密切关注政府治理质量对经济发展的影响。针对治理质量测量的诸多指标被不断创建出来，据估计，可供用户使用的综合治理指标大约有 140 种及数千个单项指标。在所有的指标中，WGI 被认为是当前诸多治理定量研究中严谨度高、影响力大、使用面广的综合指标之一[10]。

WGI 的指标包括 6 个主要的方面：表达与问责制（voice and accountability）；政治稳定性、暴力与恐怖主义（political stability and absence of violence/ terrorism）；政府有效性（government effectiveness）；管制质量（regulatory quality）；法治（rule of law）；腐败控制（control of corruption）。共 32 个数据源，其中 9 个针对家庭和公司，4 个来源于商业信息供应商，11 个来自非政府组织，8 个来自公共部门[11]。计算方法：首先将不同数据来源的数据按照 6 个指标分类；然后将不同数值范围的数据统一折算为 0～100%的相应数值，如若某项指标的测量值超过一个则取平均数；最后使用非观测成分模型套入相应权重得出相应指数[12]。

2. 商务风险评估指数

商务风险评估指数是针对投资类型的不同和风险来源的不同，所衍生的不同评分体系，其评分方法和标准各不相同，但其开发的评分系统和排名方式运用广泛。以下将简略介绍世界上较为知名的专门研究评分和排名体系的公司，并相互比较各自优劣。

(1) 商务环境风险指数 (Business Environment Risk Intelligence, BERI)

BERI 创立于 1966 年，涵盖超过 50 个国家，每三年统计计算一次，其最早数据可追溯至 20 世纪 70 年代中期，是较为连续且历史最长的风险指数之一。BERI 有四种评分方式，即政治风险指数 (Political Risk Index, PRI)、运营风险指数 (Operations Risk Index, ORI)、外汇支付能力指针 (Remittance and Repatriation Factor, R-Factor) 以及由三者组成的综合分数 (Composite Score)。该指数对以上四种指数进行现行情况的估算及未来五年的预测。

其中，PRI 和 ORI 是由 BERI 团队的分析师运用德尔菲法 (Delphi method) 管理和执行计算的。PRI 是对国家社会政治环境的评估，基于 100 位具有外交学和政治学科背景的专业人士意见和评分的综合，对分别衡量内因 (如国内政党派别势力)、外因 (如区域政治势力的影响) 和政治风险症状 (如罢工游行、街头暴力) 三大方面的共 10 个社会政治变量进行评分，进而相加得出 PRI，且得分越高，其 PRI 越低[13]。ORI 衡量的是国家总体商务环境。其评分方式与 PRI 所差无几，同样是利用德尔菲法，对另一批 100 位熟悉国际商务、具有丰富经验的专业人士进行相同程序的意见和评分征集；进而进行计算和评估。

R-Factor 衡量外汇的支付能力。该指数在参考专家评价意见的基础上，通过利用大型计算机程序，在超过 14000 单位的数据上进行上百次计算而最终得出。它由法律建设 (20%)、对外交易 (30%)、累计国际储蓄 (30%) 以及对外债务评估 (20%) 四个子指标组合而成。

综合评分则是 PRI、ORI 和 R-Factor 的简单平均，来设定获利机会推荐级别 (POR)，从而对国家总体的风险进行评估，可将国家区分为无商务往来、仅有贸易、无股息现金流和投资质量等级等。

(2) 科法斯集团 Nord Sud Export 风险指数 (NSE)

NSE 是科法斯集团的咨询机构，其风险指数涉及 100 个发展中国家，从 1982 年开始一年统计一次。NSE 提供了两种互补类型的排名：一种是机会指数，指评估外国投资者的市场潜力；另一种是传统的国家风险指数，对主权金融风险、金融市场风险、政治风险和商务环境风险四个方面的 60 个变量进行加权平均计算得出，且对应参数均有独自标准。NSE 强调估算过程尽可能的客观性，为此，他们拒绝使用专家团队评分，主要来源于数量标准 (60 个变量中，43 个是如此操作的)；余下的 17 个变量数值是基于严格的评分网格进行操作以降低主观性。

NSE 也区分了两种广泛意义上不同的投资者：出口商和直接投资商。出口商受短期因素影响较大，因此更多考虑主权评分风险和付款延迟等因素。而直接投资商则拥有更长远的投资眼光，因此对政治动乱因素更为敏感。这两种基于不同投资动机的评分体系都建立起来，基于对不同因素的敏感性，调整评估时的权重大小。例如，对于出口商的评分体系，主权财政风险的权重为 30%、金融市场风险 40%、政治风险 10%以及商务环境风险 20%；对于直接投资商的评分体系，以上权重则分别调整为 10%、30%、30%和 30%。NSE 仅对现存的条件进行即时的判断，以衡量风险程度，并未对未来情景进行预设。最后，NSE 强调该评分方法并不能单纯作为判断的工具，需要与该公司一同开发的国家机会评价联合使用分析才更为准确。

3. 美国纽约国际报告集团编制的风险分析指标

PRS 集团（政治风险顾问公司）开发了政治风险服务（PRS）和全球国家风险指南（ICRG）两种评分体系。

（1）政治风险服务（Political Risk Services，PRS）[14]

PRS 集团涵盖 100 个国家，且相关数据每季度更新。该公司提供为期 18 个月或 5 年的国际商务风险预测。PRS 方法来源于基于 Prince 模型的 Coplin－O'Leay 评分系统（Coplin－O'Leary，1972），被视为一种改进的德尔菲法（Howll and Chaddick，1994）。PRS 通常由三位来自不同背景的专家对每个国家进行评价，根据投资本质分别考虑三种风险：财政转移风险（本币外币的汇率转换和支付能力）；对外直接投资风险（任何海外资产的直接控制）和出口风险（出口商面对的风险和困难）。专家以 17 个变量的时间序列衡量现在的风险程度或当前受限程度，且此类风险因素以 18 个月或 5 年为期进行预测。

此外，专家分别对 18 个月期限或 5 年期限中三个最有可能执政的政权进行推算，并对各政权执政的可能性赋予一定概率；在不同政权下，对于 17 个变量的潜在性影响进行评估。他们根据以下标准对影响因素进行量化：－1.0（风险最低），－0.5（风险稍低），0（风险一样），＋0.5（风险稍高），＋1.0（风险最高）。最后，在当前情形下的基准风险水平上，对于不同执政可能性的政权对这些评估值进行加权处理。

PRS 最明显的特征在于其最初已预设了未来执政力量的可能性，并在此基础上估算对各个要素的潜在性影响。

（2）全球国家风险指数（International Country Risk Guide，ICRG）

ICRG 与 PRS 是类似的，共涉及 140 个国家，主要有对现状、一年和五年的预测分析，从政治、经济、金融三大类别展开，并根据以上三大类风险得出综合风险[15]。ICRG 共包含三种风险类型：

1）政治风险。衡量国家的稳定性，将定性信息通过一系列预设问题转换为数字分数，包含 12 个社会和政治要素。其分数范围为 0～100 分。低于 50 分为极高风险；50～59.9 分为高风险；60～69.9 分为中等风险；70～79.9 分为低风险；80～100 分为极低风险。

2）经济风险。衡量国家的经济强项与弱项，基于五项完全量化的部分进行。该指标总分数为 0～50 分。0～24.9 分为极高风险；25～29.9 分为高风险；30～34.9 分为中等风险；35～39.9分为低风险；40～50 分为极低风险。

3）金融风险。衡量国家偿还能力与偿还方式，估算国家是否能产生足够硬通货以承担对外金融义务。基于 5 项原则进行衡量，类似于经济风险的评分方法和范围，其分数总和最高可为 50 分。

政治，经济和金融风险最终可依据不同权重组合成综合风险，且该权重依次为 50%、25%和 25%。

ICRG 的一年期预测与五年期预测是来源于每个部分的预测。以金融经济部分为例，专家尽可能使用相关政府和官方机构所发布的预测数字。尽管如此，他们依然需要进行自我延伸推测，尤其当时间范围扩展至五年。

ICRG 是针对每个具体国家而言的，它考察各国不同时期的综合风险指数及其变化情况，例如，美国 1991 年的 5 月该项综合指数为 41.0，1991 年 6 月为 42.0，1991 年 5—6 月的变化值为 1.0。掌握国家风险的状态和变化规律，有利于国际投资者掌握国家风险的状态和变化规律，同时还有利于不同国家风险的比较，从而决定投资流向。

4. 经济学人指数（the Economist Intelligence Unit，EIU）

EIU 方法主要基于专家对一系列预设定性和定量问题的答案，分为政治风险（22%）、经济政策风险（28%）、经济结构风险（27%）和流动性风险（23%）四大方面，并由此加权平均为综合风险评分指数。其满分值为 100 分，当评分越高时，其风险性也越高。除宏观层面数据评分以外，EIU 还开发了其他许多的投资层面的具体微观风险评分（如货币风险、主权债务风险、银行领域风险等），可以供某些特殊领域或特殊需求的投资团体参考和使用。

其中，政治风险的衡量是基于政治稳定性和政府有效性两方面的 11 个主观问题所产生的。经济政策风险则强调经济政策管理的质量及经济状况程度，由 27 个标准计算得出，其中 15 个标准是主观估算的。该指标涉及货币政策、对外汇率政策、财政政策、贸易政策和监管环境等。经济结构风险则是更多考虑经济增长的潜力，且考虑国家与外国资金相对独立性，同时衡量了国家在外界冲击下的经济脆弱程度。某种程度而言，该指标可视为偿还能力程度。经济结构风险是基于涉及 11 个主观性的问题计算得出，分别涉及全球环境、经济增长、活期存款、负债和金融结构等有关问题；流动性风险主要考虑由于金融市场紊乱所产生偿债资源和债务责任之间的不平衡性问题。

与 BERI、PRS 和 ICRG 等方法均不同，EIU 更类似于 NSE 方法。EIU 仅适用历史数据和现有的专家估算，是基于现状的政治风险衡量，并未预测相关参数的未来演化情况。

2.1.2 国内的风险指数研究与计算方法

中国国内也有越来越多的风险评估机构和风险指数对国内外的政治、经济和国家安全状况进行评估，从而指导国内和对外投资。典型的如：①大公国际国家主权信用评级指数；②中国社会科学院世界经济与政治研究所的中国海外投资国家风险评级 CROIC 指数；③北京工商大学经济学院世界经济研究中心（WERCCN）编制的国际贸易投资风险指数（International Trade and Investment Risk Index，ITIRI）；④中诚信国际主权信用评级；⑤华东政法大学政治学研究所研发的国家参与全球治理指数（States Participation Index of Global Governance，SPIGG）；⑥中国出口信用保险公司的“192 个主权国家风险参考评级”；⑦IISSA 国际安全态势指数等。

1. 大公国际国家主权信用评级指数

大公国际是中国影响力较大的资信评级集团，旗下 5 家子公司及 32 个国内分支机构，海外子公司 2 家。其中，大公国际子公司之一的大公国际资信评估有限公司创建于 1994 年，是国内最早成立的专业公司，现已发展成为可向全球提供信用评级服务的国际评级机构。它对世界各国中央政府偿还商业性债务的能力和意愿即违约风险进行评价，为中国政府机构、企业、金融组织在国际资本市场上进行有关活动提供专业的风险评估服务，所研究的国家总数逾百个。作为新型国际信用评级标准的创建者，大公国际是一家向全球提供国家信用风险信息的非西方国际评级机构。自 2010 年以来，已向世界提供百余个国家和地区的信用风险信息，被誉为一支登临国际评级舞台的新兴力量。

大公国际国家主权信用评级指数是建立在对各个国家主权信用风险特殊性进行深入研究及比较的基础上，以科学的、发展变化的视角，摒弃国际上现通行的评级标准中存在的缺陷，提出全新的国家主权信用评级理论体系，以新型国家主权信用评级标准为依托，突破原有评级标准限制，对各国国家主权信用等级进行评定，可准确反映各个主权国债务偿还能力，促进国际资本有效、合理的流动，保证国际信用资源合理分配。

2. 中国海外投资国家风险评级 CROIC 指数

中国社会科学院（CASS）世界经济与政治研究所国际投资研究室在 2013 年 11 月 18 日，首次发布“中国海外投资国家风险评级”报告，对 26 个国家的样本进行评级分析，旨在给中国企业对外投资进行风险预警[16]。该评级体系纳入经济基础、偿债能力、社会弹性、政治风险、对华关系五大指标，共 41 个子指标。截至 2014 年年底，中国对外直接投资分布在全球 179 个国家（地区），该评级体系选用其中 57 个国家作为本次评级样本。

（1）指数结构

1）经济基础，包括 10 项主要指标：市场规模（GDP 总量）、发展水平（人均 GDP）、经济增速（GDP 增速）、经济波动性（GDP 增速的波动性）、贸易开放度［（进口＋出口）/GDP］、投资开放度［（外商直接投资＋对外直接投资）/GDP］、资本账户开放度（China - Ito 指数，反映资本账户管治能力）、通货膨胀（居民消费价格指数 CPI）、失业率（失业人口占总劳动人口的比率）、收入分配（基尼系数）。

2）偿债能力，包括 9 项指标：公共债务/GDP、总外债/GDP、短期外债/总外债、财政余额/GDP、总外债/外汇储备、经常账户余额/GDP、贸易条件（出口价格指数/进口价格指数）、银行业不良资产比重、是否为储备货币发行国。

3）社会弹性，包括 8 项指标：内部冲突、环境政策、资本和人员流动的限制、劳动力市场管制、商业管制、平均受教育年限、每年每十万人中因谋杀死亡的人数、其他投资风险。

4）政治风险，包括 8 项指标：执政时间（任期还剩多少年）、政府稳定性、军事干预政治、腐败、民主问责、政府有效性、法制、外部冲突。

5）对华关系，包括 6 项指标：是否签订双边投资协议（Bilateral Investment Treaty，BIT）、投资受阻程度、双边政治关系、贸易依存度、投资依存度、免签情况。

（2）计算方法

在选取指标并获得原始数据后，本评级体系对于定量指标（经济基础和偿债能力）采取标准化的处理方法，而对定性指标（政治风险、社会弹性以及对华关系）的处理有两种方式，即运用其他机构的量化结果或者由评审委员打分，再进行标准化处理。

该评级体系采用标准化，也称为离差标准化，将原始数据进行线性变换，使结果落到（0～1）区间，分数越高表示风险越低。对定量指标进行标准化并转化为风险点得分的关键在于找到适宜值。在样本范围内，数值与适宜值越近，得分越高。适宜值的判断方法有两类：第一类是设定绝对适宜值，也就是适宜值的大小与样本国家的选择无关；第二类是在样本中找到相对适宜值。此外，某些指标对于发达国家和发展中国家不应选用相同的适宜值，需要按照不同的情况进行设定。

标准化过程中，遵循四大原则：标准化必须合乎逻辑；标准化必须适应异常值；标准化必须客观，尽量减少主观判断；标准化后得分需具有区分度。

在对经济基础、偿债能力、政治风险、社会弹性和对华关系五大指标下的具体指标分别标准化后，加权平均得到这五大风险要素的得分，区间值为（0～1）。分数越高表示风险越低。然后，对五大要素加权平均，由于五大指标都是中国企业海外投资风险评级的重要考量点，采用相同的权重，都为0.2。

最后，将得到的分数转化为相应的级别。本评级体系按照国家风险从低到高进行9级分类，分别为AAA、AA、A、BBB、BB、B、CCC、CC、C。其中，AAA和AA为低风险级别，A、BBB为中等风险级，BB及以下为高风险级别。

3. 北京工商大学经济学院世界经济研究中心WERICR指数

北京工商大学经济学院世界经济研究中心（WERCCN）编制了“国际贸易投资风险指数”，2005年首次发布[17]，2010年起变更为世界经济风险指数与主权国家评级（WERICR）[18]。2011年在支付风险中增加了财政风险指标（财政赤字占GDP比重）。

（1）基本框架

ITIRI综合国际贸易投资风险指数下设政治风险、经济风险、政策风险、支付风险四项大类指标，每一项大类指标下分别设四个分项指标[19]。其中，政治风险主要源于国际和平、国内稳定、法律效率和社会安全；经济风险主要在于经济增长、价格变化、就业变化与经济环境；政策风险则主要涉及关税税率、企业税率、政策扭曲和是否加入世界贸易组织；支付风险主要考察贸易差额占GDP比重、外汇储备、汇率波动和信用等级变化。

比较而言，政治风险对国际贸易投资影响最大，如果一个国家参与国际战争，失去国际和平，或者由于某种原因国内失去稳定，贸易投资就会失去根本的保障。一个国家法律失效、社会不稳，也会影响国内经济活动有序进行。经济风险涉及经济增长水平、价格变化、就业变化与经济环境，进而影响国际贸易投资效率和稳定性。政策风险中的关税税率、企业税率关系企业的经营成本，政策扭曲反映一个国家贸易政策倾向，是否加入WTO则可以一定程度上反映国际贸易投资是否纳入确定性的国际法律秩序轨道。一个国家的贸易差额、外汇储备、汇率波动和信用等级变化都可能影响一个国家的对外支付能力。

（2）指标计算

根据世界银行、IMF等报告数据，给每一项指标赋值（0～1），同时给每个指标赋予相应的权重，最后加权计算出综合指数。根据世界经济风险指数与主权国家风险指数（WERICR2010）的数可算出：

$$综合指数=0.3\times政治风险指数+0.3\times经济风险指数+0.2\times政策风险+0.2\times支付风险指数$$

4. 中诚信国际主权信用评级

中诚信国际信用评级有限公司（中文简称“中诚信国际”，英文缩写CCXI）是经中国人民银行总行、中华人民共和国商务部批准设立，在中国国家工商行政管理总局登记注册的中外合资信用评级机构。2006年4月13日中诚信国际与全球著名评级机构穆迪投资者服务公司（简称“穆迪”，Moody's）签订协议，出让中诚信国际49%的股权；2006年8月15日中国商务部正式批准股权收购协议，中诚信国际正式成为穆迪投资者服务公司成员[20]。

（1）评级框架

该体系是基于中诚信国际长期对国家主权信用评级理论、国家负债能力上限和主权违约相关问题的研究基础上建立的，目的是形成独立、专业、客观、前瞻的全球国家主权信用风险评估结果。该体系通过四个基本因素来对一国（地区）政府的信用状况做出评判。

1）宏观经济实力，是用来评估一国（地区）债务偿付能力的主要因素。多元化、富有弹性、以市场规律为基础的经济结构，辅以长期稳定的经济增长，可以为一国（地区）中央政府提供坚实的收入基础、增强其财政和货币政策的灵活性，提高其债务容忍度。在对一国（地区）主权信用状况分析时，中诚信国际首先关注其宏观经济运行情况，包括居民收入和生活水平、经济规模和多元化程度、经济增长趋势、经济开放程度、创新水平、人力资本、教育水准和品质，以及一国（地区）与国际社会的连结等。

2）政府财政实力，在对一国（地区）宏观经济实力评估的同时，中诚信国际还对其政府财政实力进行深入分析，目的是量化政府动员资源以偿还债务的能力、判断其财政的稳健性，从而衡量其公共财政的脆弱程度；包括一国（地区）政府的财政表现、债务负担、债务结构和财政政策执行情况等。

3）对外偿付实力，衡量的是一国（地区）作为一个整体从其他国家（地区）获取偿债所需的外汇资金的能力。中诚信国际主要从货币的国际地位、对外经常性收支，以及对外资产和负债三个方面对一国（地区）对外偿付实力做出评判。中诚信国际更关注其货币政策和财政政策的综合运用情况。事实上，单纯的货币统一可能导致单个国家的财政政策和货币政策无法有效对其实际经济运行做出及时的调整，进而降低了其抵御外部风险的能力。

4）事件风险敏感性，主要是为了判断是否存在某些潜在的风险因素，使得一国（地区）政府的偿债能力和意愿受到负面冲击。这些潜在风险因素对一国（地区）政府偿债能力和意愿的影响通常会在受到某些事件冲击时突然显现出来，包括自然灾害、政权更迭、政治局势动荡以及国际贸易环境的突然恶化等。因此，在判断一国（地区）事件风险敏感性时，中诚信国际会对其自然和地理特征、地缘政治情况、经济和金融环境、国内政治情况等逐一进行分析。

（2）评级步骤

中诚信国际主权评级主要包括3个步骤：①对上述各影响因素加权判断，并确定出每个国家（地区）的等级区间；②主权分析师结合自己的主观判断和这个国家（地区）的最新发展情况，提出一个初步等级建议，并提交中诚信评委；③中诚信评委在接到等级建议后，讨论、投票，并最终确定一国（地区）的主权信用等级。

5. 华东政法大学政治学研究所研发的国家参与全球治理指数（SPIGG）

SPIGG旨在对国家在全球治理中的参与状况进行科学的评估[21]。

SPIGG 的研发始于 2014 年 4 月。华东政法大学政治学研究所的研究团队首先围绕指标体系的创制进行了广泛调研和深入研讨。在 SPIGG 指标体系形成后，团队向数百位政治学和国际关系领域的国内外专家学者征求意见，以改进和完善该指数。此外，政治学研究所还组织了“中国参与全球治理：体系变革与国家能力”和“比较政治与全球治理”两场学术研讨会来对这一指数的科学性和可行性进行论证。通过综合考虑指数建设在数据采集、技术运用和人员写作等方面的因素，SPIGG 研究团队在具体操作上进行了统筹协调，确定了整体的建设方案。团队将评估对象的范围确定为具有典型性和代表性的 25 个国家，并集中采集这些国家 2013 年的相关数据进行分析。数据采集工作在 2014 年 10 月底完成，相应的分析工作也随之进行。在完成前期基本工作的基础上，2014 年 11 月 18 日，华东政治大学政治学研究所了召开了“国家参与全球治理 2014 论坛暨国家参与全球治理指数预发布会”，公布了《国家参与全球治理指数（SPIGG）2014 年度报告》。

在随后的研究中，SPIGG 研究团队根据前期基础和专家建议，对该指数进行了进一步完善。例如，在 2015 年，SPIGG 指数的评估对象增加到了 80 个国家。

通过对上述国内外现存的主要风险指数研究的分析可以得知：①主流的风险指数研究种类一般分为国家主权信用评估和商务投资风险评估生，二者在本质上具有同一性；②风险指数研究存在多种评估指标体系，一般均包括政治风险、经济风险、社会风险和法律风险等维度；③风险维度的涵盖面越来越广泛，最新的风险研究还涉及了生态环境状况和对华关系等；④随着国际形势的变化和评估体系的不断完善，评估指标也需要不断调整。

2.2 国别风险指标体系

本书借鉴国内外风险指标体系，以政治、经济、金融、社会等常见指标以及中国因素（衡量与中国之间的国际合作关系）作为评估宏观国别风险的主要指标，直观体现东道国的国际投资吸引力，作为风险评价体系的第一阶段指标；以能源/电力合作为重点研究领域，从微观层面来衡量东道国的电力与煤电合作风险，作为风险评价体系的第二阶段指标；环境与能源发展直接相关，为了更好地促进能源合作，以环境因素为国际合作的硬性约束，作为风险评价体系的第三阶段指标。该指标体系是为了体现东道国在能源电力尤其是煤电方面的投资风险，因此，本书将其命名为能源风险指标体系。

本书的能源风险指标体系从经济基础、对外与金融、社会发展、政治因素、中国因素、煤电收益、电力市场、环境因素 8 个一级指标和 39 个二级指标来进行能源投资风险评价，参考图 2-1。

2.2.1 国别风险指标计算方法

指标数据包含各种原始数据和评估数据，需要对其进行标准化处理。各个维度涉及的原始数据的单位和数量等级各不相同，需要进行统一的标准化处理，才可将各项分数比较。标准化处理遵循了逻辑性、客观性的原则。根据数据的差异性采用线性变化处理、对数函数处理和幂函数处理方法，其中，幂函数处理标准化指标总分设置为 100 分。指标分数越高，代表该项风险性越低。

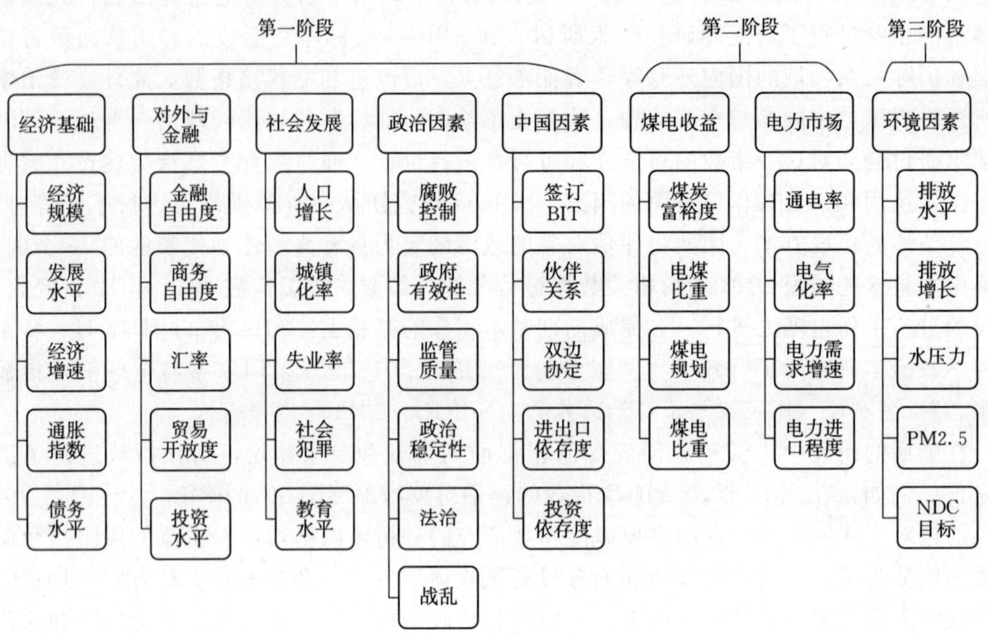

图 2-1 能源风险指标体系

1. 经济基础

经济基础是一个国家投资的长期基础，反映了一个国家投资环境的稳定性，较好的经济基础能够为中国企业向海外投资提供收益和安全的保障。经济基础较好的国家，中国海外投资流入的风险越低，海外企业得到的投资回报率也会越高。

经济基础指标共包括5个子指标，见表2-1。其中GDP和人均GDP反映了一个国家经济总体发展规模和发展水平，可以为海外投资者提供该国的经济定位，这两项指标属于正相关积极指标；GDP增长率和通货膨胀率衡量该国的经济绩效水平，GDP增长率可以为海外投资企业提供该国的经济增长状况，反映出该国经济发展的潜力，属于正相关积极指标；整体通货膨胀为特定经济体内之货币价值的下降，属于负相关消极指标；公众债务占GDP的比重衡量了一国国内公共部门和私人部门的债务水平，体现该国经济偿还能力，通过该项指标可以减少或避免因为政府负债或没有偿还能力而破产所带来的损失，属于负相关消极指标。

表2-1 经济基础指标及说明

经济基础指标	指标说明	数据来源	计算方法	相关性
经济规模	GDP总量	WDI	对数	正相关
发展水平	人均GDP	WDI	对数	正相关
经济增速	GDP增长率	WDI	线性	正相关
通胀指数	GDP平减指数衡量的年通货膨胀率	WDI	幂函数	负相关
债务水平	公共债务占GDP的比重	IEF	幂函数	负相关

注 WDI为世界发展指数；IEF为国际货币基金组织。

2. 对外与金融

对外与金融反映了一个国家对外的开放程度以及投资运行水平，较高的对外与金融水平能够为海外投资者进行投资活动提供依据。对外与金融指标有5个子指标，见表2-2。金融自由度、商务自由度反映了该国投资的运营水平和参与度，商务自由度包括跨国公司国际商务行为自由度、经济自由度和商业交易的便利度，属于正相关积极指标；金融自由度包括放宽有关税收限制、取消外汇管制、允许资金在国内各部门或地区以及在各国间自由流动，属于正相关积极指标；汇率反映了一个国家在国际经济上的定位，属于负相关消极指标；贸易开放度和投资水平反映了地区贸易的开放程度，属于正相关积极指标。

表2-2　对外金融指标及说明

对外与金融指标	指标说明	数据来源	计算方法	相关性
金融自由度	国际商务资金流动的便利程度	IEF	线性	正相关
商务自由度	跨国公司国际商务行动的便利程度	IEF	线性	正相关
汇率	官方汇率（相当于1美元的本币单位，时期平均值）	WDI	幂函数	负相关
贸易开放度	货物和服务进口占GDP的比重	WDI	幂函数	正相关
投资水平	外商直接投资净流入占GDP的比重	WDI	幂函数	正相关

3. 社会发展

社会发展变化反映了社会运营水平的安稳程度，投资对象国社会水平越安稳，社会风险越低，对投资越有利。社会发展指标有5个子指标，见表2-3。人口增长率是一定时期内人口增长数与人口总数之比，人口增长可以反映了经济发展与人民生活水平，医疗水平的提高，属于积极指标；城镇化率可以反映出经济社会发展的潜力，属于正相关积极指标；教育水平是指中学入学人口占总人口的比重，教育程度可以反映出社会的文明程度，属于正相关积极指标；失业率反映了社会劳动力市场的完善程度，反映出劳动力市场的就业和岗位的竞争程度，属于负相关消极指标；社会犯罪率可以反映社会的稳定程度，犯罪率越高，社会的稳定性越差，投资风险越大，属于负相关消极指标。

表2-3　社会发展指标及说明

社会发展指标	指标说明	数据来源	计算方法	相关性
人口增长率	人口增长年度百分比	WDI	线性	正相关
城镇化率	城镇人口（占总人口比例）	WDI	线性	正相关
教育水平	中学入学人口比重	WDI	线性	正相关
失业率	失业人口比重	WDI	线性	负相关
社会犯罪	犯罪指数	Numbeo	线性	负相关

4. 政治因素

政治因素指标是指一国政府的稳定性以及政府处理事务的质量及效率水平，政治因素指标主要考察该国内外部稳定性，对国内社会的服务质量以及法律的制定监管能力，政治风险越低，企业的投资风险越低。政治因素指标有5个子指标，见表2-4。腐败控制是指政府对腐败的控制程度；政府有效性包括公共服务、行政部门质量及其独立于政治、政策形成和执行质量，政府管理部门对部门企业的监管执行能力；战乱因素是指一个国家发生重大战争，冲突，小冲突死亡的人数，战火纷争不断的国家对企业对外投资有着重大的影响，是负相关消极指标。政治内外部环境稳定，法律制度完善，廉洁高效的政府是企业海外投资的先决条件之一。

表 2-4　　政治因素指标及说明

政治因素指标	指标说明	数据来源	计算方法	相关性
腐败控制	政府对腐败的控制程度	WGI	线性	正相关
政府有效性	公共服务、行政部门质量及其独立于政治、政策形成和执行质量	WGI	线性	正相关
监管质量	政府管理部门对部门企业的监管执行能力	WGI	线性	正相关
政治稳定性	政府稳定、政治暴力和恐怖主义	WGI	线性	正相关
法治	法律法规的设立、完善、执行和监管	WGI	线性	正相关
战乱	重大战争，冲突，小冲突死亡人数	维基百科	线性	负相关

5. 中国因素

中国因素即对华关系，是衡量中国与对外投资贸易伙伴的合作关系的重要因素。中国与投资方的政治关系友好，投资方对华政策优越，越能降低对外投资风险。中国因素指标有5个子指标，见表2-5。签订BIT（双边投资协定）是指一国是否与中国签订双边投资协定，以及该协定是否生效，该投资协定签署并生效后可以降低投资国在该国的投资风险，属于正相关积极指标；伙伴关系是指国家间为了寻求共同利益而建立的伙伴关系，中国定义国家间的关系为伙伴关系、全面伙伴关系、合作伙伴关系、全面合作伙伴关系、战略伙伴关系、战略合作伙伴关系、全面战略伙伴关系、全面战略合作伙伴关系、全面战略协作伙伴关系等，良好的伙伴关系，可以有效降低中国企业在当地的投资风险；双边协定是指两个主权国家所签订的协调相互间有关税收和贸易的协定，签订协议可以降低中国企业对外投资风险，保障收益；进出口依存度体现了两国的贸易依存关系，以及中国在该国的贸易地位，中国在该国的贸易地位越高，投资风险越低；投资依存度指中国和一国之间的双边投资占该国投资的比重，投资量越大，中国在该国的投资风险越低。

表 2-5　　中国因素指标及说明

中国因素指标	指标说明	数据来源	计算方法	相关性
签订 BIT	1为签订且已生效；0.5为已签订未生效；0为未签订	中国商务部	线性	正相关
伙伴关系	国家间为寻求共同利益而建立的一种合作关系	“一带一路”大数据报告	线性	正相关
双边协定	两个主权国家所签订的协调相互间有关税收和贸易的协定	“一带一路”大数据报告	线性	正相关
进出口依存度	出口至中国贸易总额/一国出口总额+进口自中国贸易总额/一国进口总额	国家统计局，WB（世界银行）	线性	正相关
投资依存度	中国和一国之间的双边投资占该国投资的比重	CEIC（全球宏观经济数据库），WDI	线性	正相关

6. 电力市场

电力是现代社会发展的重要组成部分，为经济的发展提供了源源不断的动力，提供了全球终端总量的20%，并且这一比重还在逐步上升，电力市场潜力的大小影响了海外能源投资。电力市场有4个子指标，见表2-6。

通电率反映了国家享有通电服务的人口比重，“带路”国家集中了全球GDP增长最快的经济体，但电力的发展滞后于经济增长，许多国家供电能力不足，通电力越低的国家投资的潜力越大，属于负相关消极指标。电气化率是指电量消费占一次能源消费的比重，电力是世界上增长最迅速的最终能源消费方式，发电用能源消耗量占到一次能源总量的40%，并且到2040年预计将达到能源消费增量的40%，电气化率越低的国家对海外能源投资越有利[22]。电力需求增速是指电力需求年均增速，电力需求增速越高，投资国家的电力缺口越大，能源投资的潜力越大，属于正相关指标。电力进口程度是指电力净进口量占总产量的比重，电力净进口越大，对海外的电力需求越大，国内的电力市场越大，属于正相关积极指标。

表2-6 电力市场指标及说明

电力市场指标	指标说明	数据来源	计算方法	相关性
通电率	享有通电服务的人口比重	WDI	幂函数	负相关
电气化率	电量消费占一次能源消费的比重	WDI	线性	负相关
电力需求增速	电力需求年均增速	WDI	线性	正相关
电力进口程度	电力净进口量占总产量的比重	IEA	幂函数	正相关

7. 煤电收益

煤电收益是中国海外企业投资电力的内在约束之一，煤电收益将直接影响煤电企业海外投资决策。煤电海外投资对IRR的要求是10%～13%，投资国煤电收益越大，对煤电企业的吸引力越大。

煤电收益有4个子指标，见表2-7。煤炭富裕度是指煤炭储采比，尽管全球能源结构正在由传统化石能源主导向可再生能源转变，但化石能源的主导地位在长期内不会改变，投资国煤炭储采比越高，煤炭资源越丰富，有利于节约煤电企业发电的成本，是正相关积极指标。电煤比重是发电用煤占煤炭开采量的比重，长期来看发电是煤炭利用的最主要方式，具有利用效率高、污染易集中治理的突出优点，有利于煤炭的清洁高效利用，减少环境污染，对煤电收益是正相关积极指标。煤电规划是指煤电规划装机容量与现有发电装机总量的比值，煤电比重是指煤电发电量占总发电量比重。2006—2015年，全球每年90%

表2-7 煤电收益指标及说明

煤电收益指标	指标说明	数据来源	计算方法	相关性
煤炭富裕度	煤炭储采比	EIA	幂函数	正相关
电煤比重	发电用煤占煤炭开采量的比重	IEA	线性	正相关
煤电规划	煤电规划装机容量与现有发电装机总量的比值（绝对值）	繁荣与衰落	幂函数	正相关
煤电比重	煤电发电量占总发电量比重	WB	线性	负相关

左右的新增煤电装机集中在"带路"国家,"带路"国家的电力需求总量的 80%左右是由煤电和气电提供的,相应煤电规划和煤电比重是正相关积极指标。

8. 环境因素

环境因素是衡量一个国家在政策、行动上对环境保护的重视程度,国家能源的对外投资直接受到该国在环境保护政策上的影响,一个国家的环境风险是一国未来环保标准突然提高的可能性,环保标准提高的可能性越大,企业在未来增加的环境成本的可能性越高,项目投资风险越大。环境因素指标有以下 5 个子指标,见表 2-8。排放水平和排放增长体现了二氧化碳的排放水平,排放量越高,增长量越高,得分越低;发展煤电不仅要考虑碳排放,还要考虑当地的水资源压力,水资源压力考虑的是地区的年度取水总量,包括居民,工业和农业用水,水资源压力越大,煤电机组的搁浅风险越高;PM2.5 则考虑了投资国当地的空气污染状况,PM2.5 越低,环境治理水平越高,得分越高;NDC 目标体现了国家减排的贡献机制,衡量了一国应对气候变化国家自主贡献计划的目标水平、范围和指标的详细状况,目标越高,得分越高。

表 2-8　环境因素指标及说明

环境因素指标	指标说明	数据来源	计算方法	相关性
排放水平	人均碳排放量	IEA	线性	负相关
排放增长	人均碳排放增长水平	IEA	线性	负相关
水资源压力	2030 BAU 情境下水压力	《水压力国家排名数据集》	线性	正相关
PM2.5	颗粒物浓度 PM2.5 ($\mu g/m^3$)	WHO(世界卫生组织)	线性	负相关
NDC 目标	当前排放值与 NDC 排放值比值	NDC	线性	正相关

2.2.2 评级指标的标准化方法

按照数据类型,指标数据标准化方法主要分为线性变换处理法、对数函数处理法、幂函数处理法三种。

1. 线性变换处理法

线性变换处理法适用于无极端值的原始数据。将原始数据进行线性变化,使结果落入[0,1]区间内,最后该项乘以该项满分 100。线性变换同样适用于间接得到的数据。分数越高,代表该项风险越低。转换函数如下:

$$A_j = \frac{X_j - X_{\min}}{X_{\max} - X_{\min}} \times 100$$

式中:A_j 为标准化后得到的分数 [正相关取 A_j,负相关取 $(100 - A_j)$];X_j 为原始数据;$X_{\min}$ 为样本数据最小值;$X_{\max}$ 为样本数据最大值。

2. 对数函数处理法

对数函数处理法主要应用于存在不同数量级的极端值的原始数据(极端值为大于三倍四分位差距的数值)。由于规模不同而导致的不同数量级的标准化,如 GDP 总量等指标,应采予自然对数法进行处理,再进行利差标准化:

$$A_j = \frac{\ln X_j - \ln X_{\min}}{\ln X_{\max} - \ln X_{\min}} \times 100$$

式中：A_j 为标准化后得到的分数［正相关取 A_j，负相关取（100－ A_j）］；X_j 为原始数据；$X_{\min}$ 为样本数据最小值；$X_{\max}$ 为样本数据最大值。

3. 幂函数处理法

幂函数处理法主要应用于存在相同数量级的极端值或奇异值的原始数据。这种数据直接利差标准化后区分度仍然不大，故采取自然幂指数函数处理之后，再对所得函数值进行离差标准化。由于有些原始数据存在负数的情况，故选取的是幂指数为 1/3 的幂函数：

$$A_j = \frac{X_j^{\frac{1}{3}} - X_{\min}^{\frac{1}{3}}}{X_{\max}^{\frac{1}{3}} - X_{\min}^{\frac{1}{3}}} \times 100$$

式中：A_j 为标准化后得到的分数［正相关取 A_j，负相关取（100－ A_j）］；X_j 为原始数据；$X_{\min}$ 为样本数据最小值；$X_{\max}$ 为样本数据最大值。

采用幂函数处理之后进行离差标准化的指标有：特殊映射处理，有些指标较为特殊，尚未量化，需要采用特殊映射方法将文字和数值联系起来。

2.2.3 指标总分计算方法

指标总分的计算采用熵值法与 AHP 加权平均得到。子指标最高分为 100 分，通过 AHP 与熵值法加权平均得到该维度总分。每个维度的一级指标的最高分为 100 分，采用熵值法与 AHP 法加权平均确定一级指标得分。采用熵值法与 AHP 法加权平均，最后按各维度的权重，得到煤电投资风险综合评分。综合评分越高，代表投资风险越低。

1. 熵值法的计算方法

第 j 项指标、第 i 个评价国家的特征比重：

$$p_{ij} = \frac{x_{ij}}{\sum_{i=1}^{n} x_{ij}}$$

其中

$$x_{ij} > 0, \text{且} \sum_{i=1}^{n} x_{ij} > 0$$

计算第 j 项指标的熵值：

$$e_j = -k \sum_{i=1}^{n} p_{ij} \ln p_{ij}$$

其中

$$k > 0, \ e_j > 0$$

计算指标 x_{ij} 项指标的差异系数比，由于 e_j 和 x_{ij} 波动程度成反比，x_{ij} 波动程度越大，e_j 越小，指标对评价对象的区分对象的左右越大，因此定义差异系数为

$$g_j = 1 - e_j$$

g_j 越大，越需要重视该项指标，其对应的权重也应该越大。

确定权重系数，即

$$w_j = \frac{g_j}{\sum_{j=1}^{m} g_j}$$

2. AHP 的计算方法

（1）建立多层次风险指标体系。首先对所要分析的问题进行分析，结合风险管理的相关理论来说，通过分析把相关的风险因素按照其特征进行分层归类。通常来说，处于较低

层级的因素对其上层因素有一定影响，同时又受到更低层级元素的影响。

（2）构造判断矩阵。由于每个因素对项目的重要程度有所不同，因此在进行权重赋值时需要考虑其重要程度，而每个因素的重要程度通常可以通过问卷调查统计出来。通常采用的是成对比较法结合判断尺度对元素进行重要性判断，从而得到判断矩阵。判断尺度见表 2-9。

表 2-9　　判断尺度

定义（a_{ij}）	标度
i 因素比 j 因素极端重要	9
i 因素比 j 因素强烈重要	7
i 因素比 j 因素明显重要	5
i 因素比 j 因素稍微重要	3
i、j 两因素同样重要	1
i 因素比 j 因素稍微不重要	1/3
i 因素比 j 因素明显不重要	1/5
i 因素比 j 因素强烈不重要	1/7
i 因素比 j 因素极端不重要	1/9

注　上述两相邻标度之间的重要程度用偶数来表示，如 2 表示重要程度在标度 1（i、j 两因素同样重要）和标度 3（i 因素比 j 因素稍微重要）之间。

（3）计算判断矩阵的特征向量。

1）对判断矩阵的每一列进行正规化

$$\bar{a}_{ij} = \frac{a_{ij}}{\sum_{i=1}^{n} a_{ij}} \qquad i,j = 1,2,\cdots,n$$

2）对正规化处理后的判断阵逐行相加

$$\bar{w}_i = \sum_{j=1}^{n} \bar{a}_{ij} \qquad i = 1,2,\cdots,n$$

3）令向量 $\bar{\boldsymbol{W}} = [\bar{w}_1, \bar{w}_2, \cdots, \bar{w}_n]^{\mathrm{T}}$，并对 $\bar{\boldsymbol{W}}$ 进行正规化

$$w_i = \frac{\bar{w}_i}{\sum_{j=1}^{n} \bar{w}_j} \qquad i = 1,2,\cdots,n$$

进而得到所求的特征向量 $\boldsymbol{W} = [\bar{W}_1, \bar{W}_2, \cdots, \bar{W}_n]^{\mathrm{T}}$。

4）判断阵最大特征根 $\lambda_{\max}$ 的计算

$$\lambda_{\max} = \sum_{i=1}^{n} \frac{(\boldsymbol{AW})_i}{n w_i}$$

式中：$(\boldsymbol{AW})_i$ 为向量 $\boldsymbol{AW}$ 的第 i 个元素。

（4）一致性检验。由于主观评价的弊端，在进行两两对比时有可能会出现矛盾，所以需要对评估结果进行一致性检验，因此首先计算 CI（一致性指标）其计算方式为

$$CI = \frac{\lambda_{max} - n}{n - 1}$$

式中：n 为判断矩阵的阶数；λ_{max} 为判断矩阵的最大特征根。

根据 n 可以找到对应的 RI（随机性指标），其关系见表 2-10。

表 2-10　随机性指标 RI 的取值

n	1	2	3	4	5	6
RI	0	0	0.58	0.9	1.12	1.24

CR 是判断矩阵的随机一致性的比例，其中 CR=CI/RI，当 CR=0 时，则判断矩阵具有完全随机一致性；当 CR<0.1 时，判断矩阵具有满意的一致性，指标的权重即为特征向量的分量；否则需要重新调整判断矩阵，直到判断矩阵达到满意一致性。

（5）对各个指标进行总排序并进行一致性检验，之前进行的是每个层次的单排序，而总排序是建立在单排序的基础上的，在进行一致性检验之后最终得到了影响因素的权重。

2.3 经济性分析

平准化发电成本（LCOE）指标通常是指应用于能源领域的用来分析和比较成本结构不同的发电技术的平准化能源成本。本书中的 LCOE 指的是发电系统在假定的建造运营周期内每 kWh 的发电成本。其中，计算发电项目的 LCOE 的关键变量包括初期投资成本变量、融资成本变量、运维成本变量、财税及政策投入成本变量、发电能力变量。

本研究将利用 LCOE 模型，通过计算发电系统从初建到运营的总成本费用支出的折现值与其在寿命周期内能量产出的经济时间价值的比值，拟得到发电项目的平准化贴现成本（度电成本），其推导过程为：

已知未来各期的价值 F 较现期的价值 P 低，用折现率 r 来衡量这一差别，即

$$P = F(1 + r)^{-n}$$

而净现值（NPV）则是多期的价值的集合，通常是指一个项目的寿命周期内的所有期间。对 LCOE 的定义来自于收入的净现值等于成本的净现值这一恒等式，即

$$\sum_{n=0}^{N} \frac{\text{Revenues}_n}{(1 + r)^n} = \sum_{n=0}^{N} \frac{\text{COST}_n}{(1 + r)^n}$$

$$\text{NPV} = \sum_{n=0}^{N} \text{PV} = 0$$

$$\sum_{n=0}^{N} \frac{\text{LCOE}_n \times E_n}{(1 + r)^n} = \sum_{n=0}^{N} \frac{\text{COST}_n}{(1 + r)^n}$$

$$\text{LCOE} = \frac{\sum_{n=0}^{N} \frac{\text{COST}_n}{(1 + r)^n}}{\sum_{n=0}^{N} \frac{E_n}{(1 + r)^n}}$$

基于上述公式，推导出度电成本 LCOE 的完整计算公式为

$$\mathrm{LCOE}=\frac{\sum_{n=1}^{N}\frac{\mathrm{CAPEX}_n+\mathrm{OPEX}_n+\mathrm{TAX}_n}{(1+r)^n}}{\sum_{n=1}^{N}\frac{[CH(1-O_{\mathrm{u}})]_n}{(1+r)^n}}$$

式中：CAPEX_n 为初始投资成本的年值，包括自有资金、贷款以及折旧；OPEX_n 为运维成本的年值，包括保险费用、修理费用、劳动成本等；TAX_n 为电厂每年应纳税额，包括营业税、增值税、土地税等；C 为装机容量；H 为年利用小时数；O_{u} 为厂用电率；N 为电厂运营年限；r 为贴现率。

2.4 压力测试工具

煤电行业的发展伴随着各种环境风险，随着电力市场的发展，环境成本内部化将成为必然趋势。环境成本内部化就是将环境成本纳入企业生产成本作为产品成本的一部分，消除环境外部性影响的过程。压力测试是衡量环境成本内部化传导至企业资产价值的有效途径。

环境压力测试的传导模型是压力测试的核心，综合考虑各项环境风险因素对煤电企业主营业务收入和主营业务支出的影响，本报告中无法直接量化的风险因素通过风险坐标图调整加权平均资本成本（WACC）中的风险溢价来体现企业价值对风险溢价的敏感程度，定量分析环境风险对煤电企业价值的影响（见图 2-2）。

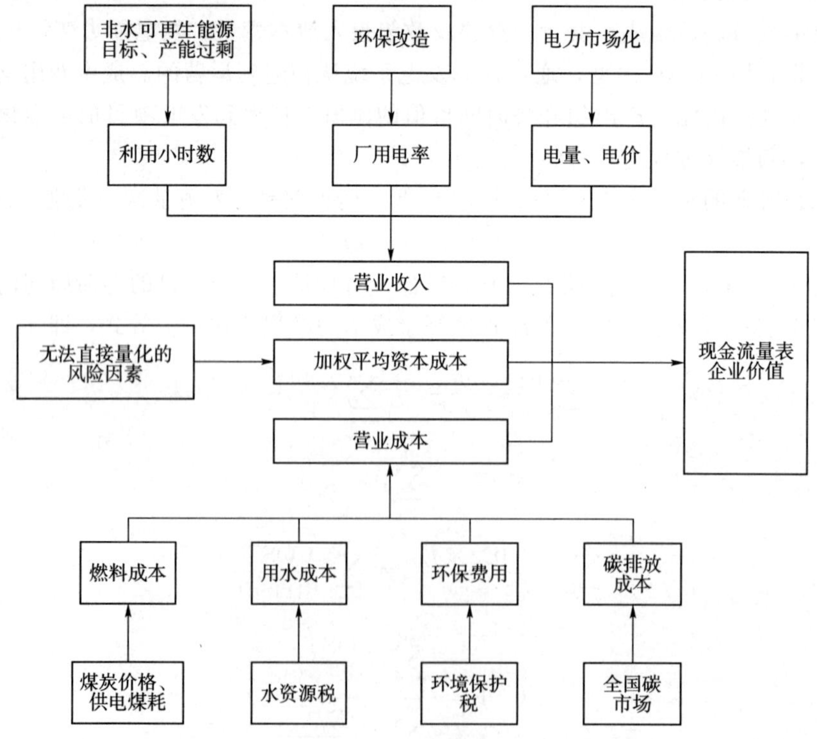

图 2-2　煤电企业风险变动的压力传导图

企业价值是指用货币表示，在某一特定时间相对于企业未来盈利能力和相关权益的价值评定。从理论上讲，可选择的企业价值的评估方法主要有成本加和法、收益现值法和市场法三种。本书应用自由现金流量折现法中的加权成本法对煤电企业价值进行评估，即在估计出企业未来每年的自由现金流量的基础上，配以 WACC 作为贴现率加以折现，折现的现值即为企业价值。图 2-3 为企业价值估算过程。

图 2-3　企业价值估值过程

（1）现金流

企业现金流 FCFF ＝息税前利润×（1－所得税税率）＋折旧－资本支出－运营增加
＝税后净现金利润－净投资

（2）企业加权平均成本模型

$$WACC = K_e W_e + K_d W_d (1-T)$$

式中：K_e 为企业的权益资本成本；W_e 为市场价值下企业权益资本成本在资本结构中的比例；K_d 为表示企业的债务资本成本；W_d 为市场价值中，企业债务资本成本在资本结构中的比例；T 为企业所得税。

运用 CAPM 模型来确定权益资本成本 K_e，资本资产定价模型通过 β 系数修正后的股权风险溢价来反映投资者对增加的风险所要求的更高回报。但 β 系数只是从理论上衡量了特定企业的系统风险，而没有反映特定企业的非系统风险。因此需要修正的资本资产定价模型（MCAPM）来反映非系统风险，以增强预期回报率的准确性。修正的资本资产定价模型公式为

$$MK_e = R_f + \beta(\bar{R}_m - R_f) + SCRP$$

式中：MK_e 为经过修正的权益资本期望收益率；R_f 为无风险收益率；$\bar{R}_m$ 为市场期望收益率；β 为证券的收益率对市场收益率变动的反应程度；SCRP 为特定企业风险溢价。

（3）企业价值估值

$$V = \sum_{t=1}^{n} \frac{FCFF_t}{(1+r)^t}$$

式中：V 为企业价值；n 为资产的寿命；$FCFF_t$ 为 t 时期企业现金流；r 为折现率，该结果为加权平均资本成本。

第3章

典型国家电力发展概况

3.1 印尼能源经济与电力发展现状

3.1.1 能源经济发展现状

印尼位于亚洲东南部，由太平洋和印度洋之间万余岛屿组成，地处亚洲大陆及澳大利亚之间，扼守马六甲海峡，在全球战略上居重要地位，是中国“一带一路”倡议落地至关重要的一环。印尼是东盟组织创立国之一，且为二十国集团（G20）成员国，是东南亚最为主要的经济体，与其他东盟国家相比有其自身独特优势，经济持续发展、投资快速增长、自有资源丰富、市场前景广阔。印尼是世界第四人口大国，2016年人口总数2.61亿。占世界人口的3.53%，一半以上人口年龄低于30岁，适龄劳动力约有1.3亿，劳动力价格在亚洲地区具有竞争性，总体而言印尼将继续享受人口红利，经济发展潜力巨大。

印尼经济发展几经波折，1997年受亚洲金融危机重创，经济严重衰退，货币大幅贬值；进入21世纪以来，积极采取措施吸引外资、发展基础设施建设、整顿金融体系、扶持中小企业发展，取得良好成效，经济增长一直保持在5%以上；2008年以来，面对国际金融危机，印尼政府应对得当，2010—2015年经济保持平稳较快增长，根据IEA数据库统计，2010—2015年间印尼GDP年均增速约5.5%，2015年底GDP总量约9875.1亿美元（2010年美元），如图3-1所示。人均GDP方面，从2010年的3125.2美元/人增长到2015年的3834.1美元/人，在东南亚国家中处于中上水平，年均增速为4.2%。而印尼统计局的数据显示，2016年印尼GDP达9324亿美元（与IEA统计口径存在误差），同比增长5.02%，增速较上年提高0.2个百分点，GDP总量世界排名第16。

印尼有着丰富的化石能源，是全球主要的能源出口国。据BP数据库统计，2016年年底，印尼已探明的石油、天然气和煤炭资源储量分别为5亿t、2.9万亿m^3和255.7亿t，分别占到全球已探明储量的0.2%、1.5%和2.2%，见表3-1。印尼的化石能源大部分用于出口，主要流向包括中国、印度和日本在内的亚洲国家。以煤炭为例，2015年印尼煤炭产量为45353.5万t，出口量为36670.8万t，其中出口到中国的煤炭约8374万t。印尼煤炭矿区主要分布在苏门答腊和加里曼丹两岛，其中苏门答腊占67%，加里曼丹占31%；

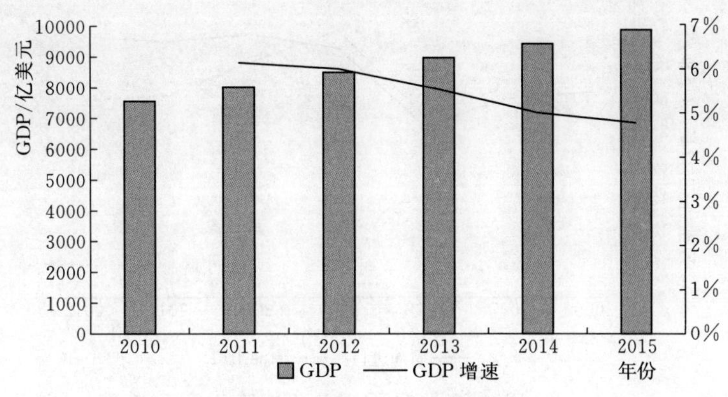

图 3-1 印尼 GDP 增长情况

煤矿 99%为露天矿，开采条件比较好，但大部分热值较低，使用价值不高。

表 3-1 2015 年印尼化石能源储量情况

类 型	探明储量	占全球比重	储产比	当年出口情况
石油	5 亿 t	0.2%	10	391.7 万 t
天然气	2.9 万亿 m^3	1.5%	41	1511.8 亿 m^3
煤炭	255.7 亿 t	2.2%	59	36670.8 万 t

随着经济的快速发展，印尼的能源需求量以年均 7%～8%的速度增长。面对强劲的需求增长，能源供应不足已经逐渐制约印尼经济发展。一次能源供应体系中，石油比重下降至 47%，主要是受石油资源的枯竭和投资不足等因素的影响，在 2003 年从石油净出口国变为石油进口国，超过 40%的石油需要进口（见图 3-2）；天然气和煤炭比重上升，各占 24%；其他能源如水电、地热所占比重变化不大，总计 5% 。值得一提的是，2014 年印尼出口的天然气占国内总产量的一半以上，主要以液化天然气（LNG）的形态输往日本、中国、韩国和美国。据估计，按此速度印尼天然气将在 30 年后被开采完毕。尽管印尼政府正在努力限制天然气的出口，以保证国内天然气的供应，但由于出口价格远高于国内价格，天然气出口收入已成为国民收入的重要组成部分。多年来，印尼依靠出口化石能源来获取国民收益，使得化石能源面临枯竭，油气和煤炭的储产比已非常低，这成为印尼转变能源发展政策的重要原因之一。

可再生能源方面，印尼地热、水电、太阳能及生物燃料等可再生能源潜力尤为巨大（见表 3-2）。印尼的 285 个地热泉源拥有 2954.4 万 kW 的发电潜能，占全球已探明地热能源的 40%。生物质方面，据估计，印尼每年生产 14670 万 t 生物质，其热量相当于 470GJ，拥有 4950 万 kW 的生物质发电潜力，而目前的装机容量仅为 160 万 kW。印尼为世界第五大水资源国，每年产水量约 3. 9 万亿 m^3，仅次于巴西、俄罗斯、加拿大和美国，印尼水电总潜力为 7576 万 kW，其中小水电 77 万 kW，水资源丰富但分布不均，94.7%的水电资源处于待开发状态。太阳能方面，印尼地处东南亚热带地区，非常接近赤道，太阳能辐射资源平均约为 4.8kWh/(m^2·d)，光伏发电潜力巨大。

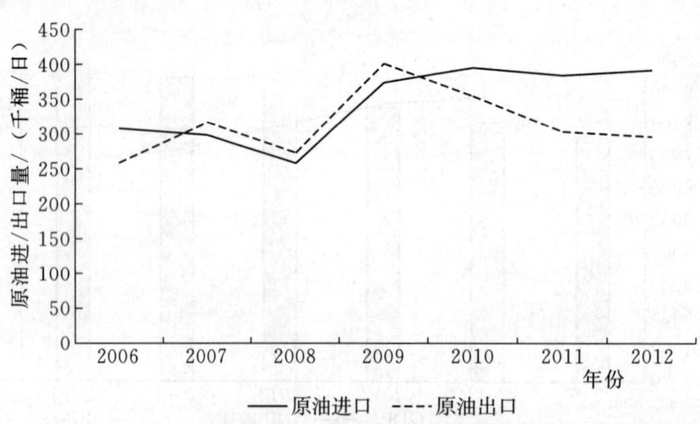

图 3-2　印尼原油进出口情况

表 3-2　　印尼可再生能源潜力　　(万 kW)

类　型	资源潜力	现有装机	开发程度
水电	9447.6	502.4	5.3%
地热	2954.4	140.3	4.7%
生物质	4950	160	3.2%
光伏	4.8kWh/(m^2 · d)	7.85	—

数据来源：National Energy Council，Indonesia Energy Outlook 2015。

印尼是东南亚主要的能源生产国与消费国，市场潜力巨大，是开展“一带一路”能源合作的重点国家。表 3-3 为印尼各项能源经济指标情况，2010—2015 年，印尼一次能源供应和电力消费逐年提升，电力消费的年均增速更是达到了 6.6%，相应的 CO_2 排放量也逐年增加；人均能源消费量变化并不明显，人均电力消费则保持着较高的增长速度，年均增速约 5%，这反映了印尼的能源利用方式正在向电气化方向转变，2011 年印尼电气化率为 9%。一般来说，发达国家的电气化水平比较高，2011 年世界电气化平均水平为 17.7%，OECD 国家的电气化率 22%，美国、加拿大、德国和英国分别为 21.7%、21.9%、20.3%和 21.7%。印尼的能源强度有所下降，说明单位 GDP 的能耗下降，能源投入的产出价值提高，能源消费水平和节能降耗状况有所改善，而电力强度变化不大。碳排放方面，能源碳排放强度和人均碳排放量均呈现上升趋势，但 GDP 增速高于排放总量增长，因此 GDP 碳强度有所下降。

表 3-3　　印尼各项能源经济指标情况

指　标	单位	2010 年	2011 年	2012 年	2013 年	2014 年	2015 年
能源生产	Mtoe	378.29	420.69	433.06	452.53	447.75	425.86
能源出口	Mtoe	166.75	217.3	221.97	236.74	222.18	199.32
一次能源供应	Mtoe	210.62	202.67	210.67	215.49	224.53	225.36
电力消费	TWh	153.8	166.75	182.19	195.32	206.46	211.94
CO_2排放	Mt	376.17	384.65	392.94	398.01	434.86	441.91
人均能源消费	kg/人	870	830	850	860	880	870

续表

指　标	单位	2010 年	2011 年	2012 年	2013 年	2014 年	2015 年
人均电力消费	kWh/人	640	680	730	780	810	820
能源强度	kg/美元	0.28	0.25	0.25	0.24	0.24	0.23
电力强度	kWh/美元	0.20	0.21	0.21	0.22	0.22	0.21
能源碳强度	$kgCO_2/kg$	1.79	1.9	1.87	1.85	1.94	1.96
人均碳排放	t/人	1.56	1.57	1.58	1.58	1.71	1.72
GDP 碳强度	kg/美元	0.50	0.48	0.46	0.44	0.46	0.45

3.1.2 电力工业基础

3.1.2.1 电力供需情况

2005—2015 年，印尼电力生产发展迅速，发电量年均增速约 6.3%，处于较高水平。据 IEA 数据库统计，2015 年印尼全国发电量达到了 2339.8 亿 kWh，煤电、气电和水电的比重较高，分别占到发电总量的 55.8%、25.2%和 5.9%。从不同电源类型的发电量变化趋势来看（见图 3-3），印尼的煤电和气电发电量增长较快，年均增速分别约为 9.7%和 11.9%，其中，煤电发电量在 2011 年和 2012 年有着爆发式的增长，之后的增长率保持在 9%左右，而气电发电量在 2007—2010 年增长最快，其后增速逐渐放缓；油电发电量占总发电量的比重从 2005 年的 30.8%下降到了 2015 年的 8.4%，呈现出明显减少的趋势。一方面是因为其国内石油资源的开采、出口和内需之间的紧张局面；另一方面也是因为油电技术已经落后于煤电和气电，逐渐被众多国家淘汰。通过对比东南亚各国的水电发电量比重，可以看出，印尼对于水电的开发和重视程度比较低，其丰富的水能资源并未得到充分利用，反而是地热能的利用已初具规模，2015 年地热发电量约 100.5 亿 kWh，占全年发电总量的 4.3%。结合不同电源发电量变化趋势和国内资源的开发情况，可以看出，印尼的油电会逐渐退出市场，气电和煤电在未来会成为主体发电形式，水电、地热和生物质能的开发潜力很大，是发展可再生能源的关键。

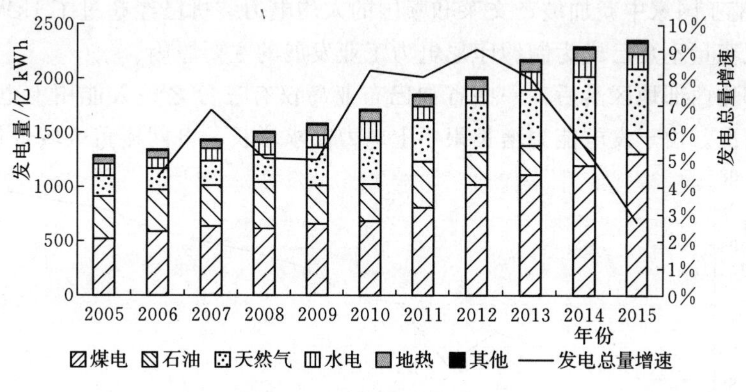

图 3-3　印尼发电量构成

印尼的电力供应主要是依靠国内，进口电量很少，2009—2015 年进口电量总计约 3400 万 kWh。印尼国内用电结构大致可以分为三部分：终端能源消费、能源部门自用和输电损失。2005—2015 年，印尼的终端电力消费年均增速为 6.5%，分行业用电情况来看，工业、商业、公共事业和居民是电力消费的主体，如图 3-4 所示。其中，居民电力消费年均增长最快，增速为 8%左右，并且在 2008 年超过了工业用电量，成为印尼电力消费量比重最大的用电部门，2015 年居民用电量达到 860.5 亿 kWh，占全社会用电量的 36.8%。印尼能源部门自用的电量较少，仅占国内供电量的 4%左右；但输电损失的电量占国内供电量的 10%左右，高于中国的 6.9%，2005—2015 年，印尼累计线损电量为 1890 亿 kWh。

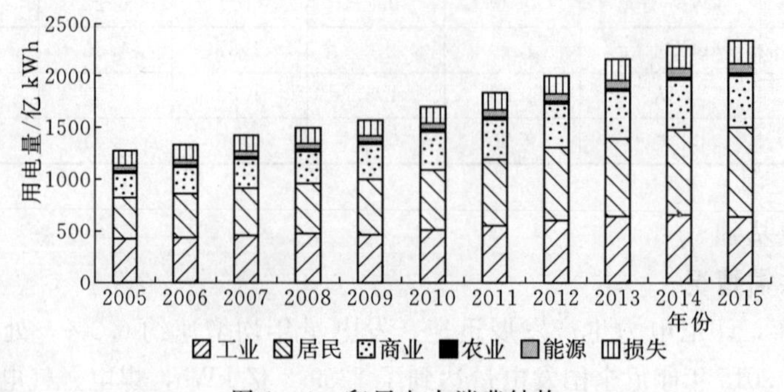

图 3-4 印尼电力消费结构

尽管印尼电力工业发展较快，但印尼《2016—2025 年电力供应规划》（2016—2025 RUPTL）显示，印尼电力依然长期处于需求巨大、供应不足的状态，电气化水平低。加大电力项目建设、保障电力供应能力，已成为印尼经济发展需要解决的关键问题之一。根据世界银行的调查数据，2014 年印尼通电率为 97.1%，较 2000 年的 80.63%有了巨大进步。根据印尼官方公布的数据，2016 年，印尼总体通电率为 91.16%，但各地区通电情况差异巨大，呈现西部岛屿通电率高（例如雅加达，高达 99.98%）、东部岛屿通电率低（例如巴布亚岛，仅有 47.78%）的分布。印尼计划 2019 年全国通电率达到 97.4%，2025 年达到 99.7%。虽然过去十年印尼发电能力增长超过 25%，但是与其他收入水平相当的国家相比，印尼的电气化率依然较低。2015 年人均电力装机容量约为 0.22kW/人，甚至比印度人均装机容量还要低，“带路”国家中科威特、卡塔尔等国人均装机容量已经超过了 4kW/人，东南亚国家中新加坡、文莱和泰国的人均电力装机已经超过了 1kW/人。可以看出，电力装机容量不足已成为制约印尼电力工业发展的主要原因。

印尼东部比西部地区落后，一些省如巴布亚岛仅有三分之一人能用上电，图 3-5 为印尼通电率情况。由于发电能力增长跟不上电力需求增长，电网覆盖区域也备受电力短缺

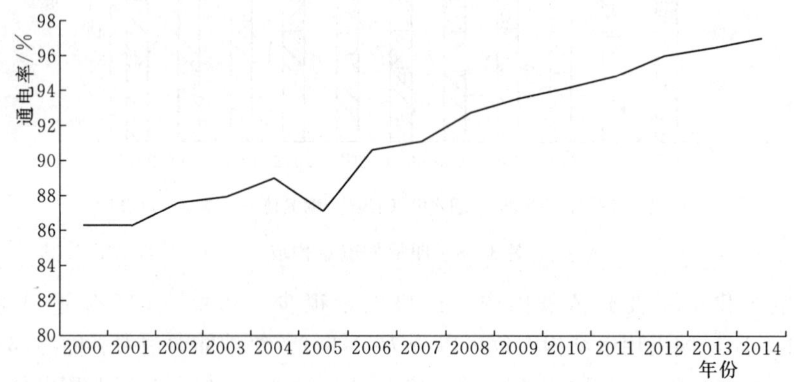

图 3-5 印度尼西亚通电率

的困扰。配套基础设施不完备，获得土地使用许可困难，电价补贴，监管环境不确定等因素导致发电能力不足。除电力装机区域发展不平衡之外，印尼全国大部分地区还存在电力供不应求的情况。印尼国家电力公司（PLN）在2015年12月公布的资料显示，印尼国内各岛中，除中部的苏拉威西岛的装机容量尚可满足当地负荷需求外，其他各岛均处于电力紧缺状态，即便是首都雅加达以及经济相对发达的巴厘岛，也经常出现断电情况。可以看出，印尼电力工业还有很大的发展空间，是开展“一带一路”电力合作的重点国家。

在电网建设方面，由于印尼是世界上最大的群岛国家，岛屿之间的电网连接困难，电网建设相对落后。目前印尼只有一个电网，即爪哇—巴厘—马都拉电网；苏门答腊岛有一部分电站也简单连接在一起，但还未构成区域电网；其他地区的电站都是独立的，只能对周边地区供电。印尼全国电网由国有输电公司负责和运行，其输电网电压等级包括70kV、150kV、275kV以及500kV等。

限于财力，PLN仅仅将电气化投入的重点集中在爪哇—巴厘岛区域，导致地区间的发展较为不均衡。2013年，PLN提出了第二期输变电发展计划，旨在帮助印尼实现90%家庭通电，具体的实现手段是通过加强地区与国家电网的连接，建造和改造变电站来改善电力传输的效率和质量，可持续性地强化与扩充电力传输网络的容量。该计划预计将惠及爪哇—巴厘岛、苏门答腊、加里曼丹和苏拉威西四个区域的2950万印尼居民。

截至2014年年底，印尼电网500kV输电线路总长5053km，275kV输电线路总长1374km，150kV输电线路总长29353km，70kV输电线路总长4125km。2016年年底，500kV输电线路总长5056km，275kV输电线路总长1857km，150kV输电线路总长32422km，70kV输电线路总长4669km。表3-4和表3-5分别是印尼输电网络和变电站

表3-4　　2016年印尼输电网络分布情况　　(km)

地　区	25～30kV	70kV	150kV	275kV	500kV	总计
苏门答腊	—	379	10245	1694		12318
爪哇—巴厘岛	56	3035	14406	—	5056	22553
加里曼丹	—	123	3391	163	—	3677
苏拉威西	4	911	4124	—	—	5039
巴布亚和马鲁古	—	221	—	—	—	221
努沙登加拉	—	—	256	—	—	256
总计	60	4669	32422	1857	5056	44064

数据来源：2016 PLN Statistics。

表3-5　　2016年印尼变电站分布情况　　(MVA)

地　区	<30kV	70kV	150kV	275kV	500kV	总计
苏门答腊	—	615	11393	1660	—	13668
爪哇—巴厘岛	—	2921	47276	—	28500	78697
加里曼丹	—	47	2409	500	—	2956
苏拉威西	30	1015	2138	—	—	3183
巴布亚和马鲁古	—	125	—	—	—	125
努沙登加拉	—	—	270	—	—	270
总计	30	4723	63486	2160	28500	98899

数据来源：2016 PLN Statistics。

分布情况。从印尼电网建设情况来看，限于岛屿分散、负荷中心聚集等原因，无法建设大容量电网系统，主要以分散的低压电网系统为主。爪哇—巴厘岛地区作为印尼核心区域，集中了印尼所有的500kV电网线路，其他类型线路也多于其他地区，已经初步构建了完善的电网系统；在其他地区和偏远小岛，发电能力和负荷需求有限，低压输电线路可以满足需求，而且边远地区发展分布式能源系统需要配套的区域电网等级较低。

3.1.2.2 电力装机结构

据印尼能源与矿产资源部统计，截至2015年年底，印尼装机容量约为5600万kW。根据国际可再生能源署（IRENA）和全球煤电追踪系统（Coal Plant Tracker）的相关数据，估算得到2016年的电力装机总量为5734.75万kW，如图3-6所示。其中油气发电装机容量为推算数值。2010—2012年印尼电力装机增长迅速，两年间新增装机约1993万kW，其中有1054万kW的油气装机和876万kW的煤电装机。2016年印尼油气装机比重约为40%，煤电装机约2535.7万kW，占比44%，已经超过了油气装机。根据全球煤电追踪系统的最新数据，2017年印尼煤电运营装机约为2740万kW。可再生能源装机占发电装机总量的12%左右，以水电、地热和生物质发电为主，2016年装机容量分别为532.1万kW、159万kW和175.2万kW，并有少量的光伏和风电装机。

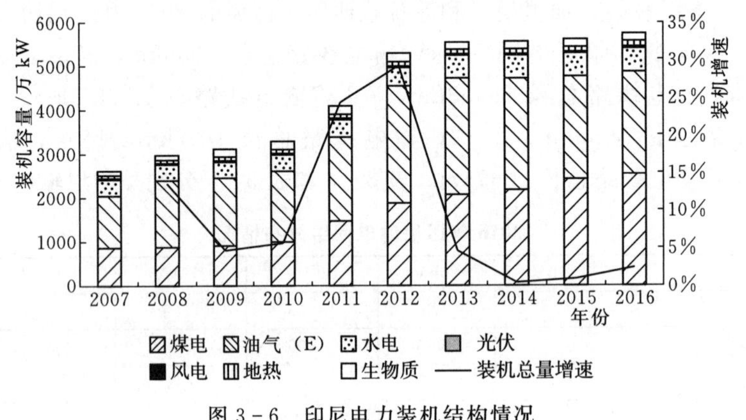

图3-6 印尼电力装机结构情况

印尼由于岛屿分散、电网建设困难等原因，各区域电力供应相对独立，电力系统备用容量基本与当地的经济发展水平和电力装机分布情况一致。2017年7月，在印尼的22个区域电力系统中，有13个区域的备用容量超过了30%，备用容量最高的是尼亚斯岛，备用容量达116%；另外9个备用容量低于30%的区域的电力供应安全性较低，时常经受停电困扰，其中备用容量最低的是肯达里，备用容量仅0.8%。岛屿之间建设大电网系统的成本很高，且安全性问题必须要重视，而在一些小的岛屿上建设煤电、气电等电源无法充分发挥其发电能力，整体经济性并不好。为了解决这些边远岛屿尤其是分布着渔业中心的岛屿的供电问题，可以选择"分布式能源＋储能＋区域电网"的解决方案。

根据上面提到的印尼发电量构成和电力装机情况，可以大致推算出不同电源类型的年利用小时数，见表3-6。需要说明的是，油气发电利用小时数是用油电和气电的发电总量除以二者的总装机容量得到的，由于油电机组的逐步淘汰，其发电量和利用小时数逐渐减少，所以拉低了油气利用小时数的计算结果，一般情况下，气电的年利用小时数在4000～

5000h左右。从不同电源的年利用小时数变化情况来看，印尼煤电发电小时数逐年下降，这可能是由于印尼各地区之间的电网互联不完善，煤电电量基本是本地区消纳，但新建煤电机组规模较大，使得煤电机组较多的地区的利用小时数降低，拉低了全国平均利用水平；水电和地热发电的利用小时数则比较平稳，平均在3000h左右；2010年水电的利用小时数达到4675h，可能与当年的来水情况较好有关。

表3-6　印尼不同电源发电年利用小时数　(h)

类型	2007年	2008年	2009年	2010年	2011年	2012年	2013年	2014年	2015年
煤电	7375	7014	7237	6858	5525	5450	5383	5497	5394
油气	5086	4486	4559	4613	4193	2826*	2954*	3240*	3360*
水电	3054	3117	3075	4675	3149	3087	3276	2899	2612
地热	7164	7898	7817	7843	7751	7033	7031	7165	7172

*　代表该数据有待商榷。

在煤电能效技术水平方面，结合发电耗煤量与发电量的数据，可以初步推算出印尼煤电的主要技术参数，见表3-7。印尼发电用煤基本上是本国开采的次烟煤，它是烟煤与褐煤间的过渡煤类，属于低煤阶煤，按照其低热值（20MJ/kg）折算成标准煤（29.3MJ/kg），折算系数为0.68，从而得到印尼煤电的度电煤耗的平均数值为357gce/kWh，比中国平均水平要高出47gce/kWh；相应的，在碳排放强度方面，根据IPCC公布的碳排放系数，次烟煤的CO_2排放系数为1.98，从而得到印尼煤电碳排放强度平均数值为1035g/kWh，比中国平均水平要高出约150g/kWh。据IEA数据库统计，2015年印尼全社会碳排放总量为4.419亿t，其中，发电和供热碳排放约为1.714亿t。根据表3-7中的数据推算出煤电碳排放量为1.387亿t，而据全球煤电追踪系统的统计，印尼运行燃煤电站每年排放的CO_2约为1.201亿t，与估算的结果相近。尽管受到本国出产的次烟煤品质问题的限制，但印尼煤电技术水平仍有很大的提升空间，加强清洁高效煤电合作对于提高能效、减少煤炭消耗和改善环境方面有着积极的作用。

表3-7　印尼煤电技术参数

技术参数	单位	2010年	2011年	2012年	2013年	2014年	2015年
燃料消耗	万t	3582.8	4169.2	5281.6	5514.2	6597.5	7008.0
发电量	亿kWh	684.45	810.90	1021.66	1112.52	1195.32	1305.08
发电煤耗	g/kWh	523.5	514.1	517.0	495.6	551.9	537.0
折算标煤	gce/kWh	357.3	351.0	352.9	338.3	376.8	366.5
碳排放强度	g/kWh	1036.4	1018.0	1023.6	981.4	1092.8	1063.2

3.1.3　电力市场监管与准入机制

3.1.3.1　电力市场发展历程

印尼电力行业起步于荷兰殖民者统治时期，随着印尼国家命运的兴衰而起伏，其发展历程十分曲折。印尼电力行业的发展大概可以分为三个阶段，首先是荷兰殖民者统治时期的起步阶段，随后是印尼人民为取得电力行业的自制权而奋勇斗争的阶段，之后为印尼独立后电力行业的平稳发展阶段。1964 年 2 月，印尼国营电力公司 PLN 成立，是印尼电力迈入发展新阶段的标志。从 PLN 成立到 1992 年印尼第一次进行电力行业改革的近 30 年间，PLN 一直是印尼唯一的电力供应者，也是电力行业的决策者。1992 年，第 37 号总统令允许私人部门参与电力供应。自此，大型私人企业开始进入供应公共用电的领域。

市场投资主体的改变：20 世纪 90 年代以来，由于印尼国内电力需求持续旺盛，而电力基础设施尤其是电源建设落后，严重的电力供需矛盾强迫印尼政府对电力市场投资形式进行改革，其中引入非国有投资人作为新兴投资主体成为了改革中的最大特色。这一举措的提出一举打破了以前从电力建设上游到电力销售下游均由国家垄断的局面。改变了电力公司统一垄断经营的传统电力市场格局，引入了竞争机制，迅速激活了市场潜力，扩大了融资渠道，提高了市场效率。同时，由于世界政治、经济、文化形势的演变，反恐与文化的冲突，美、欧等国（地区）的企业在东南亚、南亚等地区的投资关注度减弱，甚至采取退出的态度，使得印尼电力市场出现较大的投资真空。

中国政府采取睦邻富邻、和谐发展外交政策使得海外市场对中国企业积极开放。中国电力企业在资金、技术、管理和成本等方面的优势明显，印尼政府和企业对中国电力企业的期待越来越高，越来越多的中国企业进入印尼能源市场，在电力投资领域开始扮演重要角色，这一变化对于中国企业来说，是进一步开发和扩展海外能源的良好契机。

3.1.3.2 电力市场主体

电力体制方面，能源与矿产资源部（MEMR）是印尼电力工业的行业管理机构，内设电力司。发电由 PLN 和 IPP（独立发电商）完成，输电和配电以及零售主要由 PLN 运行和管理。印尼的电力主管部门是 PLN 公司，是 MEMR 下属的国营公司。一直以来，由于印尼的电力销售价格低于电力成本价格，国家和地方财政需要对 PLN 和合格的 IPP 提供发电和供电补贴。前些年印尼在发电市场上有所放开，一些 IPP 进入电力市场（之前 IPP 生产的电能以协议形式出售给 PLN），IPP 也可以获得零售供电执照，直供用户或网供用户，PLN 在发电方面的份额降至 85%，但仍占有 100%的电网份额。

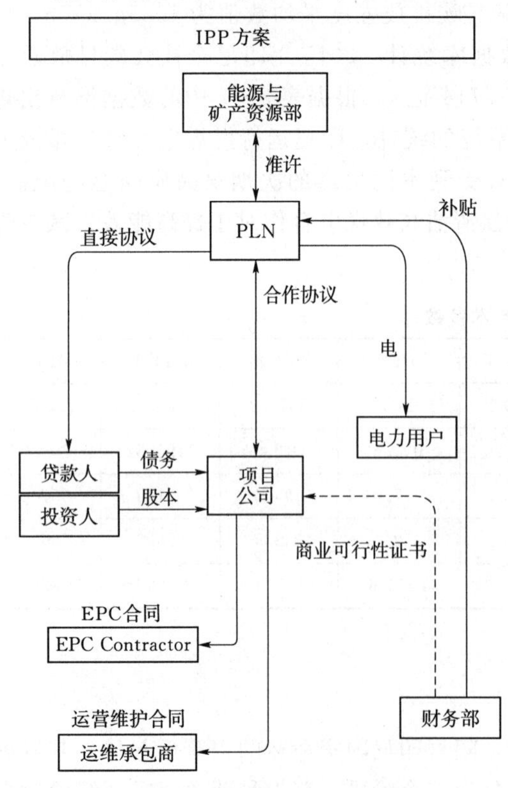

图 3－7 印尼 IPP 项目审批流程
数据来源：PT SMI (Infrastructure Investment 2014)。

2009 年修改电力法使印尼地方权力机构有权给私人行业颁发电力营业执照，原则上可以通过私人公司向地方提供电力，但 PLN 仍有提供服务的优先权，只有在 PLN 放弃服务权利时，其他企业才可以提供供电服务。图 3－7 是印尼 IPP 项目审批流程。中国华电集团公司获得印尼为外国企业颁发的第一份电力运营许可执照。MEMR 颁布的No.3/2015条例规定了电力采购机制：直接指定、直接选择和公开投标。电力采购的直接指定流程一般为30天，而直接选择为45天，公开投标周期可达321天。IPP从资格预审到合同最终确定需要经过图3-8所示几个业务流程。

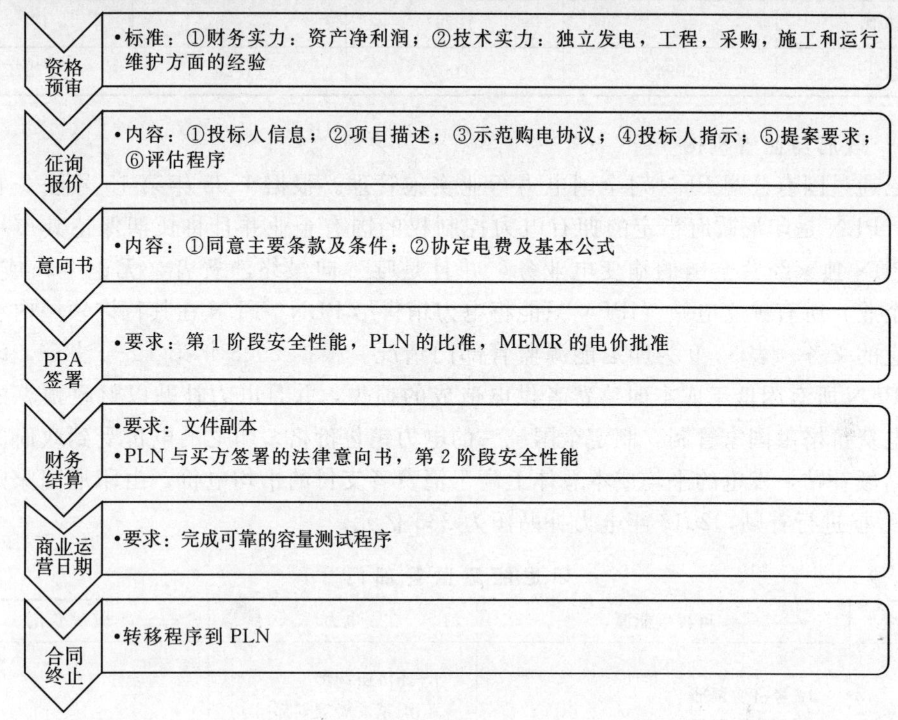

图3-8　PLN对独立发电商电力采购流程

数据来源：PT Perusahaan Listrik Negara，Electricity Supply Business Plan 2016—2025（Jakarta：PT PLN，2017）。

2016年年底，印尼电力装机总量约为59.6GW，其中PLN及其子公司占据41GW（69%），IPP占13.8GW（23%），私人供电PPU占2.4GW（4%），其余的2.4GW由非化石燃料经营许可证持有人占有。就目前来看，尽管PLN对电力行业的垄断已被打破，但印尼所用电力的大部分仍由其生产供应。在印尼PLN发布的《2017—2026电力供应规划》（2017—2026 RUPTL）中，IPP可承担的电力项目可达42062MW，占全部规划装机容量的54%，见表3-8，其中包括坑口煤电在内的IPP煤电项目占全部煤电项目的74.8%。这样的项目分配方式无形中会使得IPP煤电的风险上升，而且对于可再生能源投融资缺乏重视，未来印尼进行能源转型过程中不可避免要造成投资浪费和项目搁置情况。

表3-8　2017—2026 RUPTL中IPP可承担项目情况　(MW)

电源类型	PLN	IPP	未分配	总计
煤电	6064	16536	1990	24590
坑口煤电	—	7345	—	7345
地热	490	4405	1395	6290
燃气	10191	6293	7905	24389

续表

电源类型	PLN	IPP	未分配	总计
水电	4239	6259	3539	14037
其他		1224	—	1224
总计	20984	42062	14829	77875

3.1.3.3 政府与监管机构

印尼通过国有公司PLN对全国电力行业实施管理。根据1985年第15号法令和其实施条例，PLN是印尼政府指定的拥有电力控制权的国有企业并且将长期保持其市场垄断地位，PLN独家经营全国的输变电业务，并且是唯一向最终消费者（无论个人或企业）售电的企业，所有独立电站（IPP）只能将电力销售给PLN；PLN在其特许领域内有保障电力供应的义务。表3-9为印尼能源监管部门情况。根据2003年第19号法令，印尼政府补偿PLN所有因低于成本向消费者供电造成的损失，并且电力补贴以财政预算的形式提供。电费价格由国家管制，制定全国统一的电力销售价格。印尼的电价受到政府的严格监管和高额补贴，发电的平均成本总体上高于消费者支付的平均电价，由印尼国家财政对PLN的亏损进行补贴，2016年电力补贴额为265亿元。

表3-9　印尼能源监管部门

部门职责	可再生能源	电力	气候变化
政策制定	1. 经济协调部 2. 国家发展规划部 3. 外交部 4. 环境和林业部 5. 工业部 6. 公共事业与住房部 7. 国家能源委员会	1. 经济协调部 2. 国家发展规划部 3. 外交部 4. 环境和林业部 5. 工业部 6. 贸易部 7. 国有企业部 8. 国家能源委员会	1. 财政部 2. 国家发展规划部 3. 环境和林业部 4. 气候变化委员会
授予权限	1. 当地政府	1. 电力总局 2. 当地政府	1. 环境和林业部 2. 当地政府
监管	1. 可再生能源及节能总局 2. 电力总局 3. 油气总局	1. 电力总局	1. 气候变化控制总局 2. 气候变化适应总局 3. 气候变化减缓总局
运营（国有公司）	1. 公司（Wijaya Karya Intrade Energi：solar energy） 2. 联盟（松巴岛） 3. 社区	1. PLN 2. 垄断力 3. 联盟 4. 社区	

数据来源：Asian Development Bank，Energy White Paper（Manila：ADB，2014）。

印尼电价高度依赖政府补贴。印尼的电力定价机制为先由PLN提交平均发电成本，再由政府确定终端用户需要支付的金额以及政府财政预算可以负担的补贴规模。PLN的电力采购价格无法满足发电的经济价值（边际成本），因此需要政府通过补贴的形式来支付成本差额，这项补贴包括公共服务债务（PSO）保证金，2012 年补贴比例最高达到14.2%，然后逐渐降低补贴比例，到 2016 年补贴比例仅为 6%（图 3－9）。但该项补贴计划并不鼓励 PLN 降低电价或提高发电效率，虽然可以减轻家庭的电费支出负担，但也可能加大电力浪费的情况，且不利于提高人们的能效意识。鉴于印尼发电主要依靠化石燃料，它也会对环境产生负面影响。大多数电力补贴已经被投入到印尼最先进的地区，而电网基础设施建设的高成本导致了偏远地区电气化的进展缓慢，PLN 试图拓展边远地区的电力服务，但会使得生产成本提高 6 美分/kWh。2009 年，政府实施了第 30 号法令，迫使政府只补贴贫困地区和偏远地区的电力供应。对电价的高度补贴给印尼政府带来了沉重的财政负担，因此，印尼政府开始提高电价，以削减补贴。印尼电力补贴情况如图 3－10 所示。但要达到使印尼最贫困地区所有家庭全部通电的目标，补贴将根据消费群体和当地情况进行调整。

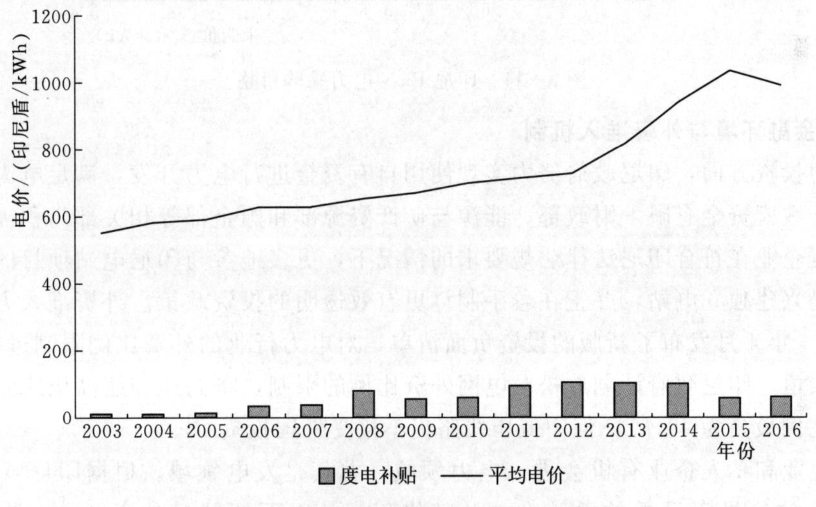

图 3－9　印尼度电补贴与电价比较情况

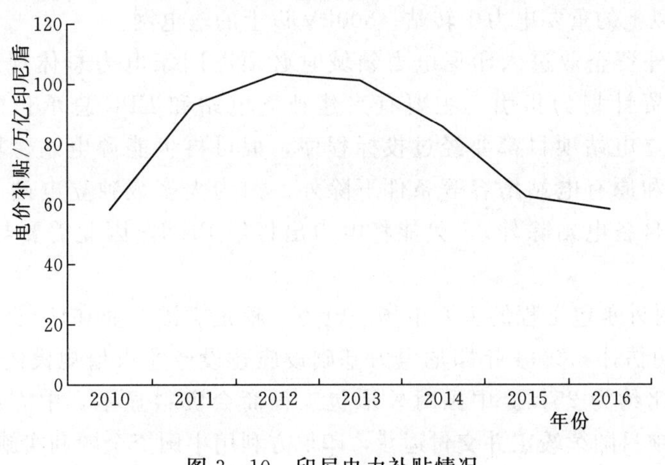

图 3－10　印尼电力补贴情况

印尼政府根据地热、水电、生物质能和太阳能能源的生产成本制定了上网电价，还通过能源安全基金为可再生能源发展提供激励。然而，没有任何机制来保证PLN将购买能源。为了更好地激励可再生能源的发展，MEMR制定了12/2017条例，根据当地生产成本的最高基准价格或协议，设定可再生能源的购买价格（见图3-11）；鼓励PLN和独立的电力生产商提高发电成本效率，以降低电力生产成本。

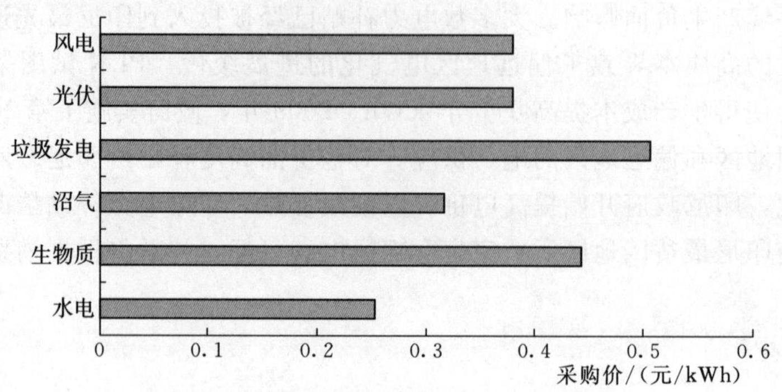

图3-11 印尼PLN电力采购价格

3.1.3.4 金融环境与外资准入机制

在电力投资方面，印尼政府努力实现使用自有资金进行电力开发，满足电力需求和供应。但由于政府资金有限，财政部、能源与矿产资源部和国企部等相关部门积极鼓励私人部门和外资企业在符合印尼法律法规要求的情况下，更多地参与印尼电站项目的投资和开发，尤其是兴建独立电站，并正在着手制订更有效透明的投资政策。外资准入方面，印尼政府在2014年4月发布了新版的投资负面清单，对电力行业的外资比例限制进行了调整。此外，据报道，印尼政府计划放松对电网外资比例的限制，将高压和超高压线路向外资开放（外资比例最高为49%），但中低压线路仍不接受外国投资[23]。

合资企业和私人企业有机会进入电力领域，尤其是发电领域。根据印尼《2000年关于禁止和开放的投资目录的总统令》及其修正案，以下领域对外资开放：装机容量在50MW以上的水电站；装机容量在55MW以上的蒸汽电站；装机容量在50MW以上的地热电站；500kV以上的重要电力中转站；500kV以上的输电网。

私人企业和外资企业进入印尼电力领域时必须以国家电力总体规划（RUKN）制订的电力领域投资计划为指引，主要有兴建独立电站和EPC总承包两种方式。一般情况下，所有独立电站项目都要经过投标程序，但可再生能源电站、坑口电站、电力过剩、系统危机和原有电站增容等条件下除外。因为大多数独立电站不能将电力直接销售给消费者（自备电站除外），只能将电力出售给PLN，因此需要与PLN签订购电协议（PPA）。

印尼是中国对外承包工程的主要市场。电力工程是中国企业在印尼的重要业务领域。根据印尼统计局的估计，2014年印尼电力基础设施建设产业市值规模约为81.4亿美元，中国企业业务占比约为25%。中国对外承包工程商会资料显示，中方承建印尼第一批1000万kW电站项目陆续竣工并交付运营，印尼方利用中国资金顺利实施了风港电站等大型项目。目前在印尼开展电力业务的中国企业包括湖北宏源电力工程股份有限公司、中国葛洲坝集团股份有限公司、中国机械设备工程股份有限公司、中国华电工程（集团）有限公司以及中国电力建设股份有限公司下属的多家企业等。

在电力需求放缓、面临潜在过剩风险，印尼政府和PLN通过政策调整对外国投资加以一定的限制或降低投资回报预期，具体有：①修改了上网电价政策，全国的85%或地区供电成本（BPP）作为新项目的限价门槛，包括可再生能源项目也从FIT调整为平均成本限价政策，实际上取消了补贴；②PLN自营项目设置了非OECD限制条款，实际上限制了中国企业的进入；③坑口煤电IPP项目设置了PLN子公司控股51%、但实际只出资2%，应出投资额从外资公司借款的苛刻条件，实际上变相挤出了中国公司，因为除了日本或美国公司可以拿到零息或超低息贷款，中国及其他国家的公司融资成本均较高，无法在此规则下入局；④PPA新规，遇政策或监管变动等不可抗力，PLN无需承担照付不议责任，可重新协商调整PPA（尽管中国企业可以通过中信保管控政策不可抗力风险，但如果风险增大，实际上会导致保费标准进一步提高）。

印尼此前制定了到2026年新建电力装机77.9GW的规划目标，这需要大量的资金支持，为了减少政府财政负担和PLN营运压力，同时引入国内和国际能源投资，其中PLN承担其中的21GW，IPP承担42.1GW，剩余的14.8GW尚未分配。虽然印尼的能源政策、市场准入机制和监管制度是否可以刺激电力投资达到预期目标还不能下定论，但印尼对于电力投资的巨大需求是非常明显的。在与印尼开展电力投资合作过程中，签订PPA并不能完全保障投资收益，有可能在市场发生重大变化时出现PPA失效或重新谈判的情况，因此要密切关注政府规划、市场机制和规则的变化，避免重大风险因素造成项目损失。

3.1.3.5 煤电投资运营机制

由于燃料成本上涨，印尼电价本应在2012年4月上调，但是由于民众强烈反对而不得不取消。2012年9月，印尼国会委员会通过了一项政府计划，在2013年年底之前电价调高15%。能源与矿产资源部副部长Rudi Rubiandini表示印尼在2013年每季度以平均4.3%的幅度调高电价。这将帮助政府在2013年节省78.6万亿印尼盾（约合82亿美元）的补贴开支，削减政府开支可达11.9万亿印尼盾，结余可用来发展基础设施。2014年1月21日，印尼能源与矿产资源部取消了大型工业企业，主要是Ⅰ～Ⅳ类企业的电费补贴。根据这一政策，依据企业用电量，其用电费用将上涨38.9%～64.7%，此外，政府还将取消第Ⅰ～Ⅲ类工业用户的部分电费补贴。

就印尼燃煤BOT（建设—经营—转让）或BOOT（建设—拥有—经营—转让）项目而言，上网电价通过长期购售电协议（PPA）约定。对投资者而言，电价政策有两个显著特点：一是煤电联动；二是电价与通货膨胀系数及汇率变动系数挂钩。因此，印尼的电价机制相对成熟完备，无论对购电方还是售电方而言，均相对公平，尤其是对投资方而言，电价回收风险相对较低。

根据PLN提供的购售电协议模板，上网电价为两部制电价：一是容量电价；二是电量电价。容量电价主要反映固定投资及投资收益，电量电价主要反映度电可变成本。如果由投资方建设送出线路，则还有补充电价部分（表3-10）。2015年1月，印尼能源与矿产资源部（MEMR）针对PLN购电价（简称上网电价）出台了新规，根据不同参数对坑口煤电厂、非坑口煤电厂、燃气电厂、微型燃气电厂以及水电厂等不同类型电厂的上网电价出台最高限价，见表3-11～表3-15。对于坑口煤电厂，如果一个地区的供电成本(BPP)高于全国平均水平，则其电价上限将限制在全国平均水平的75%；如果一个地区的BPP低于或等于全国平均水平，那么电价上限应限制在该地区平均水平的75%。

表3-10　　印尼燃煤BOT项目电价构成

电价组成部分	电价组成部分细分	名　称	内　涵
容量电价	A部分	（电站）单位资本成本回报（CCR）	在整个商业运营期内，平价到单位千瓦的年固定资本成本回报率，单位"印尼盾/(kW·a)"
	B部分	单位固定运维成本（FOMR）	在整个商业运营期内，平价到单位千瓦的年固定运维成本回报率，单位为印尼盾/(kW·a)
电量电价	C部分	度电煤价（ECR）	计费期内的度电煤价，单位为"印尼盾/(kWh)"
	D部分	度电变动运维成本（VOMR）	计费期内的度电变动运行维护成本回报率，单位为"印尼盾/kWh"
补充电价	E部分	（送出线路）单位资本成本回报（CCRT）	在整个商业运营期内，对送出线路而言单位千瓦的年固定资本成本回报率，单位为"印尼盾(kW·a)"

表3-11　　坑口煤电厂上网电价指导价

净装机容量/万kW		10	15	30	60
电价/(美分/kWh)		8.2089	7.652	7.1862	6.9012
假设参数	可用系数（AF）/%	80			
	合同期限/a	30			
	煤价CIF/(美元/t)	30			

表3-12　　非坑口燃气电厂上网电价指导价

净装机容量/万kW		4～6	10
电价/(美分/kWh)		8.64	7.31
假设参数	可用系数（AF）/%	85	
	合同期限/a	20	
	气价/(美元/MBtu)	6.00	

表3-13　　燃气电厂/双燃料电厂上网电价指导价

净装机容量/万kW		≤1	1.5	2.5	5	10	15	30	60	100
电价/(美分/kWh)		11.82	10.61	10.6	9.11	8.43	7.84	7.25	6.96	6.31
假设参数	可用系数（AF）/%	80								
	合同期限/a	25								
	煤价CIF/(美元/t)	60								

表 3-14 水电站上网电价指导价

净装机容量/万 kW		1～5	5～10	>10
电价/(美分/kWh)		9.00	8.50	8.00
假设参数	可用系数（AF）/%	60		
	合同期限/a	30		

表 3-15 非水可再生能源上网电价

能源类型	上网电价（美元/kWh）	规定条款
小水电	1～8 年：0.12～0.144 9～20 年：0.075～0.09	MEMR 19/2015
生物质发电	0.108～0.272	MEMR 44/2015 和 21/2016
地热发电	0.122～0.296	MEMR 17/2014
光伏	爪哇：0.1445 巴布亚岛：0.25	MEMR 19/2016

印尼政府虽然针对不同电源类型、不同装机规模出台了不同的最高限价令，但却并不存在与中国类似的“标杆电价”。IPP 电站项目的电价主要是由投资方根据建设运营成本并结合投资回报预测来报价，经过与不同的投标方竞争并最终中标后，与 PLN 签署购售电协议，确定经营期上网电价。因此，每个 IPP 项目的电价水平会因投资方的不同、造价水平的不同而有所差异，最终以双边购售电协议约定的为准。

3.2 印尼电力工业展望

在国内经济增长、人口规模扩大和电气化率提高的带动下，中长期内印尼电力需求将持续较快增长。尽管印尼国内用电需求不断增长，但是供不应求现状严重。2015 年印尼总人口为 2.5 亿人，而缺电人口达到 3900 万人，缺电率约为 15%，由于目前印尼家庭和企业用电比例为 7∶3，对企业的供电严重不足，企业发展对电力的需求更为迫切。为满足国内日益增长的电力需求，按照印尼政府规划，将在全国建造总装机容量达 3500 万 kW 电站的计划，印尼总统佐科签署一系列总统令为这项计划扫清障碍，承诺就电站建设计划提供法律支持，以扫清政府部门及企业在设备采购、商业许可、征地等过程中可能遭遇的障碍。据能源与矿产资源部统计，印尼每年电力供应需增加 700 万 kW，才足以支持其实现每年 6%～7%的 GDP 增长。

3.2.1 电力装机及需求预测

目前，印尼的电力装机结构主体是煤电和气电，水电和地热能等可再生能源开发程度较低。考虑到其国内各类资源的开发利用情况，燃油发电必然会被淘汰；虽然燃气发电适应当前全球低碳、清洁的能源发展主题，但印尼国内天然气主要用于出口，发电用气仅占总产量的 11.6%，再加上天然气资源的可开采年限已不多，气电装机的增长速度必然会放缓；煤电虽然在污染物排放、水资源消耗等方面无法与气电相比，但其在发电经济性、可靠性方面优点突出，未来会继续增长；印尼具有很大的水电开发潜力，但由于水电站建设前期资本投入大，回报率低，再加上印尼有明显的旱雨季变化，给水电的发展带来巨大的挑战。全球正面对着气候变化和能源危机的双重威胁，发展低碳清洁的可再生能源成为全球共识，能源供需结构正发生着重大转变。同时可再生能源发电的技术已经成熟，装备制造成本也不断降低，成为增长最快的发电形式，全球来看，未来可再生能源发电会成为发电主体。

从经济发展情况来看，印尼经济增速已趋缓，预计未来会保持在 4%～6%左右，并逐渐放缓；印尼电力消费弹性系数变化情况如图 3-12 所示，2011—2014 年电力需求弹性系数保持大于 1 的较高水平，2015 年则下降为 0.55。考虑到印尼提出的能源与电力发展规划，将致力于提高社会电气化水平，未来电力消费弹性系数会有所提高。据此，假设了高中低三种电力需求增长情景，参数假设见表 3-16，以 2015 年的经济增速和电力需求增速为基准，在此基础上，对 2016—2020 年、2021—2025 年和 2026—2030 年的经济和电力需求增长的五年年均增速进行设定，得到的印尼用电需求增长结果如图 3-13 所示。需要说明的是，2015 年基准情景中的电力消费总量包含了终端电力消费、能源部门自用和线损电量，因此隐含了一个假设，即线损率不变，而随着电网技术和监管水平的提高，印尼的线损率有望降低，但所占电量有限。

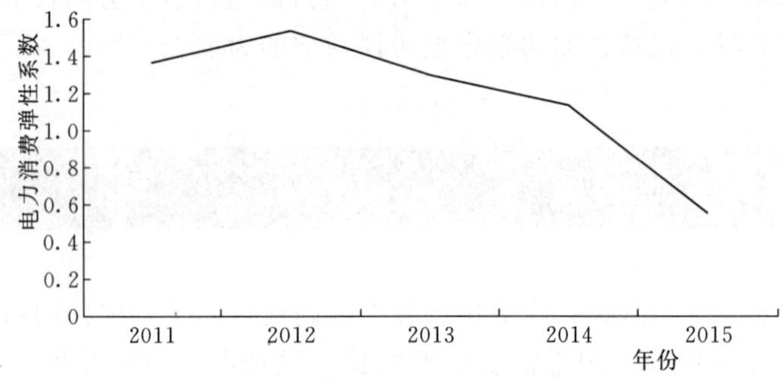

图 3-12 印尼电力消费弹性系数

表 3-16 **印尼电力需求增长情景假设**

情 景		2015 年（基准）	2016—2020 年	2021—2025 年	2026—2030 年
经济增速	高	4.8%	6.0%	5.4%	5.0%
	中		5.5%	5.0%	4.5%
	低		5.0%	4.4%	4.0%
电力需求增速	高	2.6%	6.0%	5.4%	5.0%
	中		4.4%	4.0%	3.6%
	低		3.0%	2.64%	2.4%

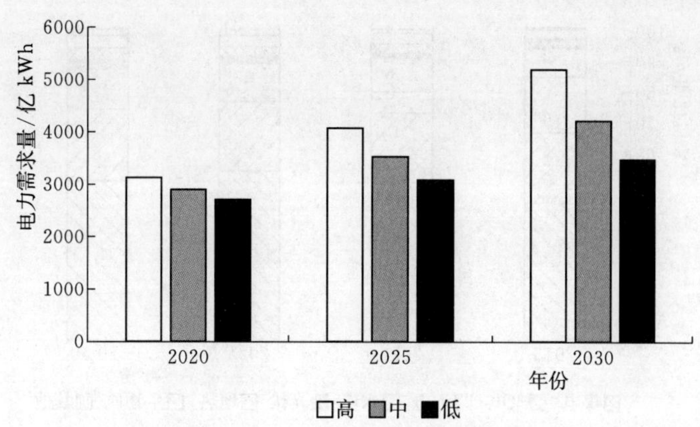

图 3-13 印尼电力需求预测情景

在 IEA《世界能源展望 2016》的新政策情景中，对东南亚地区的用电需求进行了预测，2020 年和 2030 年的需求总量分别为 10100 亿 kWh 和 15100 亿 kWh；而 2014 年印尼用电量占东南亚地区的 28.3%左右，如果按照这个比例计算，印尼 2020 年和 2030 年的用电需求约为 2856.5 亿 kWh 和 4270 亿 kWh。这个估算结果介于印尼电力需求情景假设范围之内，可以认为预测结果较为合理。此外，能源经济与金融分析研究所（IEEFA）预测 2030 年印尼全国净用电量（Net Electricity Consumed）为 4701 亿 kWh，介于本文的高增速和中增速情景结果之间。

2018 年 3 月 13 日，印尼能源与矿产资源部批准了 PLN 的 2018—2027 年电力供应规划（2018—2027 RUPTL）。该计划预测，2018—2027 年电力装机年均增速约为 6.86%，计划新增装机容量为 5602.4 万 kW。2025 年电力装机结构变为：煤炭 54.4%，天然气 22.2%，石油 0.4%，可再生能源 23%；电网建设 63855km，变电站 151424MVA。根据规划提到的年均增速和装机增量可以推算出，2017 年印尼电力总装机容量约为 5950.1 万 kW，2025 年的总装机容量预计为 10116.86 万 kW，2028 年总装机容量将达 11552.5 万 kW。

根据历史数据和印尼相关规划，推算得到了印尼到 2030 年电力装机增长情况，如图 3-14和图 3-15 所示。从电力装机增速来看，2016—2030 年年均增速为 6%，略低于

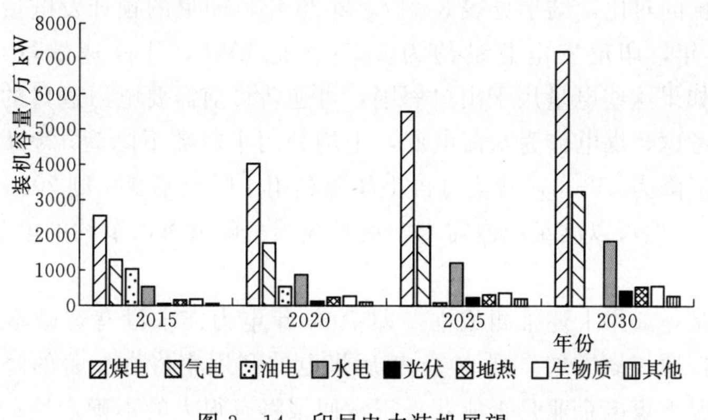

图 3-14 印尼电力装机展望

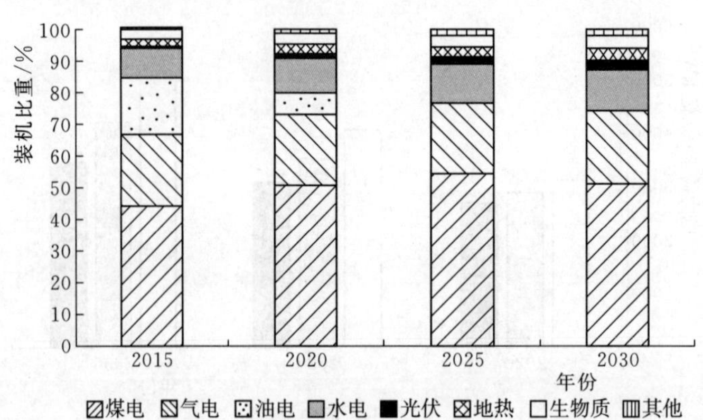

图3-15 印尼电力装机结构展望

2007—2016年的年均增速(8.15%)和规划预计的2018—2026年的6.86%。电力装机总量方面,2020年、2025年和2030年预计可达7926万kW、10117万kW和14096万kW。从电源结构来看,煤电将保持主体电源的地位,到2030年占全部装机容量的51.2%;燃油机组到2030年已基本淘汰;燃气发电容量持续增加,2030年装机比重约为23%;水电装机比重从2015年的9.3%提高到了2030年的13%;光伏发电成为增长幅度最大的电源,从2015年的8万kW增加到2030年的422万kW;地热和生物质发电的装机也有所增加,新增装机容量分别为376万kW和388万kW;其他可再生能源主要是风电和潮汐发电,到2030年两者的容量之和将占到全部发电装机容量的2%左右。对比2015年、2020年、2025年和2030年印尼的电力装机结构,煤电的比重逐年上升,水电和非水可再生能源的装机容量也有明显的增加。

按照这种预测趋势,可以看出印尼的电力发展路径是,逐渐淘汰燃油发电,煤电和气电并重构成主体电源,同时大力发展水电和地热、生物质等非水可再生能源,以应对国内经济发展、电力需求增长、NDC承诺以及生态环保的需要。

按照上文中印尼用电需求和电力装机预测情况,假定不同类型电源的平均年利用小时数,并按照目前印尼输电损失情况设定线损率为9.4%,可得到2025年和2030年印尼电力供应与需求情况的对比,结果见表3-17。2025年,印尼的预计发电量略高于高速情景用电需求;2030年,印尼发电总量约为5778.7亿kWh,比高速情景用电需求量高出590.4亿kWh,如果这些电量用于出口邻国,可逆转目前需要电力进口的局面,或者从电力供应安全角度考虑,煤电作为基荷电源,平均利用小时数下降为4200h,气电作为调峰电源利用小时数下降为2500h,其他可再生能源利用小时数不变,则2030年的发电总量为5230.2亿kWh,依然可以满足国内需求,而且线损率降低可以节约的电量预计在40亿~50亿kWh左右。

需要指出的是,如果上述推测成立,即2030年电力需求没有突破本报告分析的高情景,而电力装机按照规划增加,则2025年后煤电的利用率将有显著的降低。届时,在较低的利用小时情况下煤电企业是否能获得正常回报将有很大的不确定性;此外,在电力富裕的预期下,目前的容量电价政策与补偿标准是否能持续也值得关注。

表 3-17　　2025 年和 2030 年印尼预计发电与用电情况　　(亿 kWh)

年份	电源类型	装机容量/万 kW	利用小时数/h	发电量	发电总量	高速情景用电需求	电量供需差额
2025	煤电	5503.57	4300	2366.5	4143.6	4073	70.6
	气电	2245.94	4000	898.4			
	水电	1214.02	3000	364.2			
	光伏	232.69	2000	46.5			
	地热	313.62	7500	235.2			
	生物质	364.21	5000	182.1			
	其他	202.34	2500	50.6			
2030	煤电	7217.15	4300	3103.4	5788.7	5198.3	590.4
	气电	3242.08	4000	1296.8			
	水电	1832.48	3000	549.7			
	光伏	422.88	2000	84.6			
	地热	535.65	7500	401.7			
	生物质	563.84	5000	281.9			
	其他	281.92	2500	70.5			

3.2.2　电力规划与发展政策

印尼对能源行业的投资非常重视，2010—2016 年共投资 2127.9 亿美元，电力行业年投资额位居第二，仅次于天然气行业，而可再生能源大规模投资始于 2013 年（见表 3-18）。天然气行业投资额逐年减少，电力和可再生能源的投资则显著增加，反映了印尼对电力工业发展的重视，但可再生能源投资依然很少。而且可再生能源平均电价下降会使其投资吸引力进一步降低，这与可再生能源发展目标和意愿背道而驰。

表 3-18　　印尼分部门投资情况　　(亿美元)

能源类型	2010 年	2011 年	2012 年	2013 年	2014 年	2015 年	2016 年
电力	42.8	64.2	63.8	39.3	39.1	68.0	81.0
可再生能源	2.8	1.0	3.1	33.4	26.4	12.0	16.0
煤和石油	43.7	44.6	48.0	61.3	74.0	33.0	72.0
天然气	136.6	187.2	196.3	213.4	230.9	96.0	98.0
总计	225.9	297.0	311.2	447.4	370.4	209.0	267.0

为加快 3500 万 kW 电力规划落地，印尼能源与矿产资源部发布《PLN 电力采购流程与价格的规定》（2015 年 3 号令），规定了 PLN 与 IPP 商签购电协议的权限，简化了 IPP 电力项目开发流程：水电、燃气 IPP 项目可由 PLN 直接指定。IPP 电站扩机：如果原址扩机，可以直接指定；如果同电网扩机，如有多家投标人报出方案，采用直接选定。IPP 坑口电站：如果在同一电网只有一家报出方案，可以直接指定；如果有多家投标人报出方案时，采用直接选定。PLN 承担 35 个项目共 1060 万 kW，IPP 承担 74 个项目共 2590 万 kW，

见表 3-19。

表 3-19 印尼 3500 万 kW 规划情况 （万 kW）

项目类型	煤电	气电	水电	地热	其他	总计
PLN	220	700	120	10	10	1060
IPP	1810	660	10	—	10	2590
总计	2030	1360	230	10	20	3650

根据印尼 PLN 的 2016—2025 年电力供应规划（2016—2025 RUPTL），为了满足印尼年均 6.7%的经济增长规划，在 2016—2025 年计划新增总计 8050 万 kW 装机容量，年增长速度为 8.1%，这一目标高于 2015—2024 年电力供应规划，原因在于满足 2025 年可再生能源在能源结构比例 25%的能源总目标以及燃气电站在发电中占比 25%目标，并考虑将增加燃气电站作为能源结构目标不能实现时的替代措施。在新增容量中（图 3-16），燃煤电站 3480 万 kW，占比 43.25%，在所有装机容量中占比最大；燃气联合循环 1890 万 kW，占比 18.90%；燃气或燃气内燃机电站 430 万 kW，占比 5.30%；可再生能源（EBT）电站中，水电 1450 万 kW，占全部新增容量 18.00%；地热装机为 620 万 kW，占比 7.60%；其余为太阳能、风能、柴油、垃圾及生物质电站等。此外为满足 2025 年可再生能源占比 25%的目标，在总规划表之外可再生能源电站尚需增加 144 万 kW，同时考虑到万一可再生能源目标不能实现，额外规划约 500 万 kW 的 LNG 燃气电站作为替代方案。按此规划，2019 年电力装机投产目标为 2140 万 kW，旨在和政府规定的 3500 万 kW 目标匹配。

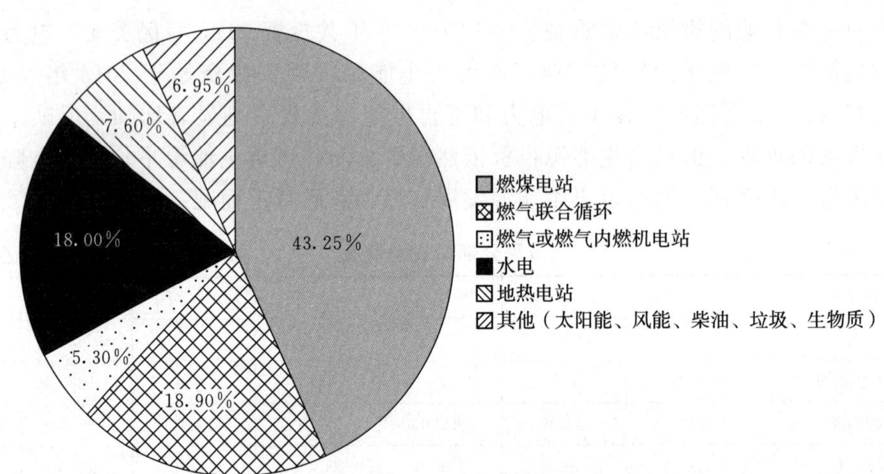

图 3-16 印尼各类新增电站比重

印尼能源与矿产资源部已批准 PLN 的 2017—2026 年电力供应规划（RUPTL）。IEEFA 预计每年 PLN 要向燃煤机组支付 31.6 亿美元/GW 的容量费用，共向 IPP 分配了 2400 万 kW 的燃煤电力和坑口发电能力，也就是说，PLN 每年要支付 760 亿美元才能实现该计划。RUPTL 提出的政策要点包括：①对于煤炭和天然气资源丰富的地区，PLN 分别优先开发矿口和井口电力项目；②PLN 有意满足燃气电厂（LNG，小型液化天然气和 CNG）以及水电站（包括抽水蓄能）的高峰需求；③将部署移动电厂（MPP），以解决各个地点特别是苏拉威西岛和印尼东部的短期电力短缺问题；④对于爪哇—巴里岛系统，PLN将实施1000MW级超超临界（USC）燃煤技术，并将推广燃气电厂作为中高峰负荷解决方案；⑤对于苏门答腊，PLN计划逐步实施600MW级USC燃煤电厂，实际执行取决于电网系统的接入能力；⑥先前的萨姆塞尔9号项目（1200MW）和萨姆塞尔10号项目（600MW）矿井电力项目已从RUPTL中移除；⑦苏门答腊（例如占碑项目）和加里曼丹（例如东加里曼丹3号项目、东加里曼丹6号项目、卡尔滕3号项目）的一些燃煤发电项目已从“通过式”燃煤IPP（煤炭价格要经过PLN准许）转变为坑口IPP（IPP负责确保矿井口供应合同下的长期煤炭供应）；⑧未来10年内分配的可再生能源IPP总量约为1200万kW，主要包括440万kW的地热、460万kW的大型水电和165万kW的小型水电。

印尼能源与矿产资源部鼓励可再生能源发展，特别是地热电站的发展。印尼能源与矿产资源部部长佐南出席雅加达2017年第五届印尼国际地热会议暨展览会开幕式时称，印尼政府将继续鼓励可再生能源发展，与政府于2015年12月在巴黎举行的联合国气候变化大会上做出的承诺一致。政府设法实现可再生能源在2025年一次能源占比达23%的目标。由于印尼可再生能源发电量占比仅约8%～9%，尽管2019年可能会增至12%～13%，为达到上述目标，印尼政府将大力发展地热能。目前，已投产发电的地热电站总装机容量大约170万kW，与印尼潜在的高达2900万kW的地热资源相比还是非常少。为了加速地热电站的发展以及可再生能源的发展，印尼财政部和工业部将减少可再生能源尤其是地热发电设备的进口税。

日前印尼海洋统筹部长卢胡特表示，印尼政府将在东努省东弗洛勒斯县拉兰杜加建设潮汐发电站。这座潮汐发电站的装机容量约为2.5万kW，建成后将满足25万名周边村民的用电需求。印尼PLN子公司PJB和阿联酋MASDAR公司达成协议，将在印尼西爪哇省芝拉达水库内联合建设装机容量为20万kW的全球最大浮动太阳能电站。

据PJB总裁伊万介绍，该项目占地225hm^2，预期投资额3亿美元。双方目前已完成了项目可行性研究和电网接入方案，将于年内与PLN达成购电协议，预计每kWh电价低于10美分。双方计划于2019年二季度前建成一期5万kW电站设施，于2020年上半年完成全部项目。该项目有助加速印尼能源结构向可再生能源转型的进程，政府将对该项目给予税收减免，确保建设和运营成本低于该地区平均水平，以此鼓励本国和外国投资方加大力度联合开发印尼可再生能源市场。

梳理印尼PLN提出的RUPTL文件，对比了2016—2025年规划与2018—2027年规划的电力装机规模与结构变化情况，如图3-17和图3-18所示。可以看出，印尼2016—2025 RUPTL的电力装机总量目标约为13782万kW，而2018—2027 RUPTL的目标调低了3665万kW，这是根据对经济增长和用电需求增速的重新预估而做出的目标修正。如果按照2016—2025 RUPTL执行电力规划目标，很可能会出现过剩的情况。对比两个规划方案的装机目标可见，印尼对发展煤电有极大的热情，2018—2027 RUPTL的规划装机总容量虽然减少了近三成，但新增煤电规模降低很少（约500万kW），且占总装机目标的比重要明显高于2016—2025 RUPTL，而减少的规划装机容量主要是气电、水电、地热与生物质。也就是说印尼电力规划目标对煤电行业的发展影响较小，印尼政府支持煤电的发展，并将煤电定位为主力电源。

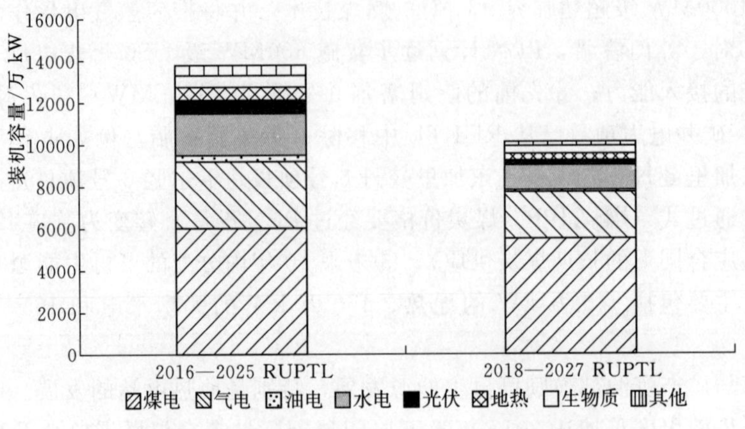

图 3-17 印尼不同规划中 2025 年电力装机情况

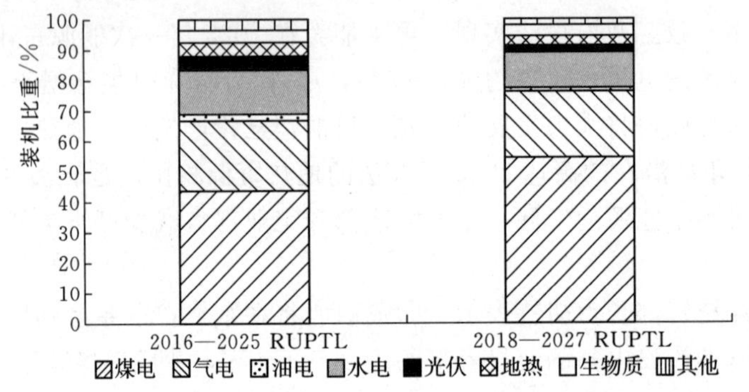

图 3-18 印尼不同规划中 2025 年电力装机比重

印尼煤电规划有着明确的发展目标，是同时满足地区发展、电力需求、资源条件、电价下行压力等自身需求条件的优先选择；而从外部约束情况来看，煤电面临的国际发展理念、环境约束和市场导向风险较大，更为重要的是要考虑到印尼对于经济发展的乐观估计以及区域电力发展失衡可能导致的区域性过剩风险。在印尼电力工业发展的长期阶段，要调整好化石能源与可再生能源的结构性优化，在提供稳定充足的电力服务和成本可承受的前提下，提高煤电机组整体性能，努力实现可再生能源发展目标。

3.2.3 煤电发展前景与环境约束

3.2.3.1 煤炭生产与消费情况

2016 年年底，印尼国内已探明煤炭储量约为 255.73 亿 t，储产比为 59，其中次烟煤和褐煤 82.47 亿 t，无烟煤和其他烟煤 173.26 亿 t，一般来说，印尼煤矿 99%为露天矿，开采条件比较好，煤炭具有高水分、低灰分、低硫分、高挥发等特性。煤炭矿区主要分布在苏门答腊和加里曼丹两岛，其中苏门答腊占 67%，加里曼丹占 31%，目前印尼有 44 家经营煤矿的公司。

自 2012 年以来，印尼就是全球主要的煤炭生产国和出口国，见表 3-20。2010—2015 年，印尼国内煤炭产量处于上下波动状态，而国内消费量则保持着平稳上涨态势，这主要是由于印尼煤炭出口的比重过大，受国际煤炭贸易市场的影响严重。2015 年，印尼国内煤炭产量约为 45353.5 万 t，仅次于中国、美国、澳大利亚和印度，而煤炭出口量更是达到了 36670.8 万 t，占总产量的 80.9%，出口对象主要是中国、印度、日本和韩国等亚洲国家，可以看出，印尼将煤炭视为主要的出口增值产品，而不是生产资料。但这种煤炭资源定位理念很难持续，一方面是因为印尼国内已探明煤炭资源的开采年限已非常少，国内对煤炭消费的需求逐年增长，生产的煤炭势必会更多地倾向于国内需要；另一方面长期对亚洲国家出口煤炭，对这些国家的依赖也会越发严重，这不利于本国的能源安全和经济稳定。印尼国内煤炭消费方面，2015 年发电和工业用煤分别占国内煤炭消费总量的 78%和 21.9%，发电用煤的比重有所下降，工业用煤比重上升，而同期电力消费中居民用电量增长很快，工业用电量增长很慢。这说明在印尼的工业领域，直接用煤比用电更具有成本竞争力。

表 3-20 印尼煤炭生产与消费情况 （万 t）

分类	2010 年	2011 年	2012 年	2013 年	2014 年	2015 年
产量	32503.5	50455.2	45062.7	49174.2	48832.2	45353.5
进口量	5.5	4.2	7.8	64.4	253.9	300.8
出口量	−26500	−35339.8	−38813.8	−42635.4	−40920.5	−36670.8
国内消费	6009	5119.6	6256.7	6603.2	8165.6	8983.5
发电用煤	3582.8	4169.2	5281.6	5514.2	6597.5	7008
工业用煤	1503.8	970.8	971.6	1083.4	1566.5	1974.3

表 3-21 为 2015 年印尼煤炭供需情况，可以看出，2015 年，印尼开采的焦煤全部用于出口，次烟煤的 72.6%和其他烟煤的 99.7%用于出口；进口的 3008 万 t 焦煤则全部用于工业消耗，此外，工业用煤还包括 16322 万 t 次烟煤和少量的其他烟煤；发电用煤则全部是次烟煤，这种煤主要作为电煤。从印尼煤炭开采种类和使用流向来看，印尼的电煤产量远远超出国内燃煤发电的耗煤量，完全可以保障煤电发展的需要。

表 3-21 2015 年印尼煤炭供需情况 （万 t）

分 类	焦 煤	其他烟煤	次烟煤
产量	985	136869	315668
进口量	3008		
出口量	−985	−136470	−229253
国内消费	3008	399	86415
发电用煤			70080
工业用煤	3008	399	16322

3.2.3.2 煤电机组情况

各国的电力结构和供电容量不同，对于煤电投资的需求和技术标准差异较大。印尼作为煤电大国，对于大容量、高参数的先进煤电机组需求很大，特别是由于煤质较差，循环流化床机组对印尼具有更好的适用性。总的来看，印尼与中国在基础设施和能源领域的合作前景较好，中国电力企业已成为印尼电力发展的重要合作伙伴。中国企业对印尼直接投资快速增长，不断地寻求与印尼电力进行投资与合作，双方电力合作已建成或即将建成的项目清单见表3-22。

表3-22　　中国与印尼电力合作项目

项目名称	机组容量	投资总额/亿美元	开工（签订）/竣工年份	备注
东加电厂 PLTU Kaltim Teluk Balik Papan	2×110MW（循环流化床）	2.5	2010/2015	—
北苏门答腊岛风港煤电项目	2×115MW（流化床锅炉）	1.95	2003/2010	政府协议
吉利普多电厂新建工程	2×125MW	2.5	2009/2012	—
班加萨里电厂工程	2×135MW	2.43	2012/2014	PTBA公司的坑口电站
华电巴厘岛电厂一期工程	3×142MW	6.3	2012/2014	华电控股51%，配套海洋输煤码头
萨姆塞尔-5坑口电站	2×150MW	2.98	2013/2015	国机集团总包
CILACAP芝拉扎煤电一期	2×300MW	5.1	2003/2006	EPC
拉布湾电站新建工程	2×300MW	5.43	2007/2010	四川成达EPC
龙湾电厂	3×315MW	7.5	2009/2011	东方电气EPC
英德拉玛尤电厂工程	3×330MW	8.6	2007/2011	中电工程EPC
公主港电厂 Palabuhan Ratu	3×350MW（超临界）	8.91	2008/2014	上海电气EPC
印尼百通电厂九号机组	1×660MW（亚临界）	3.3	2007/2012	哈电国际EPC
CILACAP芝拉扎煤电二期	1×660MW（超临界）	7	2013/2015	四川成达EPC
卡巴一期煤电	2×100MW	—	2017/2020	协鑫集团，有正式购电协议（PPA）、年发电量14亿kWh
爪哇7号项目一期工程	2×1050MW（超临界）	18.83	2016/2020	年发电量150亿kWh
苏门答腊岛明古鲁燃煤电站	2×100MW	3.6	2017/2019	中国电建BOT，持70%股份
CILACAP芝拉扎煤电三期	1×1000MW	14	2016/2019	四川成达EPC
超超临界清洁煤电站项目	2×660MW		—	哈电国际
安格连1×150MW燃煤电厂总承包项目	1×150MW		—	哈电国际
土耳其泽塔斯三期2×600MW燃煤电站总承包项目	2×600MW		—	哈电国际

续表

项目名称	机组容量	投资总额/亿美元	开工（签订）/竣工年份	备注
2×300MW（净上网容量）坑口煤电的项目	2×300MW	7	—	神华
萨姆塞尔1号项目（南苏2期）	2×350MW	6.95	—	神华
巴淡卡萨姆	2×650MW	1.96	—	华电工程
芝拉扎电站	2×300MW	5.1	—	S2P-中国成达

根据全球煤电追踪系统（Coal Plant Tracker）数据库，梳理了2017年印尼煤电机组的情况，见表3-23。所有状态煤电机组共计7429.4万kW，运行、在建、批准和核准前开发的机组占所有机组容量的比重分别为36.8%、10.5%、7%和10%，搁置率为11.3%。所有状态机组分别由78个运营商负责，其中运行机组的运营商有33个。中国企业作为投资方的煤电合作项目（在建＋核准＋宣布＋核准前开发＋取消）有10个，项目装机容量总计594万kW，大部分位于印尼南苏门答腊地区，其中已取消132万kW项目，如果其他项目全部建成，预计年均碳排放量可达2000万t。已取消的两台66万kW机组项目也在南苏门答腊地区，可能是考虑到该电厂以宣布开发的132万kW机组能满足当地电力需求，如果256万kW机组项目全部建成，过剩的电量无法依靠薄弱的电网系统输送到其他地区。目前，印尼虽然有大规模的煤电开发计划，但其用电负荷中心较为分散，没有完整地覆盖全国的大电网系统，一些地区的煤电开发计划存在搁置风险，在开展电力合作时要谨慎对待，切实考察当地的电力需求与电源建设情况，根据更为客观实际的预测结果来进行决策。根据最近的一项研究（能源经济和金融分析研究所，2017），PLN的预测极大地高估了未来的需求增长。在现有基础上，印尼至少应取消9个煤电项目，以避免未来几十年将电力公司与不合算的煤电合同绑定。

表3-23　2017年印尼煤电机组状况

机组状态	装机容量/万kW	机组数量/个	碳排放量/(万t/a)
运行	2739.9	132	12010
宣布	1808.0	68	7830
在建	782.0	27	3320
核准	519.0	9	2160
核准前开发	742.0	29	3250
搁置	838.5	19	3510
总计	7429.4	284	32080

3.2.3.3 技术与环保标准

从世界主要煤电国家现行大气污染物排放限值标准对比来看，印尼现役机组和新建机组SO_2排放限制标准为750mg/m^3，NO_x现役机组和新建机组的排放限制标准分别为

850mg/m^3和 750mg/m^3，现役机组和新建机组的 PM2.5 排放限制标准分别为 150mg/m^3和 100mg/m^3。这一标准与西方发达国家、中国的排放标准都有较大的差异（见表 3-24）。

过低的排放标准使得印尼面临着环境保护的压力。燃煤电厂排放的大气污染物主要包括二氧化硫、氮氧化物和烟尘，选择何种技术对于环境绩效有重要的影响。对于目前阶段的印尼而言，煤炭无疑是发电燃料的主要选择，因此在未来的煤炭发电中应当优先采用含热量高、灰渣量少、含硫量少的煤炭，采用超临界、超超临界、循环流化床或整体煤炭气化联合循环发电技术，大幅提高现行大气污染物排放限值标准，减少环境影响。

表 3-24 世界主要煤电国家现行大气污染物排放限值标准对比 (mg/m^3)

国家/地区	SO_2		NO_x		PM	
	现役	新建	现役	新建	现役	新建
中国	200～400	50	200	35	30	15
欧盟	200～400	150～400	200～450	150～400	20～30	10～20
美国	160～640	160	117～640	117	23	23
印度	200～600	100	300～600	100	50～100	30
印尼	750	750	850	750	150	100
日本	—	—	123～513	123～513	30～100	30～100
菲律宾	1000	200	1000	500	150	150
韩国	286	229	308	164	40	20～30
泰国	700	180	400	200	80～320	80
越南	1500	500	1000	650	400	200

数据来源：IEA《World Energy Outlook Special Report 2016 Energy and Air Pollution》。

中国的超超临界燃煤发电技术、可再生能源发电技术和能源环保标准目前均处于世界领先地位。中国煤电机组煤炭碳排放强度与国际平均水平相当，虽未达到目前全球煤电碳排放强度的最低水平，但要远远优于印尼目前较为落后的煤电机组。印尼与中国开展先进煤电项目合作不仅可以解决印尼电力供应短缺问题，也可以降低煤电发展带来的负面环境影响。爪哇 7 号项目是 PLN 公布的独立发电商（IPP）招标项目，该项目拟建设的两台百万千瓦超超临界燃煤蒸汽发电机组，是印尼目前单机容量最大的机组，也是中国神华首个海外百万千瓦机组。这项发电机组项目采用超超临界燃煤蒸汽发电机，对于降低印尼二氧化碳和污染物排放具有重要意义。同时中国的能效标准、技术标准和绿色信贷标准，有利于帮助印尼建立更为先进的能源体系和标准规则。

印尼的 NDC 目标提出，当前情景 BAU（business as usual）下，要在 2030 年将温室气体排放量控制在 2881Mt 以内，见表 3-25。据 IEA 数据库统计，2015 年，印尼全社会碳排放总量为 441.9Mt，其中，发电和供热碳排放约为 171.4Mt，根据表 3-7 中的数据推算出煤电碳排放量为 138.7Mt，占全社会碳排放总量的 31.4%，是 CO_2排放的主要来源之一。印尼 2030 年温室气体无条件减排目标是较 BAU 情景降低 29%，意味着能源领域的碳排放量较 BAU 情景降低 314Mt；而有条件的 41%降低目标意味着能源碳排放量较

BAU 情景降低 398Mt（“有条件”：以国际合作提供技术支持、技术转让和容量建设、支付绩效机制、技术合作和获取金融资源的形式）。

表 3-25　印尼温室气体减排目标　(Mt)

行业	2010 年（基准）	2030 年（BAU）	2030 年（减少 29%）	2030 年（减少 41%）
能源	453.2	1669	1355	1271
垃圾	88	296	285	270
独立发电商（包括工业生产）	36	69.6	66.85	66.35
农业	110.5	119.66	110.39	115.86
林业	647	726	217	64
总计	1334	2881	2034	1787

数据来源：Ministry of Environment and Forestry，Nationally Determined Contribution (Jakarta：MEF，2016)。

如果 2030 年印尼煤电碳排放强度与 2015 年一致，煤电发电量 3103.4 亿 kWh，推算出届时印尼煤电碳排放量为 330Mt 左右；如果印尼提高煤电机组技术水平和能效，将煤电碳排放强度降低为 850g/kWh，2030 年煤电碳排放量为 264Mt，较之前降低了 66Mt，对无条件降低 29%目标的贡献率为 21%，对有条件降低 41%目标的贡献率为 16.6%（见图 3-19）。IRENA 的相关研究显示，2030 年印尼 BAU 情景下与能源相关的行业（电力、工业、交通和建筑）碳排放总量为 1253Mt，电力行业碳排放量为 605Mt，其中煤电碳排放量 330Mt（本书估算结果），占能源相关行业碳排放总量的 26.3%。对比煤电碳排放量比重和减排贡献率，煤电碳排放强度下降到 850g/kWh 仍不足以完成减排任务。要实现 NDC 目标，需要制定明确的碳减排路线图，例如，一方面要降低电力行业尤其是煤电的碳排放量，在提高煤电能效水平的同时，可以适当降低煤电比重，提高可再生能源比重；另一方面要加强对交通、建筑、工业等行业碳减排的督促。

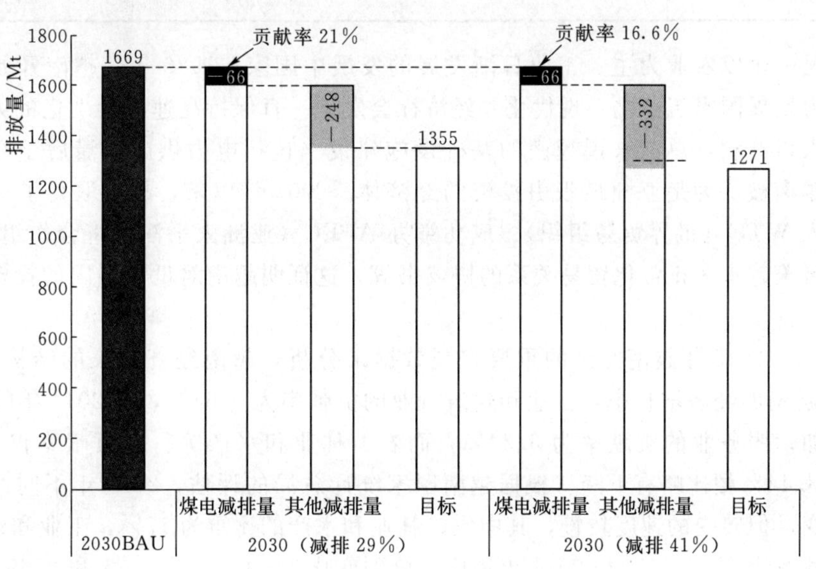

图 3-19　印尼能源部门减排情景

3.3 越南能源经济与电力发展现状

3.3.1 能源经济发展现状

越南的全称是越南社会主义共和国，位于亚洲大陆东南、太平洋沿岸，背依中南半岛，面向辽阔的中国南海，北与中国接壤，西与老挝、柬埔寨交界，东临南海，海岸线全长为3444km，总面积33万km^2，人口9197万人（2015年）。越南处于从太平洋通往印度洋的国际航道之侧，海岸线绵长，沿岸多天然良港，战略位置非常重要。越南主要是山地和高原，其中人口密集地主要集中在红河和湄公河流域。

从2011—2015年越南的经济增长情况来看，其GDP保持了平稳增长的态势，增长率处于较高水平，见表3-26。2011—2015年，越南GDP的增长率分别为6.2%、5.2%、5.4%，6.0%和6.7%，相比2001—2010年的平均增速6.8%有所降低，2011—2015年的平均增速在6%左右。2015年GDP总额为1545.1亿美元（2010年美元），人均GDP达到1596美元，在东南亚国家中处于较低水平。越南的经济发展严重依赖于自然资源的开发，2006—2015年，采矿业贡献了9%～10%的GDP；石油收入的贡献度在2005年达到11%以上，2014年则为4%左右。

表3-26　越南2011—2015年GDP增速及人均GDP

年　份	GDP增速/%	GDP/(2010美元)	人均GDP/美元
2011	6.24	1231.7	1333
2012	5.25	1296.3	1402
2013	5.42	1366.6	1460
2014	5.98	1448.4	1523
2015	6.68	1545.1	1596

越南是一个以农业为主、工业日渐发展的发展中国家。1986年，越南开始实行革新开放，大力发展国家工业化、现代化，经济社会发展一直保持高速，近1亿的人口规模也有巨大的人口红利，总的来说越南的基础设施建设（包括电力供应）滞后于经济社会发展。目前越南被认为是亚洲最吸引投资的经济体。2007年以来，越南取得了一些经济成就，如加入WTO（世界贸易组织）、成功举办APEC（亚洲太平洋经济合作组织）会议、与美国签署美越永久正常化贸易关系的协议书等，这证明越南对世界各国的投资吸引力越来越大。

从2011—2015年越南经济的重要宏观数据来分析，越南经济增长的结构有所改善。2015年，越南的经济增长中，工业和建筑行业的贡献率为9.64%，与2014年的6.42%相比有所增加；服务业的贡献率为6.33%，而农、林业和水产等行业贡献率仅为2.41%，与上年的3.44%相比略有下降。根据越南国家统计总局的评估，2015年不同产业所占比重继续转变，但转变的速度较慢，其中农、林业和水产的比重为17%，工业和建筑行业为33%，服务业为39.73%，与2014年相比，分别变化了－0.7、－0.21和0.69个百分点，总体变化并不明显。越南农业发展稳定，成熟度较高，但发展空间相对有限，需要寻求更有效的投资方式；工业发展势头迅速，会成为未来越南经济的重要支柱产业，潜力巨大；旅游业方兴未艾，正进入新一轮快速增长的周期[24]。

2010—2015 年，随着越南的人口增长和经济发展，能源和电力消费也随之不断增加。表 3-27 是越南能源经济发展基础数据，可以看出，越南能源生产已无法满足国内需求，

表 3-27　越南能源经济发展基础数据

能源经济指标	2010 年	2011 年	2012 年	2013 年	2014 年	2015 年
人口/百万	86.93	87.86	88.81	89.76	90.73	91.71
GDP/10 亿美元	115.93	123.17	129.63	136.66	144.84	154.51
能源生产/Mtoe	66.39	68.29	69.36	68.99	68.75	70.35
能源净进口/Mtoe	−7.40	−5.81	−7.06	−5.01	−0.3	5.65
TPES/Mtoe	58.91	59.06	59.84	61.70	66.86	73.80
电力消费/TWh	89.94	98.01	108.33	115.88	128.13	140.72
CO_2排放/Mt	126.09	125.59	124.74	130.02	143.4	168.29
人均能源消费/(kg/人)	680	670	670	690	740	800
人均电力消费/(kWh/人)	1030	1120	1220	1290	1410	1530
能源强度/(kg/美元)	0.51	0.48	0.46	0.45	0.46	0.48
能源碳强度/($kgCO_2$/kg)	2.14	2.13	2.08	2.11	2.14	2.28
人均碳排放/(t/人)	1.45	1.43	1.40	1.45	1.58	1.83
GDP 碳强度/(kg/美元)	1.09	1.02	0.96	0.95	0.99	1.09

注　GDP 是以 2010 年美元汇率计价。

从之前的能源出口逐渐变为现在的少量能源进口，一方面说明了能源消费增长较快；另一方面也反映了越南目前能源开发能力的不足。从人均消费水平来看，人均能源消费量变化不大，但人均用电量则保持着较快的增长，说明越南重视电力发展，能源利用方式向电气化方向转变。越南能源强度略有下降，但能源碳强度的变化并不明显，表明越南的能源利用技术水平和结构并没有得到优化，而且对比越南与其他国家和地区的能效指标可以看出，越南的 GDP 能源强度和 GDP 电力消费强度明显高出其他国家，电气化率较低（见图 3-20），目前首要任务是提高能源效率，结合当前国际能源清洁、高效、低碳的发展形势，越南还有必要进一步改善能源结构。

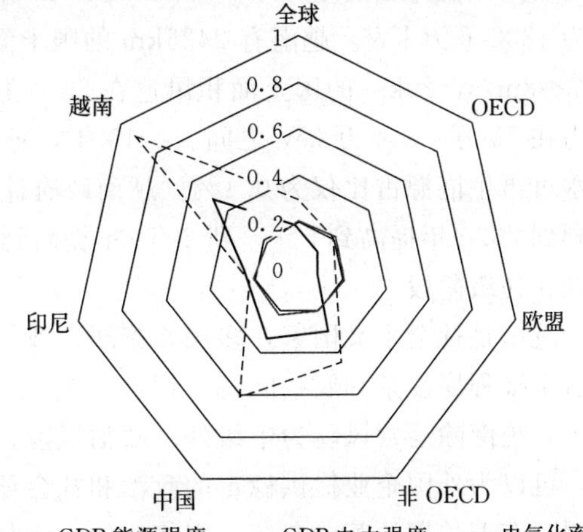

图 3-20　2015 年越南与其他国家和地区能效指标

越南自 1991 年才由石油净进口国转变为净出口国，油气产业短期内的崛起推动越南成为东南亚的第三大产油国。截至 2010 年底，越南油气产量累计超过 3.2 亿 t，其

中原油2.65亿t，天然气590亿m^3。长期以来，油气产业是越南最重要的支柱产业。根据越南统计局的数据，越南油气领域的上游产业——油气采掘业是仅次于食品加工业的第二大产业，2000年其产值占到越南工业产值的13.5%，油气采掘业所占比重有所下滑，但仍为越南的第三大产业。从上、中、下游的完整产业链来看，更能显示越南油气产业在越南经济中的举足轻重的地位。目前越南油气产业正处于高速增长期后的停滞与调整阶段：原油产量徘徊不前，天然气产量虽增加较快但仍难以满足国内需求，炼油规模仅能满足国内30%的需求[25]。

表3-28是2016年越南主要能源资源情况表。除石油外，煤炭是越南最重要的能源资源，已探明总储量达65亿t，其中35亿t储藏于地下300～400m深度，且品种多、质量好，以鸿基煤为代表的优质煤举世闻名[26]。过去，越南煤炭产量较大，是传统的出口国。随着国际市场煤炭价格持续下降，煤炭需求疲软，国内开采成本上升、税收居高不下等影响，使得越南煤炭出口量不断下降。据越南《2020年煤炭工业发展计划和2030年展望》显示，未来越南将大量进口煤炭来满足国内供热电厂需求。

表3-28　　2016年越南主要能源资源情况

主要能源	储量	产量	可采年限	评价
石油/亿t	6.00	0.16	36.20	探明储量在亚太地区排名第三
天然气/亿m^3	6000.0	107.0	57.6	天然气开发近最大限度
煤炭/亿t	33.60	0.22	85.00	无烟煤占优势

越南的可再生资源种类较多，且比较丰富。越南境内共有大小河流2860多条，水能资源蕴藏量为3000亿kWh/a，技术可开发量为1230亿kWh/a，经济可开发量1000亿kWh/a，截至2015年底，水电装机容量1521.1万kW；大约有1050个地方可以应用小型水力发电，总容量为400万kW，预计每年可发电167亿kWh。越南西北部和中部地区地热资源丰富，有超过300处热流，温度为30～148℃，预计地热发电潜力为140万kW。越南生物质能丰富，理论潜力为848亿kWh/a，生物气体资源技术可开发潜力为328亿kWh/a。越南的太阳能年辐射量在1200～2000kWh/m，而且分布广泛，太阳能资源技术可开发潜力为1332.6万kW。越南有2435km的国土面积风速在6～7m/s，220km的国土面积风速在7～8m/s，20km的国土面积风速在8m/s以上，其风能资源技术可开发资源技术可开发潜力在76万～304万kW之间。2015年，越南的一次能源消费总量约为6590万toe，而非水可再生能源占比仅为0.1%。越南政府计划提高非水可再生能源在一次能源中的占比，计划到2020年提高到5%，到2050年提高到11%，而越南对于非水可再生能源开发利用还处在初级阶段。

越南是社会主义国家，多民族聚居，政局稳定，社会治安总体状况良好，虽然政府存在着审批程序复杂和腐败问题，但政府的反腐败政策力度很大。据SNL的国家风险评级显示，越南除运营风险为中级外，政治风险、安全风险和恐怖主义风险均为低级，整体来看，可以为外国企业提供稳定的政治和社会环境。越南与中国有着悠久的历史渊源与文化认同，有着长期的革命友谊，有相似的政治制度，有着相似的社会主义市场经济体系和改革开放经历。当前是中越关系历史上最好的时期，2017年实现了年内两国领导人互访，当年双边贸易和人员往来创历史最好业绩，当年中国在越南项目总承担合同额超过60亿美元。但是，中国与越南在南海问题上存在着主权与地缘政治竞争，民族情绪使得两国的关系存在一定的安全隐患，在一定条件下可能对双方企业合作造成一定影响。总的来说越南政府对中国是“既敬又畏”，一方面需要中国的技术、投资、装备和资金，另一方面对中国有惧怕心理。

3.3.2 电力工业基础

3.3.2.1 电力供需情况

越南于1986年执行革新开放后，电力工业迅速发展，现今电力工业已成为国民经济的支柱产业。越南经济的高速增长带动全国用电量迅速攀升，2006—2015年电力供需不平衡，尽管年均发电量增长较快，但仍满足不了市场需求，越南是东南亚国家甚至亚洲国家电力需求增长速度最快的国家之一。由于电力供需缺口较大，除了国内电网大扩容和电力进口外，加大国内发电站建设的资金投入、加快新建扩建电厂的步伐成为了越南解决电力急缺问题的重要手段。由于越南本身电力设备生产技术还比较落后，越南需持续进口大量的电力设备和材料以供其电力工业发展及其他工业发展所需。

20世纪90年代至今，越南电力生产模式有了很大改变，从“以火为主、以水为辅”转变为“以水为主、以火为辅”。自2000年以来，越南年均电力消费增长率超过10%，越南国家统计局预计未来年均电力消费增长率将保持在10%～12%。截至2015年，越南全国发电量达1532.83亿kWh，如图3-21所示，其中水电占比最高，发电量561.23亿kWh，占比37%，其次是气电和煤电，占比分别达到32%和30%，油电已基本淘汰，仅在调峰需要时才会开启，而其他非水可再生能源的发电量占比很少。从发电增长趋势来看，气电和煤电的发电量增长明显，水电发电量的变化并不平稳，仅在2011年和2012年有爆发式的增长，其他年份甚至出现了下降的情况，这可能与越南的水文情况有关。水电作为基荷电源之一，其发电能力的波动会对电力供应造成比较大的负担，需要配套的调峰和备用电源来实现安全供应，煤电无疑是最佳的选择，因此，越南的资源禀赋和用电需求决定了其未来的电力发展路径：继续开发以水电为主的可再生能源，煤电和气电在提供基荷发电作用之外，还要承担调峰服务。

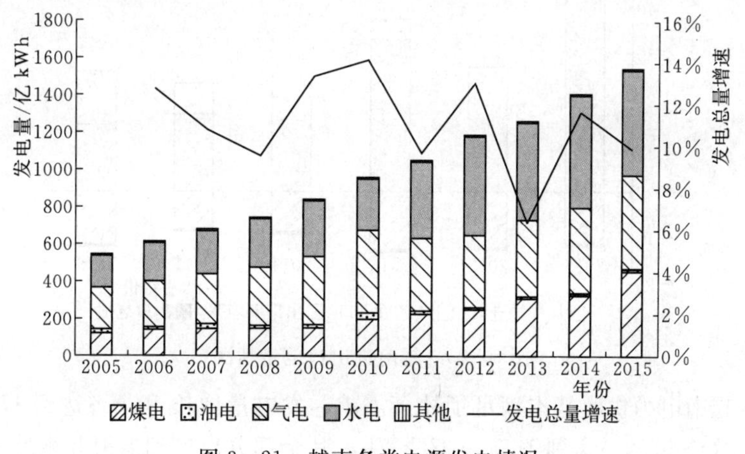

图3-21 越南各类电源发电情况

越南的用电需求略高于其国内发电量，需要从国外进口电量，2005—2015年，累计净进口电量高达262亿kWh。越南国内用电需求增长迅速，增速呈现较大的波动，2013年电力消费几乎没有增长，但其他年份的增长率均保持在10%以上，2015年电力消费总量为1635.3亿kWh（见图3-22）。从分行业用电情况来看，工业用电占主体地位，比重在47%左右，其次为居民用电，比重在33%左右，商业和农业用电则比较少；2005—2015年，不同行业的用电量比重变化不大，说明越南的经济发展并没有出现大的产业结构调整，按照原有的经济模式平稳发展。在输电损失方面，2005—2015年累计损失电量约为1047亿kWh，平均线损率为9.7%，如果将线损率降低到8%左右，节省的线损电量与进口电量相当，所以越南未来要重视降低输电损失。

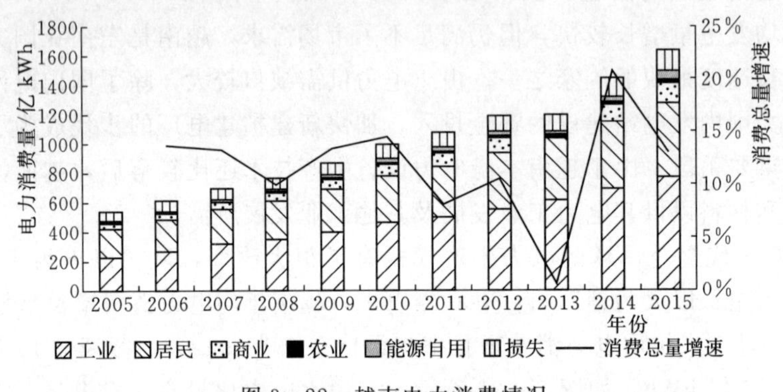

图3-22 越南电力消费情况

越南和中国、老挝、柬埔寨有着密切的电力贸易往来，主要是从中国和老挝进口电量，向柬埔寨和老挝出口（见图3-23）。随着越南国内发电能力的提高，进口电量呈下降趋势，2016年进口电量仅为27.8亿kWh，而出口电量基本保持在10亿kWh左右。但从目前电力消费增速高于发电量增速的情况来看，如果越南大规模电力开发计划无法落实，未来进口电量仍然是不可或缺的。

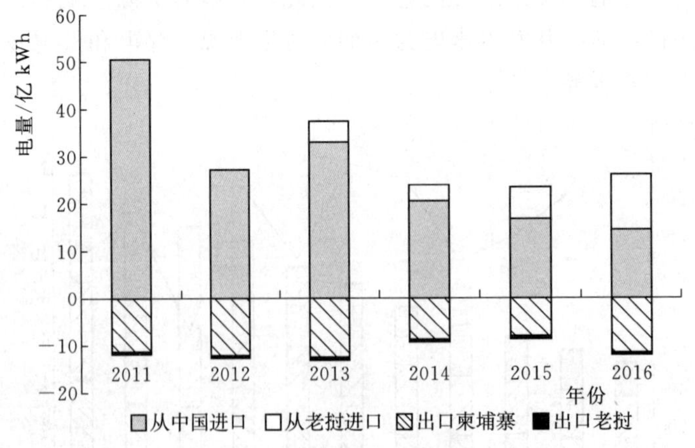

图3-23 越南进出口电量情况

2016年，越南电力供应基本满足了社会需求，发电量增长10.8%达到1769.9亿kWh，国内用电需求增长11.2%达到1597.7亿kWh，其余部分出口到老挝和柬埔寨。截至2016

年底，EVN已向超过2485万用户提供了电力，比2015年增加了117万，城镇和农村的通电率分别达到99.97%和98.69%，农村和偏远岛屿的通电服务取得了显著成绩。此外，电力供应质量显著提高，越南电力系统平均中断持续时间指数（SAIDI）从2015年的2281min下降到2016年的1651min（见图3-24）；系统平均中断频率指数（SAIFI）下降到每名用户10.6次，与2015年相比下降了21%（见图3-25）；瞬时平均中断频率指数（MAIFI）下降到每名用户1.51次，与2015年相比下降了28.7%（见图3-26），供电服务水平得到大幅提升。根据世界银行发布的《2017年营商环境报告》，通过减少程序环节和缩短等待电力恢复的时间，越南的电力指标从2016年的第96位上升到2017年的第64位，这一改进归因于EVN在改革和提升其业务和客户服务方面的巨大努力。

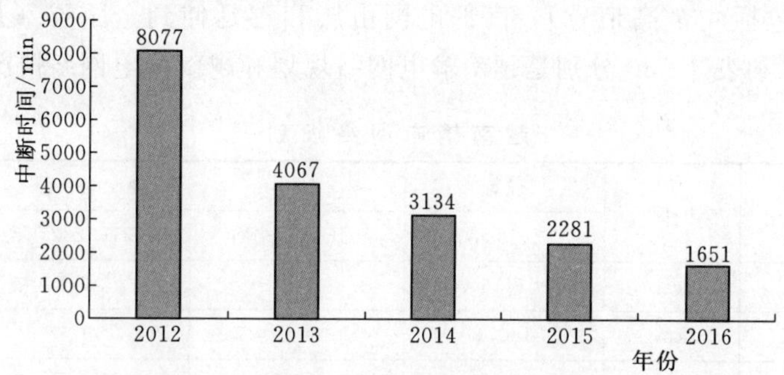

图3-24 越南电力系统平均中断持续时间指数

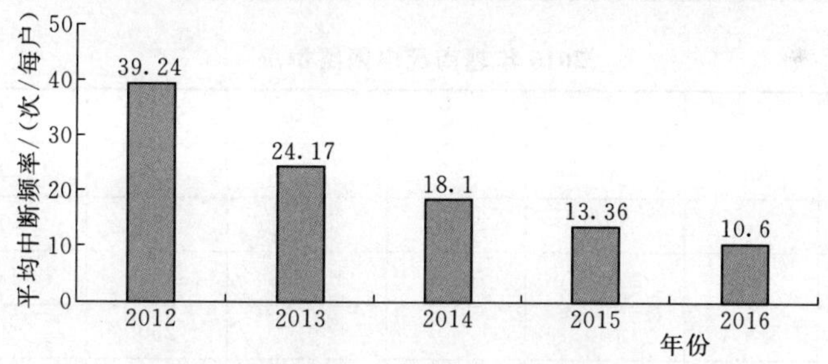

图3-25 越南电力系统平均中断频率指数

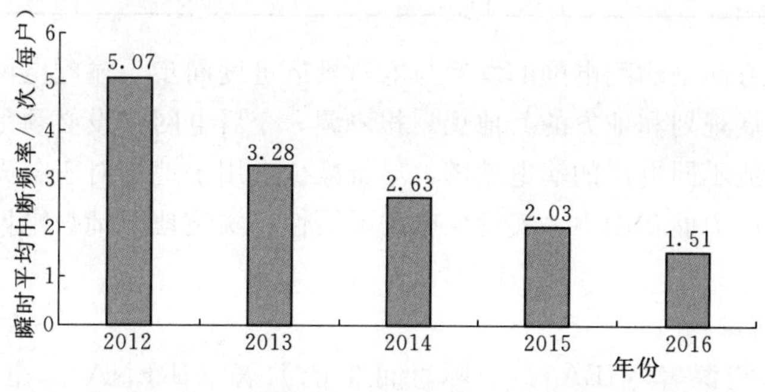

图3-26 越南电力瞬时平均中断频率指数

尽管越南电力工业发展较快，但越南2011年颁布的第七电力规划图显示，越南电力依然长期处于需求巨大、供应不足的状态。推进电力项目建设，已成为越南经济发展的必然需要。世界银行调查数据显示，2014年越南通电率为99.2%，与其他收入水平相当的国家相比，越南的通电率处于较高水平。越南人均电力装机容量约为0.4kW/人，在“带路”国家中处于较低水平。“带路”国家中科威特、卡塔尔等国人均装机容量已经超过了4kW/人，东南亚国家中新加坡、文莱和泰国的人均电力装机已经超过了1kW/人。可以看出，发电能力不足已成为制约越南电力工业发展的主要原因。总体来看，越南电力工业还有很大的发展空间，是开展“一带一路”电力合作的重点国家。

越南电力系统与其能源分布和国家地理分布相契合，水电一直是主力电源，遍布北部、中部和南部，燃煤电厂则主要分布在北部。越南电网根据地理位置和负荷分布划分为北部电网、中部电网和南部电网。北部电网从高平省延伸到河靖省，中部电网由广平省延伸到庆和省（并包括4个高地省），南部电网由庆和省延伸到金瓯省（并包括1个高地省）[27]。表3-29和表3-30分别是越南输电网络规划和越南配电网络情况表。

表3-29 越南输电网络规划

类型	单位	现有	规划量		
		2016年	2016—2020年	2021—2025年	2026—2030年
500kV线路	km	7446	2746	3592	3714
220kV线路	km	16071	7488	4076	3435
500kV变电站	MVA	26100	26700	26400	23550
220kV变电站	MVA	41538	34966	33888	32750

表3-30 2016年越南配电网络情况

类型	单位	北部	中部	南部	河内	胡志明市	总计
220kV线路	km	—	—	—	8	100	108
110kV线路	km	9241	3333	5260	753	706	19335
中低压线路	km	216487	70845	152632	36840	18885	495688
220kV变电站	MVA	750	—	—	250	2250	3250
110kV变电站	MVA	18369	4604	14590	4905	6331	52360
中低压变电站	MVA	28620	9188	29204	10939	11658	89609

越南电网发展方向是输配电网的发展与电厂投运进度同步，输配电网的发展符合行业发展战略，电力发展规划和地方的其他规划相协调。今后电网建设必须考虑电网的长期发展效应，使用多回或不同电压的输电铁塔，尽量减少占用土地。对于各大城市或各大负荷中心，要有更强的电力储备能力，实现供电的灵活性；实施地下铺设电网，以免影响都市景观。

3.3.2.2 电力装机结构

通过整合国际能源署（IEA）、国际可再生能源署（IRENA）、全球煤电追踪系统（Coal Plant Tracker）和普氏数据库的相关数据，推算得到了越南2006—2016年的电力装机情况，如图3-27所示。越南电力装机在2008—2010年增长迅速，2010年的增长率更是高达33%，这主要得益于气电装机的快速增加，2010年油气装机约为1290万kW，是

2008年的两倍多。之后，越南电力装机增长有所放缓，但增长率依然保持较高水平。到2016年，越南电力装机总量达到了4244万kW，其中，水电、气电和煤电的装机容量分别为1755万kW、750万kW和1444万kW，可以看出，越南的电力结构已经从水电和气电为主的局面发展为如今的水电、气电和煤电“三分天下”的局面，并伴有少量的非水可再生能源装机。从不同电源的增长情况来看，水电的增速已放缓，每年新增装机容量已稳定在100万kW左右，油电逐渐淘汰，而煤电的每年新增装机容量则有很多，成为越南电力装机增长的主要贡献者。

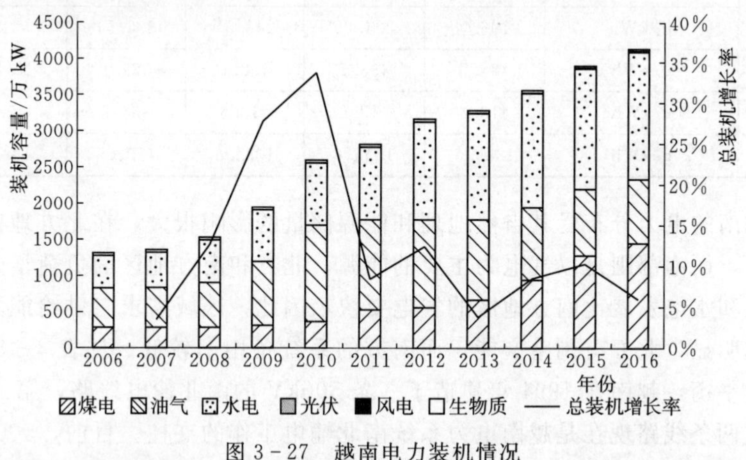

图3-27　越南电力装机情况

越南电力装机增速有所放缓，主要原因有：①近期来看越南电力短缺情况有所好转，北部河内、海防等负荷中心的电力供应已然平衡，南部胡志明市也不缺电，随着未来两三年陆续有在建项目投运，总体上电力供需即将平衡，而且南部还有从老挝500万kW的电力进口计划（两个煤电项目加一些水电项目）；②煤电虽是未来电力供应的主力，但是煤电高增长会使得对进口煤炭的依赖度提高，对于越南环境的负面影响也较大，已经放缓了新增煤电的规划；③水电的技术经济开发潜力已基本耗尽，在湄公河流域越南有意减少开发，也希望相关国家不再开发，目前除了少数的在建项目外，只剩下中小规模的水电站项目；④越南制定了较为宏伟的可再生能源发展目标，目前出台了短期的FIT电价政策（2017—2019年），给陆上风电项目1美分/kWh的补贴，潮间带风电项目3美分/kWh的补贴，光伏项目3美分/kWh的补贴，但总体上看自2010年以来实际落地的可再生能源项目规模很小，仍处于技术示范阶段。

在煤电能效技术水平方面，结合发电耗煤量、耗气量与煤电发电量的数据，可以初步推算出越南煤电发电技术参数，见表3-31。越南发电用煤基本上全部是本国开采的无烟煤，按照其低热值（26MJ/kg）折算成标准煤（29.3MJ/kg），折算系数为0.9，从而得到2015年越南煤电的度电消耗标准煤的平均数值为401.7g/kWh，煤耗较高、能效低下；相应的，在碳排放强度方面，根据政府间气候变化专业委员会（IPCC）公布的碳排放系数，无烟煤的CO_2排放系数为3.09，得到煤电碳排放强度为1317.1g/kWh。按照IEA数据库的统计，2015年越南全社会碳排放总量为1.683亿t，其中，发电和供热碳排放约为7350万t，根据煤电发电量和碳排放强度推算出煤电碳排放量为5970.6万t，比重为35.1%。

根据全球煤电追踪系统的统计，越南运行燃煤电站每年排放的CO_2约为6170万t，高于估算的结果。尽管受制于本国出产的无烟煤品质问题的限制，煤电碳排放强度较高，但越南煤电技术水平仍有很大的提升空间，加强煤电合作对于提高能效、减少煤炭消耗和改善环境方面有着积极的作用。

表3-31 越南煤电技术参数

技术参数	单位	2010年	2011年	2012年	2013年	2014年	2015年
燃料消耗	万t	863.8	984	1090.4	1192.9	1518	1932.2
发电量	亿kWh	196.9	224.29	248.55	306.54	324.42	453.28
发电煤耗	g/kWh	438.7	438.7	438.7	389.1	434.1	426.2
折算标煤	g/kWh	413.6	413.6	413.6	366.8	409.1	401.7
碳排放强度	g/kWh	1355.6	1355.6	1355.6	1202.5	1341.4	1317.1

目前，越南的电力分布受其自然地理和能源储量的影响很大。在北方地区，水电和煤电占主导地位，而南部则是以气电为主要的能源。北方和南方地区的负荷增长较快，但北方地区的煤电和水电发展比南方地区的气电要快，因此，区域需求与供给能力之间不匹配的情况越来越明显，北方有剩余产能，而南方的系统备用率较低，见表3-32。为了实现地区间的电力平衡，越南在1994年建造了一条500kV的南北输电线路，第二条线于2005年底完成，这两条线路现在是越南电力系统南北输电工作的支柱。目前，500kV输电线路的负荷能力服务于为3500 MW的南部中心段和1800 MW的北部中心。

表3-32 越南不同地区系统备用率 (MW)

地区	2010年			2015年		
	装机容量	尖峰容量	备用率	装机容量	尖峰容量	备用容量
北方	8698	6547	33%	21046	11874	77%
中部	2371	1648	44%	3574	2546	40%
南方	9447	7566	25%	13917	11798	18%

数据来源：National Dispatching Centre of Vietnam。

3.3.3 电力市场监管与准入机制

3.3.3.1 电力市场发展历程

越南电力行业最突出的特点是垄断性，越南国家电力集团（简称为EVN）是越南最大的电力企业，并且在输电和配电领域占垄断地位。越南输电网从1960年开始建设，经过几十年建设与发展，目前越南输电网已具有上万公里的输电线路和上百个变压站。

1994年5月27号，越南500kV电网第一次正式投运，同时越南电力总公司正式成立，这是越南输电网发展过程中最重要的转折点。越南各家输电公司因引进500kV高压输电技术而对自身的技术水平及运行管理产生影响。2006年越南电力总公司改名为越南电力集团，根据越南2008年电力市场发展规划，越南电力集团对四家输电公司和越南东部、中部、南部三个电力工程管理处进行重组，建立越南国家输电总公司，这标志着越南输电网建设进入一个新的发展阶段。多回路、多电压等级线路技术、220kV高压地下电缆、220kV GIS电站、110kV SVC设备、500kV横向电容器、蓄能电站计算机监控系统等输电先进技术都被广泛运用。到2016年年底，越南500kV和220kV输电线路分别为7446km和16071km，500kV和220kV变电站容量分别为26100MVA和41538MVA；配电网络方面，220kV、110kV和中低压配电线路分别为108km、19335km和495688km，220kV、110kV和中低压变电站容量分别为3250MVA、52360MVA和86609MVA，已基本实现了电网全国覆盖。

越南电力需求猛增的原因不仅仅在于国民经济发展的需求，还在于越南电价过低。越南的水电在电力结构中处于主导地位，煤电和气电享有一定的间接补贴，且越南国内煤炭价格要低于国际市场价格，此外，煤炭运输基础设施部分是由政府资助的，这些因素使得越南的电价始终处于较低水平。图3-28为越南平均零售价，2014年，越南的平均电价是7.6美分/kWh，瑞典、加拿大、芬兰、澳大利亚、南非和美国的平均电价为8～10美分/kWh，而英国、德国和意大利的电价最高为15～21美分/kWh。2012年，泰国的平均电价高于10美分/kWh，马来西亚为11美分/kWh，菲律宾为20美分/kWh。

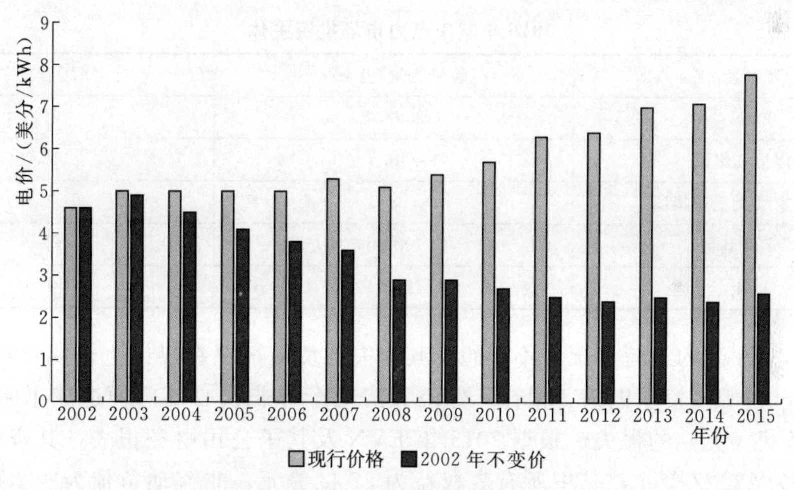

图3-28 越南平均零售电价

合理调整电价是越南政府的重要工作，2010年3月1日，越南电价提高6.8%，达到5.7美分/kWh；2011年越南电价两次调整，第一次在3月调整提高15.28%，第二次在12月份调整提高5%；2015年年初提高了一次电价，最近一次提高电价是在2019年3月，由于电价的调整对整个经济体的经营生产活动会有很大的影响，所以电价的调整要非常谨慎。前几年越南的电价较低，甚至低于电力经营活动所需要的成本，不能保证电力生产企业的财政平衡，更不能吸引投资商向电力领域投资，导致新电源项目的投资进度缓慢，限制了能源密集型产业的发展。在电力生产成本越来越高的情况下，越南电价调整对于活跃市场经济、吸引电力投资、促进能效提升非常重要。

到2020年，电力行业投资总额将达到929.7万亿越南盾（相当于488亿美元，平均每年需要48.8亿美元）。2021—2030年预计投资1429.3万亿越南盾（相当于750亿美元）。2011—2030年整个阶段，投资需求约2359万亿越南盾（相当于1238亿美元）。其中，电力投资额2011—2020年是619.3万亿越南盾，占投资总额的66.6%；2020—2030

年达到935.3万亿越南盾，占投资总额的65.5%。电网投资额2011—2020年的是210.4万亿越南盾，占投资总额的33.4%；2020—2030年的是494万亿越南盾，占投资总额的34.5%。

3.3.3.2 电力市场主体

越南电力集团（EVN）是越南电力工业的负责机构，由越南工贸部（MOIT）管辖，负责越南国有电力的投资、运行、维护和管理，其主营业务涵盖全国电力的发、输、配、售等环节。表3-33是2016年越南电力市场投资主体情况表。截至2015年年底，越南电力总装机约3400万kW，EVN拥有其中的2400万kW，输电线路21883km。越南电力装机主要包括水电、气电和煤电，水电装机约1700万kW，但水电资源潜能大部分已完成开发，剩余项目主要为小型水电站[28]。截至2016年年底，国家电力系统的总装机容量为4213.5万kW，其中大型水电、燃煤和燃气电厂装机容量为2590万kW，占全国发电系统的61.4%。EVN拥有整个国家输配电网络，并以安全可靠的方式通过国家负荷调度中心控制国家电力系统运行。

表3-33　　2016年越南电力市场投资主体

所有者	装机容量/万kW	市场份额/%
EVN	2588.4	61.4
越南油气集团	443.5	10.5
越南国家煤炭工业集团	178.5	4.2
BOT及其他	1003.1	23.9
总计	4213.5	100

实际上，EVN的经营状况并不理想，其损失与负债情况在媒体上也偶有报道，例如，2010年EVN由于投资于电信、银行、保险和房地产等非核心部门而造成了10兆越南盾（当时约合5亿美元）的损失。根据2015年EVN及其子公司财务报表，其资产负债表上的资产总额为282亿美元，其中所有者权益为82亿美元，非流动负债为147亿美元，流动负债为53亿美元。2015年度，电力销售和其他活动的总收入为106亿美元，EVN报告当年税前利润为2亿美元。据审计公司透露，由于汇率的原因，3亿7400万美元的损失没有被考虑，因此事实上EVN在2015的总税前是亏损的。EVN要求政府允许记录五年内的损失，以避免电价上涨。

越南电力行业民营化改革规划设计的进程主要分四个阶段：第一阶段，允许私人资本和国际资本在独立发电企业的电力生产中投资；第二阶段，对批发市场进行一部分自由化，当EVN拥有在市场上的垄断地位时让IPP自由竞争，此阶段在2010—2014年进行，市场上有很多供应商，但只有唯一的买家；第三阶段，通过打破EVN在市场上的垄断地位来实现电力批发市场的全面自由化，并且允许大买家（大企业）直接向批发卖家购买，根据工商部的计划，此阶段会在2014—2022年实现；第四阶段，实现电力零售市场自由化，此阶段让小买家向不同的零售供应商购买，会在2022年后实现。

EVN作为越南国有电力公司，负责全国电力的发、输、配、售等工作，虽然拥有全国61.4%的电力装机容量，但发电量比重逐年降低并已低于50%，其余部分来自购电协议和进口电量，如图 3-29 所示。这反映出越南电力改革已经进入了第三阶段，增加售电主体、提高售电市场的竞争程度和灵活性，电力批发市场的自由竞争情况良好。从欧美等发达国家和中国电力批发市场发展经验来看，“大用户直购电”往往是售电市场放开的第一批市场主体，电力的大用户（比如通常的电力密集型工业或者大型集团联合体）相比一般用户具有更大的灵活性，可以采用通过签订长期双边合同、现货市场竞价交易、购买期货合同对冲价格波动风险等形式满足自身的电力需求。越南需要按照现有电力改革方案继续推进，吸取其他国家电力市场发展经验，根据改革过程中出现的问题修正规划。

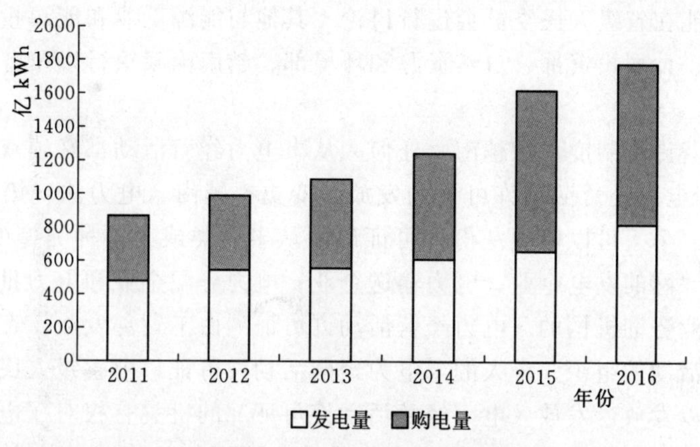

图 3-29　EVN 发电与购电情况

通过对比越南各类电源上网电价与现行上网电价，煤电、气电、水电、生物质和沼气发电的上网电价低于平均零售电价，EVN 从这些电源独立发电商购入电量有一定的盈利空间，而风电、光伏和直燃垃圾发电等可再生能源的采购电量则需要承担差价损失，如图 3-30 所示。随着越南电力改革逐步市场化以及各类电源尤其是可再生能源发电成本的降低，EVN 会慢慢扭转这种劣势局面[29]。

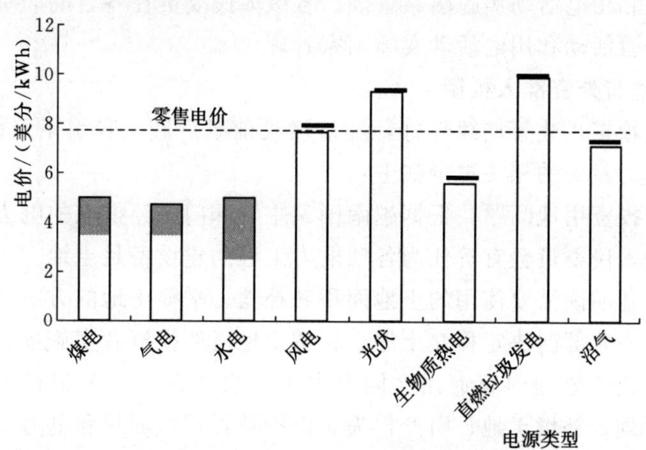

图 3-30　越南各类电源上网电价

注：煤电、气电、水电的电价为区间电价。

3.3.3.3 政府与监管机构

越南的核心能源政策问题由国民大会讨论决定，能源部门由工业和贸易部（MOIT，以下简称工贸部）领导，主要由大型国有企业主导，如越南电力公司（EVN）、煤炭开采和贸易（VINACOMIN）、越南石油和天然气集团（Petro VietNam）和越南石油集团(Petrolimex)。这些国有企业共同控制了大多数发电和分配以及采煤、进口、出口和分配，石油和天然气勘探、提炼、进口、出口和产品分配，在国家发展、运输和工业以及消费者的福利方面发挥了中心作用。所有大型投资项目都需要经工贸部批准，或通过工贸部提交总理批准，所有管制性价格的审批权也都在工贸部。一些国有企业的投资需要得到地方政府的批准，并可能在省级人民委员会进行讨论。其他与能源工业和能源投资相关的部门还包括总理办公室、计划投资部、自然资源和环境部、越南国家银行以及各个省的人民委员会等。

（1）电力经营许可制度。在越南，任何人从事电力经营活动都必须获得《电力经营活动许可证》。关于电力经营活动许可证的发放、变更，越南《电力法》第三十二条作了规定。每一个组织、个人可以申领一份许可证以便从事一类或者多种类型的电力经营活动。与国家电网系统并网的发电企业、电力输送企业、电力分配企业和电力批发企业、电力零售企业、电力专业咨询机构的《电力经营活动许可证》由工贸部发放。在地方范围内从事小规模电力经营活动的组织、个人的《电力经营活动许可证》由省级人民委员会根据工贸部的指导意见予以发放。发放《电力经营活动许可证》的机关有权对《电力经营活动许可证》进行修改、补充、收回。对《电力经营活动许可证》的修改、补充必须与已经领取《电力经营活动许可证》的组织、个人的执行能力相适应。给发电、电力输送、电力分配企业发放《电力经营活动许可证》必须与已经批准的电力发展规划相适应。

（2）国家对电力经营和用电活动的管理制度。越南中央政府代表国家对全国范围内的电力经营活动和用电活动实施统一国家管理。工贸部代表政府行使对电力经营活动和用电活动实施国家管理。各部、相当于部级的机关在各自的职责、权限范围内有责任会同工贸部对电力经营活动和用电活动实施国家管理。各级人民委员在各自的职责、权限范围内有责任对地方电力经营活动和用电活动实施国家管理[30]。

3.3.3.4 金融环境与外资准入机制

越南投资环境稳定，政策连续性好，经济增长前景广阔，吸引了众多国际投资机构。越南对外资企业电力投资的相关规定如下：

（1）关于电力投资用地问题。根据越南国家主管部门已经批准的电力发展规划和用地规划、计划，各级人民委员会有责任为各项电力工程的建设备足土地。投资者在编制电力工程投资项目时必须明确需要使用的土地面积和补偿、平整土地的方案。一旦电力投资项目得以批准，国家主管部门决定移交土地、租赁土地以便投资者实施项目。各级人民委员会在各自的职责、权限范围内有责任会同电力项目投资者一起编制和实施平整土地、移民、回迁定居的计划；补偿土地、财产损失；保护项目用地面积和电力工程的安全走廊。

（2）鼓励电力投资的优惠政策。主要有三项：一是鼓励在越南国内生产或者进口属于节电产品名录中的装备、设备、物资、工艺流水线，对其实行税收优惠政策，旨在生产节电产品；二是对于采用先进的科研成果的项目、投资生产各类节电产品的项目或者旨在以节电为目的的投资项目可以享受从扶持发展基金和科技发展基金贷款的优惠；三是对于投资发展使用各类再生能源发电厂的投资项目可以享受财政部出台的关于投资、电价和税收方面的优惠。

(3) 对电力投资者的要求。发电企业有责任选择先进、高功率的发电工艺和实施发电设备最佳运行方式，旨在节约燃料和用于发电的能源，为保障越南国家能源安全贡献力量。输电线路系统和电站必须保障各类先进的参数和经济-技术标准以最佳的方式得以运行，旨在满足稳定、安全、不间断和减少电能损失的供电需求。

EVN 制定了到 2020 年的电力基础设施发展目标，计划投资约 220 亿美元。这是一项庞大的投资，需要借助与国际金融机构、外资企业的合作，但越南的低电价政策使得 EVN 经营状况并不是很好，在国际资本市场的信用度较低，因此很难从私人国际来源筹集资金，在很大程度上依赖于世界银行和其他国际金融机构，以及政府提供的贷款担保。此外，越南在 2010 年成为中低收入国家，不再享受世界银行的优惠贷款。在官方发展援助方面，EVN 已获得国际金融组织、亚洲开发银行、日本国际合作署、德国复兴开发银行等国际金融机构的优惠贷款，总额达 10.34 亿美元。此外，EVN 已与法国发展机构 (AfD) 就可再生能源项目的非主权融资方案进行合作。AfD 已同意向 EVN 提供两项新的非主权贷款，总价值为 1 亿欧元，用于 Se San 太阳能电厂和 Ialy 水电站扩建项目[30]。根据 Green ID 报告（越南投资评论 2017），越南煤电项目的开发在很大程度上得益于来自中国、日本和韩国的海外融资，总计约 165.3 亿美元的国际煤电投资有 50.0%来自中国、23.0%来自日本、18.0%来自韩国，如图 3-31 所示[31]。

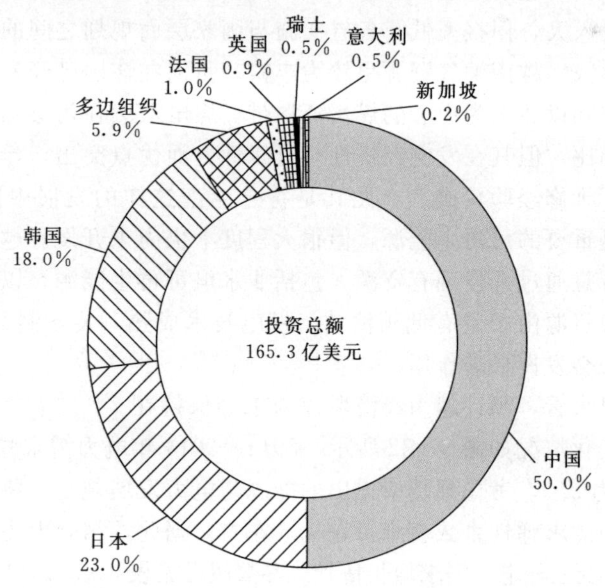

图 3-31 越南国际煤电投资项目资金来源

越南没有专门针对中国的投资准入限制政策，因经济社会发展需要，一直致力于吸引各国投资；5 万 kW 以下的电力投资项目，需要得到地方政府和 MOIT 的批准；大于 5 万 kW 的项目需要得到 MOIT 和越南总理的批准。新总理上任后，考虑到前些年电力 BOT

项目体量较大，政府担保影响了越南债务和国际评级，除2017年已签署BOT合同的项目外，不再新批准BOT项目，只做IPP项目；可再生能源项目既没有国家担保，也没有EVN担保（PPA是与EVN的子公司签订的，不是直接与EVN签订的），因此中信保无法提供担保，导致可再生能源项目在中国进出口行是无法融资的（non－bankable）。无财政和EVN担保下，如何解决担保与融资问题可能是中国企业投资可再生能源的最大障碍。

3.4 越南电力工业展望

实施经济改革的越南经济高速增长，带动全国用电量迅速攀升，根据官方报告，到2015年，越南自产及外购电量约达到1940亿～2100亿kWh，至2020年约达3300亿～3620亿kWh；至2020年，越南对电力行业投资预计达929.7万亿越盾（相当于488亿美元，年均投资48.8亿美元）。大规模的电力投资计划反映出越南经济高速发展的需求和该国电力基础设施不足的矛盾。据越南总体规划预计，到2020年该国的装机容量要达到7500万kW，因此发电和输配电能力的提升对该国意义十分重大。但从目前规划执行情况来看，7500万kW装机目标过高。

3.4.1 电力装机及需求预测

从电源结构看，越南的传统发电方式是气电和水电。由于越南拥有丰富的水力资源，水电仍是越南电力来源的重要的组成部分，且国内仍有项目处于在建或规划中。但由于水电站建设前期资本投入大，回报率低，各省实施与国家层面规划之间的差距使一些小型水电项目的开发面临挑战。越南油气资源也较为丰富，目前在该国已经发现了以南部为中心的石油天然气资源带和以北部为中心的煤炭资源带。煤电虽然在污染物排放、水资源消耗等方面无法与气电相比，但其在发电经济性、可靠性方面优点突出，建设时间和投资比较合理，运营、保养、维修经验较成熟，尤其是符合越南这样的发展中国家的经济发展模式。风能和太阳能是重要的可再生能源，但很大程度上仍尚未开发。越南的第一个风电站的建成也表明该国有意通过开发现有资源，包括非水电可再生能源，以实现安全能源的更大发展。可再生能源资源由于具有低碳清洁，发电技术成熟，装备制造成本降低等特点，使得它在不久的将来会发挥显著作用。

从经济发展情况来看，预计越南经济增速未来会保持在7%左右，并逐渐放缓；越南电力需求弹性系数变化情况如图3-32所示，2011—2014年电力需求弹性系数保持较高水平，2015年则上涨为2.0，考虑到越南提出的能源与电力发展规划，将致力于提高社会电气化水平，未来电力需求弹性系数会维持在1.6左右。据此，结合电力消费弹性系数的范围，假设了高、中、低三种电力需求增长情景，参数假设见表3-34。以2015年的经济增速和电力需求增速为基准情景，在此基础上，对2016—2020年、2021—2025年和2026—2030年的经济和电力需求增长的五年年均增速进行设定，得到的越南用电需求增长结果如图3-33所示。预计到2030年，电力消费高增长情景下，越南电力需求将达到6776亿kWh，是2015年的4.4倍，充分说明了越南未来电力行业巨大的发展潜力。对比其他研究机构的预测结果，World Coal Association（WCA）认为越南电力需求年均增速会保持在

10%～12%左右，到2030年达到6152亿kWh，与本文中速情景相当；Green ID设定的能效情景下，越南电力需求年均增速会保持在8%～8.7%左右，2030年电力需求在5060亿～5590亿kWh之间，而本文设定的低速情景2030年电力需求5366.8亿kWh在此范围内。可以认为本文预测结果较为合理。

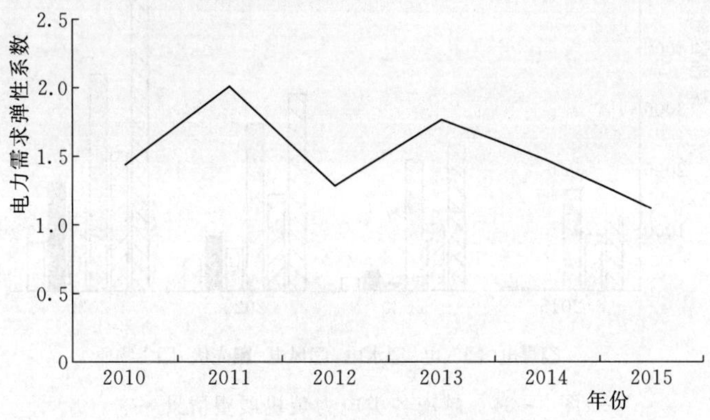

图3-32 越南电力需求弹性系数

表3-34 越南电力需求增长情景假设

情景		2015年（基准）	2016—2020年	2021—2025年	2026—2030年
经济增速	高	6.21%	7.5%	7%	6.5%
	中		7%	6.5%	6%
	低		6%	5.5%	5%
电力需求增速	高	6.95%	12.0%	11.2%	10.4%
	中		11.2%	10.4%	9.6%
	低		9.6%	8.8%	8.0%

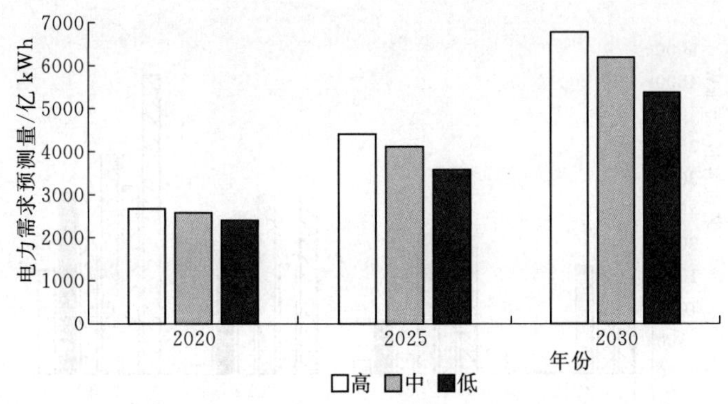

图3-33 越南电力需求预测情景

根据历史数据和越南相关规划，结合越南目前的能源政策和环保发展趋势，其电力结构应注重清洁高效，煤电发展空间会有一定的压缩，而核电发展规划已经搁浅，为了保证电力供应，提出越南2030年电力装机增长的两个情景：①情景一，核电电量主要由煤电机组分担，煤电装机较规划目标有所降低，年利用小时数保持高位，如图3-34、图3-35

所示；②情景二，可再生能源发电成本显著降低，核电电量主要由可再生能源承担，实现高比例可再生能源电力结构，如图3-36、图3-37所示。

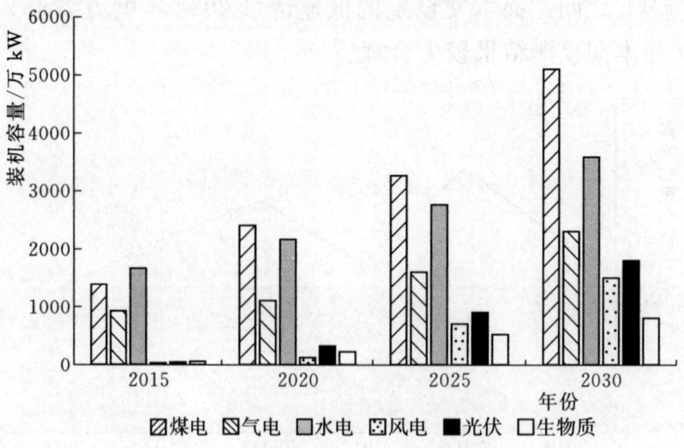

图3-34 越南各类电力装机展望情景一

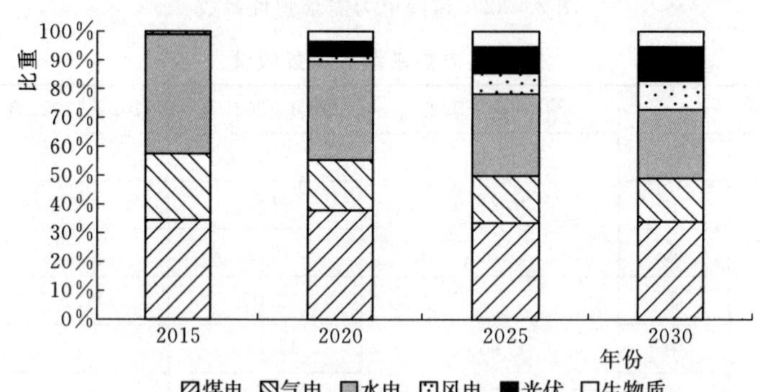

图3-35 越南各类电力装机结构展望情景一

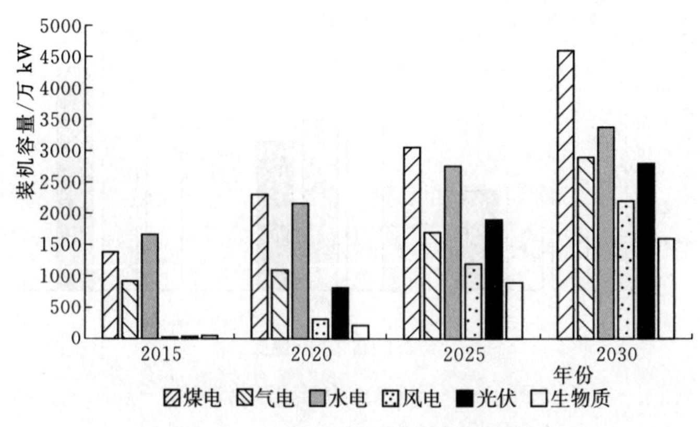

图3-36 越南各类电力装机展望情景二

情景一中，2015—2030年间越南电力装机年均增速约为9.2%，其中，煤电和非水可再生能源增长最为明显，煤电装机从2015年的1382万kW增加到2030年的5100万kW，非水可再生能源增加到4100万kW；电力装机结构方面，煤电、气电和水电的比重从

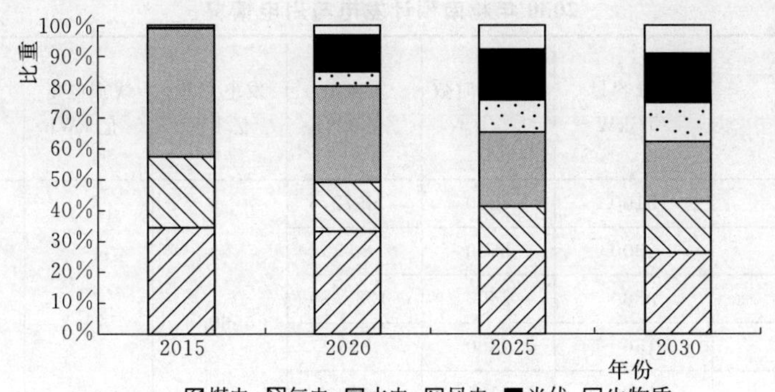

图 3-37　越南各类电力装机结构展望情景二

2015 年的 35%、23%、42%变为 2030 年的 33%、15%、24%。

情景二中，2015—2030 年间越南电力装机增长较快，年均增速约为 9.2%，2030 年电力装机总量为 1.75 亿 kW，较情景一高出 2400 万 kW，煤电、气电、水电和非水可再生能源装机比重分别为 28.5%、15.2%、21.4%和 34.9%。情景一和情景二相似之处在于，煤电将取代水电和气电的地位，成为最为主要的电源，水电依然会承担一部分的基荷功能，同时会新增大量非水可再生能源装机，而气电则主要作为调峰电源。实现情景二的前提是可再生能源发电经济性大幅改善，市场竞争力增强，高成本不再成为限制可再生能源发展的因素，其优势在于，加快以水电为代表的可再生能源，可以很好地解决供需矛盾、资源短缺和环境约束等问题，降低发展成本与损失，可再生能源的高比例发展可以在很大程度上节约基础设施投资，避免能源转型过程中的沉没成本和搁浅资产。

按照这种预测趋势，可以看出越南的电力发展路径是：逐渐淘汰燃油发电，煤电和水电并重构成主体电源，气电是主要的调峰电源，同时大力发展风电、光伏、生物质等非水可再生能源，以应对国内经济发展、电力需求增长、NDC 承诺以及生态环保的多重需要。

按照上文中越南用电需求和电力装机预测情况，假定不同类型电源的平均年利用小时数，并假定越南输电线损率将为 8%，即可得到 2030 年越南发电与用电情况的对比，结果见表 3-35。情景一中，2030 年越南发电总量约为 6560.8 亿 kWh，除去输电损失电量 524.8 亿 kWh 后，要比中速情景用电需求量低 156.3 亿 kWh，这些电量应该是来自于电力进口；情景二中，2030 年越南发电总量约为 6427.8 亿 kWh，除去输电损失电量 514.2 亿 kWh 后，要比中速情景用电需求量低 278.6 亿 kWh，多于情景一的进口电量。从各类电源的年利用小时数来看，水电、风电、光伏和生物质发电的小时数设定在合理范围内，气电被定位为主要的调峰电源，利用小时数 3500h 略高，煤电利用小时数 7200h 和 6500h 则偏高。但偏高的利用小时数使得预测结果有一定的调整空间，考虑到越南对于经济增速和电力需求增速可能过高估计的情况，上文中 2030 年电力装机结构不变，煤电和气电年利用小时数适当下调，依然可以契合电力需求增长。

越南国内电力生产加上从中国和老挝进口电力，总体上电力供应即将平衡，2017 年越南没有新建煤电项目。越南的煤电发展政策有着很大的不确定性，但对于煤电清洁高效改造抱有很大的预期，而且越南有着广宁省、广南省等几个煤炭基地，类似于中国的山西、新疆和内蒙古，越南可以借鉴中国优化煤电发展布局的经验，统筹资源环境等因素，

表3-35 2030年越南预计发电与用电情况

情景	电源类型	装机容量/万kW	利用小时数/h	发电量/亿kWh	发电总量/亿kWh	线损电量/亿kWh	中速情景用电需求/亿kWh	电量供需差额/亿kWh
情景一	煤电	5100	7200	3672	6560.8	524.8	6035.9	−156.3
	气电	2300	3500	805				
	水电	3580	3600	1288.8				
	风电	1500	2300	345				
	光伏	1800	2500	450				
	生物质	800	4500	360				
情景二	煤电	4600	6500	2990	6427.8	514.2	5913.6	−278.6
	气电	2900	3500	1015				
	水电	3380	3600	1216.8				
	风电	2200	2300	506				
	光伏	2800	2500	700				
	生物质	1600	4500	720				

采用更严格的能效和环保标准，建设现代化大型煤电外送基地，淘汰运行年限较长、技术水平落后的机组，提高煤电整体发电效率。在越南环保压力越来越大的情况下，电力行业长远发展趋势是减少煤电项目建设，加快发展可再生能源。越南对可再生能源的补贴力度较小，若要构建高比例可再生能源电力结构，需要投入更多的额外成本，但随着国际可再生能源利用技术进步和成本降低，越南更应该把握住这次机会，出台明确的可再生能源政策和目标清晰可行的发展规划，平衡各类能源之间的财政补贴，利用能源政策杠杆和市场竞争手段撬动可再生能源产业发展。

3.4.2 电力规划与发展政策

2011年7月21日越南已公布《2011—2030年的国家电力发展规划》（以下统称第七电力规划）。该阶段的总体目标是有效地使用国内能源资源与进口初级能源生产电力相结合，为社会经济发展提供质量高、价格日趋合理的电能，保证国家能源的安全。根据第七电力规划，为满足国内电力需求，2020年越南电力总装机容量须超过6000万kW，2030年总装机须达到1.35亿kW，推动农村山区的电气化进程，保证2020年所有农户都能通电。

第七电力规划指出未来增大煤电比重，降低水电比重，建设一批抽水蓄能电站发挥调节作用；逐步扶持发展可再生能源装机，优先发展用于电力生产的可再生能源，把非水可再生能源利用比例从2010年的3.5%提高到2020年的4.5%和2030年的6.0%。表3-36为越南电力装机规划目标，规划要求优先发展水电，从目前总装机容量近1700万kW提高到2020年的2160万kW、到2025年的2460万kW（抽水蓄能水电120万kW）、到2030年的2780万kW（抽水蓄能水电240万kW）。其次要促进太阳能电力的迅速发展，将目前太阳能发电总装机容量提高到2020年约80万kW，2025年提高到约400万kW，2030年提高到约1200万kW。目前风电装机容量为14万kW，计划到2020年提高到约80

万 kW，2025 年提高到 200 万 kW，2030 年提高到 600 万 kW。要适当控制煤电所占比例，到 2020 年，煤电总装机容量达到 2600 万 kW，消耗约 6300 万 t 煤炭；到 2025 年，煤电总装机容量达到 4580 万 kW，消耗约 9500 万 t 煤炭。为保证将来传统能源枯竭后的电力供应，需要适当发展核电，原定 2030 年核电装机容量达 460 万 kW，但是，2016 年 11 月，越南政府表示目前至 2030 年，越南暂不建设核电站，这些电量很大一部分会由煤电来承担，使得煤电装机和发电量要高于规划的煤电目标。

表 3-36　越南电力装机规划目标　(万 kW)

电源类型	2015 年	2020 年	2030 年
油气	850.1	900	1900
煤电	1275.1	2600	5530
核电	0	0	460
水电	1607.5	2160	2780
风电	14	80	600
光伏	0	85	1200
其他（包含进口）	153.3	175	480
总计	3900	6000	12950

可再生能源生产量达到 2015 年的 2500 万 toe（吨油当量），2020 年的 3700 万 toe，2030 年的 6200 万 toe，2050 年的 13800 万 toe。可再生能源在一次能源消费总量的比重为 2015 年的 31.8%，2020 年的 31%，2030 年的 32.3%，2050 年的 44%（包括大规模的水电开发和能源需求的高速增长）。到 2030 年，发电量预计 506TWh，可再生能源发电量比重不到 11%，煤电电量比重超过 53%，气电 17%，水电 19%左右，而原本计划的核电 6%的电量取消。

第七电力规划也提出全国发电总量的计划，至 2015 年越南自产及外购电量约达 1940 亿～2100 亿 kWh；到 2020 年约达 3300 亿～3620 亿 kWh；至 2030 年约达 6950 亿～8340 亿 kWh。根据越南的长期计划并考虑到电力需求，预计各类电源的发电量情况见表 3-37。同时，逐渐形成和发展竞争电力市场，实现电力经营和投资方式的多元化，国家只控制电网的所有权以保证国家能源系统安全。至 2020 年对电力行业投资约达 929.7 万亿越盾（相当于 488 亿美元，年均投资 48.8 亿美元）；2021—2030 年阶段约投资 1429.3 万亿越盾（相当 750 亿美元）。越南的电力需求增长水平是东南亚国家乃至亚洲增长速度最快的国家。

表 3-37　越南各类电源发电量规划　(亿 kWh)

电源类型	2015 年	2020 年	2025 年	2030 年
水电	641.2	846.6	964.5	1000.9
油气	472.1	569.9	847.0	827.2
煤电	685.9	1591.0	2467.6	3953.1
非水可再生	97.2	200.9	396.6	646.4
进口电	46.6	85.6	220.3	298.9
总发电量	1943.0	3294.0	4896.0	6726.5

对比越南电力需求预测结果和第七电力规划的全国发电总量的计划，可以看出，高速情景的预测结果比越南政府的发电总量计划略低，预测结果相对保守。但根据越南重新估算的经济增速来调整电力规划的情况来看，越南对经济增速7%的预测较为乐观，而且该发电量规划提出的时间较早，需要根据2010年以来的发展情况重新预估。和印尼一样，越南将煤电发展作为其长期规划的主要内容。但是最近的消息，包括2016年1月由当时的总理阮晋勇发布的声明称，政府意图“重新审查所有燃煤电厂的发展规划并停止任何新的燃煤电厂开发”，表明国家正在改变政策立场，远离煤炭。2016年3月，第七国家电力规划重新修订，2000万kW的规划燃煤电厂项目被取消，重新宣布了1210万kW的开发项目。此外，到2016年9月，由薄寮省（Bac Lieu）提出的、意在取消一个燃煤发电厂的计划得到了总理的批准。2017年，越南没有新的燃煤电厂项目开工建设。因此，越南电力规划中煤电发展目标有着很大的不确定性，这就使得煤电项目投资面临更多的政策不确定性，需要慎重考虑。

在能源供应方面，截至2016年年底，越南国家油气集团将提供1000亿m^3天然气。供发电的天然气占全国天然气产出的90%，天然气发电电能占全国电能产出30%，该集团年均天然气产量为100亿m^3，但2020年以后，现有天然气田产量下降，天然气供应将受影响。由于越南天然气产量下降，越南不得不扩大天然气进口，预期到2025年将进口500万t天然气，到2030年天然气进口量将增加到1100万t，2035年进口量将达到1390万t。

2017—2035年，越南全国天然气供应预计为2680亿m^3，但天然气需求为3440亿m^3，供应将无法满足越南第七电力规划新电厂的发展需要。国家应开发新的天然气资源，同时要扩大天然气进口以满足需要，天然气行业的同步发展面临重大挑战，需要稳定的机制政策鼓励投资资本进入该行业，政府需要对电力、石油化工行业等不同行业消费者实施差异化的天然气定价，同时应鼓励天然气开发，在确保国家能源安全的前提下保证投资项目效益。

根据越南第七电力规划，2015年、2020年、2025年和2050年一次能源供应量分别预计将达到47.5万～49.5万t，100万～110万t，110万～120万t和310万～320万t。根据越南能源部门制定的未来发展计划，越南能源将继续加强与其他国家合作，2015年建立煤炭、石油和天然气商业市场，寻求、探索和利用煤炭、石油、天然气和其他能源来补充国内短缺；发展电源和电网，确保社会及生态发展的电力供应，到2020年，炼油能力增长到25万～30万t；增加可再生能源在一次能源中所占份额，在2020达到5%年，2050年达到11%；增加使用商业能源做饭的家庭比例，在2020年80%。农村地区家庭用电2020年达到完全覆盖；发展适应区域和国际以及国家发展条件的长期的环境标准。能源部门控制和减少污染，电力、煤炭、石油和天然气部门引入市场机制。

在煤炭领域，越南计划将加强广宁煤矿的勘探和储量评估；调动资金资源，对其他地区的煤炭储量进行勘探，评价和可行性研究；在可持续的基础上发展煤炭工业，为社会经济发展和生态环境的保护服务；鼓励不同经济实体投资煤炭开采、生产和分配。制定一个股份制煤炭企业路线图，发展煤炭市场。

在石油和天然气领域，越南计划制定和完善石油和天然气工业的法律体制，特别是天然气运输和销售的执照颁布，天然气定价，天然气输配费用，技术标准等；鼓励和促进石油和气矿勘探。发展一个透明、有效的机制，监督合同执行情况，定期修订和修正石油和天然气合同等；鼓励投资者勘探和开发天然气。投资方式多样化，并鼓励建立合资企业发展天然气发电厂；鼓励外国投资者申请高新技术勘探和开发石油和矿气，以适当的市场份额建立合资企业，设置炼油工厂和提取石油衍生物。鼓励石油衍生物提取者参与合资企业，发展炼油工厂，以提高生产、消费的联系，使得生产和分配之间的利润平衡；政府鼓励和保护越南企业在国外的石油勘探和开采行为。

在电力领域，越南计划 2020 年后建立电力零售市场。越南要首先确保国家发展的电力供应，优先考虑适当发展水电、煤炭和天然气的热电站，鼓励发电厂使用可再生能源的发展；以多元化的所有权为发展电力行业的方向。公布公共投资项目，鼓励所有经济实体参与电力生产和分配；建立电力生产和分配的多元化投资模式；继续试行股权，逐步扩大电厂和配电企业的股权；建立和发展越南电力市场；加快核电站的研究和发展；确保环境可持续发展，尽量减少负面影响。

在发展可再生能源领域，越南将积极研发制定可再生能源方案；提高公众意识，以增加可再生能源的使用；将使用可再生能源引入节能计划和其他如农村电气化计划、植树造林、清洁用水计划等国家计划中；鼓励企业投资生产、装配和维修新的能源设施，如小规模的水力发电、风力发动机、沼气等。鼓励可再生能源如太阳能、风能的高科技技术转让等；通过进口设备、高科技技术，和生产、销售的税收优惠，以及发明的版权和技术模式保护等，支持投资可再生能源机构的研究、制造和试运行[32]。

近中期而言，随着电力供需形势的转变，越南电力投资增长会面临阶段性调整期。一方面，越南已暂停新批准煤电项目，这是非常重要的信号；另一方面，越南出台了短期的可再生能源价格补贴政策，后期政策走向存有一定不确定性，很可能要到 2021 年发布《2021—2040 年国家电力发展规划》也称为才能加以确认。

就发展阶段而言，如果未来一段时间装机增长的需求不再像前一阶段那么迫切，那么越南电力行业的发展思路可从保障电力安全供应向提升电力行业清洁可持续发展能力转变，而且在此进程中未必会（大幅）增加电力供应成本。另外，也需权衡长期与短期的问题，原因是：①越南有大力发展可再生能源的决心、目标与资源条件，要兑现 NDC 目标，有必要尽快启动可再生能源发展议程；②第七电力规划对于煤电的高度依赖，会导致更高比例的煤炭进口，可能会有能源安全和电力供应成本不确定性的风险；③从 2010 年到目前，越南已经丧失了发展可再生能源的第一窗口期，未能完成本地化的可再生能源产业发展，而当前全球和中国的可再生能源都在加速技术进步，成本降低趋势呈加速态势，如果越南不能够利用能源政策杠杆撬动可再生能源产业发展，可能会丧失参与全球能源技术创新与升级的机遇；④中国一些领先的可再生能源制造企业已在越南投资建厂，而越南当前整体经济结构附加值率低，技术水平落后。如能源政策能实现与产业政策良性互动，可加速越南的经济结构升级。

3.4.3 煤电发展前景与环境约束

3.4.3.1 煤炭生产与消费情况

煤炭是越南最重要的能源资源，已探明总储量达 65 亿 t，其中 35 亿 t 储藏于地下 300～400m 深度，越南煤的储量丰富且品种多、质量好。除广宁省外，北太省太原、河南宁省儒关、谅山省禄平和红河上游沿岸地区均有煤，品种有无烟煤、褐煤、泥煤、肥煤，其中无烟煤储量最大。广宁省是煤炭的主要产地，煤带西起东潮，而后向南呈半弧形沿下龙湾向东北延伸，全长150km，煤层厚度20～28m，面积220km^2，储量约30亿t[33]。

煤炭行业目标是为了有效地服务于本地需求，正面临出口下降以及来自进口煤的竞争。现在国际市场煤炭价格大跌并持续走低，越南煤炭业面临发展困境，越南煤炭开采和运输成本上升，国内开采煤炭量无法满足热电厂的发电需求，因此越南进口煤炭需求上升。越南煤炭出口国的角色已经彻底改变，2016年前9个月共进口1050万t煤炭，比去年同期增长147%，主要自中国、俄罗斯和澳大利亚进口煤炭[34]。越南每月平均进口煤炭120万t，价值超过7500万美元。俄罗斯为越南第一煤炭出口国，出口额为280万t，其次是印尼和中国，出口额分别为180万t和140万t。从俄罗斯进口煤炭成本为63美元/t，比从中国进口价格为71美元/t的煤炭更加低价。

以VINACOMIN为例，2016年，VINACOMIN的煤炭产量为2670万t，已完成全年目标的67%；煤炭消耗量为2570万t，占比80%。越南煤炭库存量高达1080万t，然而居民用清洁煤炭却较为匮乏。煤炭生产有关的税费成本近几年连续上升。自然资源税税率比同地区其他国家要高出7%～10%，而进口煤税率则为零。便宜的进口煤给国内生产者带来了压力，迫使VINACOMIN减少生产和劳动力。但随着本国煤炭资源储量下降，市场竞争会使得本国煤炭价格抬升，而且政府对煤炭开采、运输的补贴不可持续，越南对国外煤炭的进口量会逐年上涨，并且面临着国际煤价上涨的可能性。

越南国内煤炭生产与消费情况见表3-38，2015年发电和工业用煤分别占国内煤炭消费总量的53%和42%，发电用煤的比重有所下降，而工业用煤比重上升，结合越南用电结构的变化情况，工业用电量增长很快，可以看出，工业生产直接用煤比用电更具有成本竞争力。

表3-38　越南国内煤炭生产与消费情况　（万t）

项 目	2010年	2011年	2012年	2013年	2014年	2015年
生产	44835	46611	42383	41045	41068	41484
进口	1029	1522	1882	2442	3277	7120
出口	−19876	−17300	−15360	−12954	−7426	−1920
发电	8638	9840	10904	11929	15180	23571
工业消费	14690	15302	14838	16007	17757	18536
居民消费	2150	2031	1936	2125	2005	1985
商业消费	650	675	495	706	680	662

表3-39为2015年越南煤炭供需情况，2015年，越南主要的煤炭来自于本国生产的无烟煤，其他煤炭依赖于进口。开采无烟煤地4.2%用于出口，进口焦炭的90.5%用于出口；剩余的焦炭及进口的1160万t次烟煤、泥炭、其他烟煤则全部用于工业消耗，此外，工业用煤和发电用煤的大部分都是无烟煤。从越南煤炭开采种类和使用流向来看，越南的电煤产量除了用于国内燃煤发电的耗煤量，还大量依赖于进口。

表 3-39　　2015 年越南煤炭供需情况　　（万 t）

项 目	无烟煤	其他烟煤	次烟煤	焦炭	泥炭
产量	41484				
进口量	2915	2852	1160	190	3
出口量	1748			172	
国内消费	40751	2852	1160	18	3
发电用煤	22345	1226			
工业用煤	15729	1626	1160	18	3

上文提到，越南的煤电将会进入快速增长阶段，对于煤炭的需求也随之增加。但是，越南的煤炭产量将难以满足电力生产的需求，从而越南将不得不大量进口煤炭。越南对煤炭需求的激增使得到 2020 年越煤炭产量要达到 4700～5000t，到 2030 年产量要达到 5500 万～5700 万 t。但是，越南煤炭需求量是国内产量的两倍，到 2020 年，煤炭需求量大约为 1.12 亿 t，2030 年需求量将达到 2.20 亿 t[35]。工贸部已将到 2030 年预估全国煤炭资金需求调整为 269 万亿越南盾（约合 119 亿美元），资金规模比上一个煤炭发展规划缩小 2.5 倍。该调整计划旨在优先满足本地需求，同时逐步减少煤炭出口。煤电发展促使煤炭需求快速增长，这不利于越南能源安全，对于进口煤炭的依赖加重，Green ID 预测 2030 年越南发电用煤将达到 1.37 亿 tce（吨标准煤），煤炭进口比重达到 75.7%，如图 3-38 所示。煤炭需求增长带来的不确定性在于：一方面，进口煤炭主要来自于资源丰富、距离较近的印尼和澳大利亚，但印尼已开始逐渐减少煤炭出口量；另一方面，煤炭贸易的国际竞争会使得煤价上涨，使得越南电力供应成本增加。从能源安全与成本角度考虑，越南应着力提高煤电整体能效水平，尽量平衡化石能源与可再生能源发展。

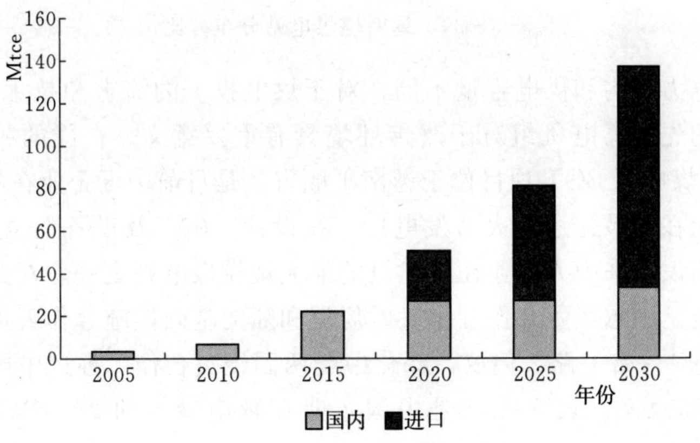

图 3-38　越南电煤供需情况预测

3.4.3.2　煤电机组情况

越南经济发展较快，2015 年 GDP 增速在 7%左右。为实现到 2020 年成为现代工业国家的目标，越南每年都投资 100 多亿美元兴建工业项目和基础设施工程，其中仅电站项目就数十个。由于中国煤电机组煤炭碳排放强度与国际标准相当，虽未达到目前全球煤电碳排放强度的最低水平，但要优于越南较为落后的煤电机组的能效和碳排放技术水平，在具有煤电发展潜力以及环境压力巨大的越南，煤炭高效清洁利用和节能技术领域有很好的合作前景。同时我国的能效标准、技术标准和绿色信贷标准，比较有利于越南建立能源新体系和标准规则。这为中越的合作具有良好的背景，同时也吸引了中国众多煤电企业积极开拓越南电力市场。

据《2018繁荣与衰落》数据统计显示，越南虽然2017年没有新的燃煤电厂项目开工建设，但大量拟建项目仍在积极发展中。在2016年修订的国家电力发展计划Ⅶ的指导下，越南已宣布的项目为12.1GW，前期开发项目为15GW，核准项目为8750MW，在建项目为10.6GW。图3-39为越南燃煤电站分布情况。

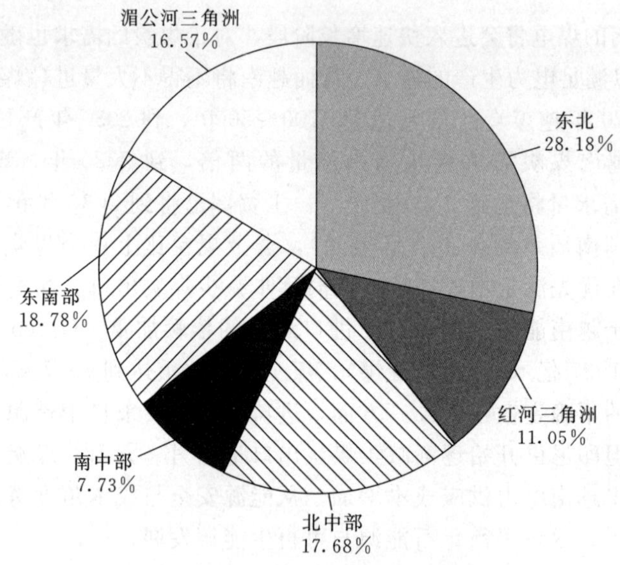

图3-39 越南燃煤电站分布占比

一个国家的电力结构和供电容量不同，对于煤电投资的需求和技术标准差异化明显，大容量、高参数的先进煤电机组对于改善环境具有重要意义。在建的越南永新一期2台600MW超临界燃煤电厂BOT项目位于越南平顺省，是目前中国企业在越南投资规模最大的项目，也是越南在建最先进的火力发电厂。在设计、施工及设备上全面采用中国标准，是"一带一路"倡议以来中方企业在越建设的最大规模煤电站之一，对此中越两国政府高度重视。该项目也是中越经贸合作五年发展规划和陆上基础设施合作五年规划的重点产能合作项目，对推进"一带一路"倡议，深化中越两国经贸合作，推进中国产能和装备制造国际合作具有重要意义。表3-40是中国企业在越南参与的200MW及以上电站项目情况[36]。

表3-40 中国企业在越南参与的200MW及以上机组电站项目情况

项目名称	机组	业主	总包方	签订时间
锦普电站一期项目	1×300MW	越南煤炭集团	哈电集团	2006
锦普电站二期项目	1×300MW	越南煤炭集团	哈电集团	2007
广宁电站一期项目	2×300MW	越南电力集团	上海电气集团	2005

续表

项目名称	机组	业主	总包方	签订时间
广宁电站二期项目	2×300MW	越南电力集团	上海电气集团	2007
永新电站二期项目	2×600MW	越南电力集团	上海电气集团	2009
海防电站一期项目	2×300MW	海防电力公司	东方电气集团	2005
海防电站二期项目	2×300MW	海防电力公司	东方电气集团	2006
越南沿海电站项目	2×600MW	越南国家电力	东方电气集团	2009
汪秘热电二期项目	1×330MW	越南电力集团	成达集团公司	2008
越南冒溪电站项目	2×220MW	越南煤炭集团	凯迪电力工程	2009
永兴电站一期工程	2×600MW	越南煤炭集团	广东电力设计院	2008
沿海电站一期	2×622MW		中国电建集团四川电建三公司	2015
越南中宋水电站	2×650MW	EVN第二发电集团	中南勘测设计研究院	2014
越南永新燃煤电厂一期	2×620MW		中国能建	2018

3.4.3.3 技术与环保标准

根据世界主要煤电国家现行大气污染物排放限值标准对比来看，越南现役机组SO_2排放限制标准为1500mg/m^3，新建机组SO_2排放限制标准为500mg/m^3，NO_x现役机组和新建机组的排放限制标准分别为1000mg/m^{3}和650mg/m^3。现役机组和新建机组的PM2.5排放限制标准分别为400mg/m^{3}和200mg/m^3。这与西方国家、中国都有较大的差异。过高的排放标准使得越南面临着环境保护的压力。燃煤电厂排放的大气污染物主要包括二氧化硫、氮氧化物和烟尘，选择何种技术对于环境绩效有重要的影响。越南在役煤电项目的整体技术性能较差，能耗高，污染大，在煤电新建规模增长趋缓的情况下，有必要着重提升现役煤电技术的清洁高效水平，可通过：①修订和大幅提高煤电排放标准；②在有条件的亚临界及以上技术水平的机组实施环保和能效改造升级来实现。

越南极易受气候变化的影响。全球气候风险指数（Global Climate Risk Index）是根据过去20年的极端气候变化所造成的人类生活成本和GDP损失计算得出的。《2018全球气候风险指数》中显示，越南是全球受气候风险影响最严重的十个国家之一。这与越南早期的粗放式发展直接相关，能源强度较高、利用效率低下、污染严重，造成严重的社会和经济损失。越南已经制定了一系列应对气候变化的政策，如《环境保护法》《水文气象法》和《灾害风险管理法》，制定了多方面的策略和计划，其中最重要的是可再生能源和林业的温室气体减排。越南于2015年底向《联合国气候变化框架公约》（UNFCCC）提交了国家自主贡献文件（NDC），无条件目标是到2030年其温室气体排放量比BAU情景减少8%，在国际社会帮助下可以减少25%，见表3-41、表3-42。越南的温室气体主要来自于能源行业，但能源部门的减排目标分别为4.4%（无条件）和9.8%（有条件），超过一半的减排量将由农业、垃圾、土地利用和林业（LULUCF）来实现，说明越南未来的能源结构依然会以化石能源为主。

表 3-41　BAU 情景温室气体排放　(Mt)

行业	2010 年	2020 年	2030 年
能源	141.1	389.2	675.4
农业	88.3	100.8	109.3
垃圾	15.4	26.6	48.0
土地利用及森林	−19.2	−42.5	−45.3
总计	225.6	474.1	787.4

表 3-42　2030 年越南温室气体减排目标

行业	无条件		有条件	
	目标	GHG	目标	GHG
能源	4.4%	29.46	9.8%	65.93
农业	5.8%	6.36	41.8%	45.78
垃圾	8.6%	4.16	42.1%	20.23
土地利用及林业	50.05%	22.67	145.7%	66.00
总计	8%	62.65	25%	197.94

2015 年越南全社会碳排放量为 168.29Mt，根据上文的数据推算出煤电碳排放量为 59.7Mt，占全社会碳排放总量的 35.1%，是 CO_2 排放的主要来源之一。如果按照 2030 年越南规划中煤电发电量 3953.1 亿 kWh，假定煤电碳排放强度与 2015 年一致为 1317 g/kWh，得出 2030 年煤电碳排放量为 449Mt，占到 2030 BAU 情景下全社会碳排放量的 57.1%，能源行业碳排放量的 66.5%；如果 2030 年越南煤电碳排放强度降低到 1050 g/kWh，可减少 CO_2 排放 105.5Mt，远远超过 2030 无条件能源行业减排目标和全社会减排目标，并超过 2030 有条件能源行业减排量，对全社会碳减排目标的贡献率为 53.5%，如图 3-40所示。这说明，提高煤电能效、降低煤电碳排放强度对于实现越南 NDC 减排目标有着巨大的帮助，即使煤电实际发电量减少，对于 NDC 减排目标的贡献依然非常明显。

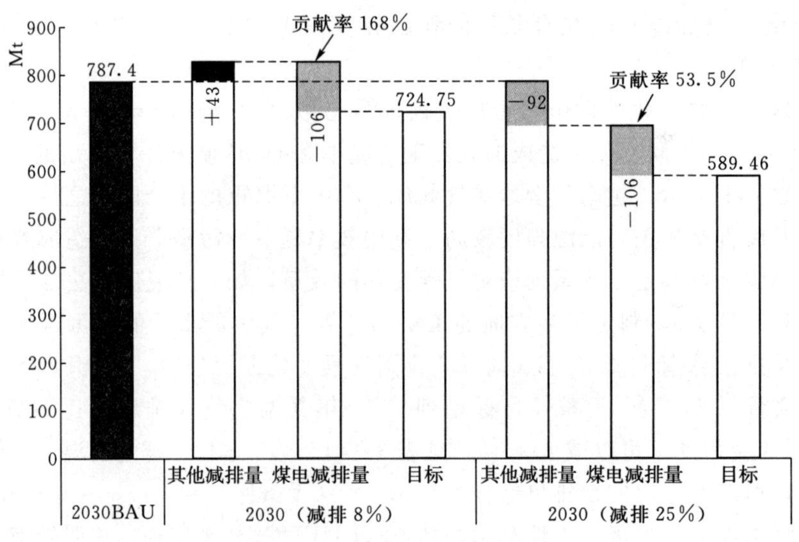

图 3-40　越南 NDC 减排情景

第4章

典型国家电力合作风险评价

4.1 评价结果及分析

本书的风险评价体系的各指标参数来源于国内外权威数据库，如世界银行、国际货币基金组织、中国商务部、国家统计局等，采用线性变化处理、对数函数处理和幂函数处理方法对各指标进行量化分析，从而得到21个典型国家的能源合作风险排名。这21个典型国家包括巴基斯坦、波兰、韩国、俄罗斯、菲律宾、哈萨克斯坦、柬埔寨、捷克、马来西亚、孟加拉国、缅甸、南非、泰国、土耳其、乌克兰、新加坡、新西兰、以色列、印度、印度尼西亚和越南。

4.1.1 印尼评价结果及分析

经计算，各项指标得分越高代表相应的风险越低。其中印尼的国别风险指标得分为44.18分，在21个国家中排名第14；电力煤电指标得分为45.71，排名第6；环境风险指标得分为65.88，排名第5。

1. 国别风险

此指标分为5个二级指标，分别为经济基础、对外金融、社会发展、政治风险、中国因素。

(1) 经济基础方面，印尼得分56.14分，在21个“带路”国家中排名第5（此处只列出了东南亚国家情况，下同），如图4-1所示。印尼人口较多，经济体量较大，但人均GDP较低，同时经济增长迅速，公共债务比重较低，总体来看，印尼经济基础较好。

(2) 对外金融方面，印尼得分35.37分，在21个“带路”国家中排名第18，印尼的投资水平、贸易开放度、商务自由度三项指标得分较低，其中投资水平得分在21个“带路”国家中排名最后。

(3) 社会发展方面，印尼得分52.40分，在21个“带路”国家中排名第14，属于中等水平，印尼人力资本优势明显，属于人口过亿的资源大国，人力资源的数量得到持久保障，其国家的在教育领域的投入稳定在3%[37]，使得教育水平有所提高，教育的发展提升了人力资源的质量。

(4) 政治风险方面，印尼得分40.53分，在21个“带路”国家中排名第12，印尼国内政局相对稳定，但政府腐败严重、监管不力，社会法治落后，同时有民族冲突和宗教冲突隐患，导致政治风险得分不高。

(5) 中国因素方面，印尼得分44.75分，在21个“带路”国家中排名第11，印尼在伙伴关系上得分较高，与中国维持着促进繁荣与发展的战略伙伴关系，但由于印尼进出口依存度得分较低，使得印尼在中国因素上处于中上水平。

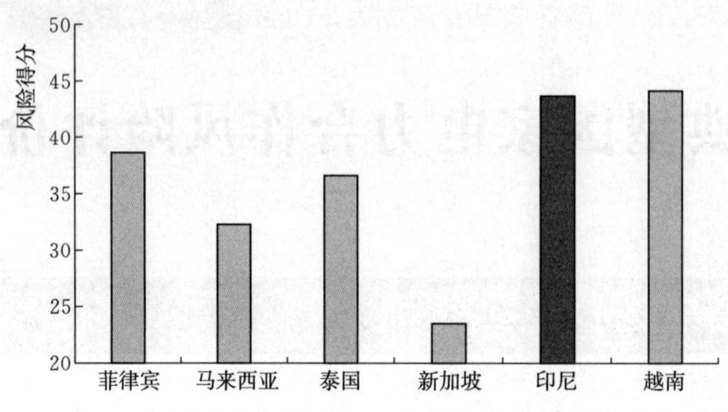

图4-1 东南亚六国国别风险得分情况

2. 电力与煤电

此指标分为2个二级指标，分别为电力市场和煤电收益。

(1) 电力市场方面，印尼得分32.68分，在21个“带路”国家中排名第5，如图4-2所示。印尼通电率较高、电气化率较低，一次能源消费中油气比重较高。同时由于人口基数较大、人口增速较快，居民成为电力消费主体。总体而言，印尼电力市场潜力较大。

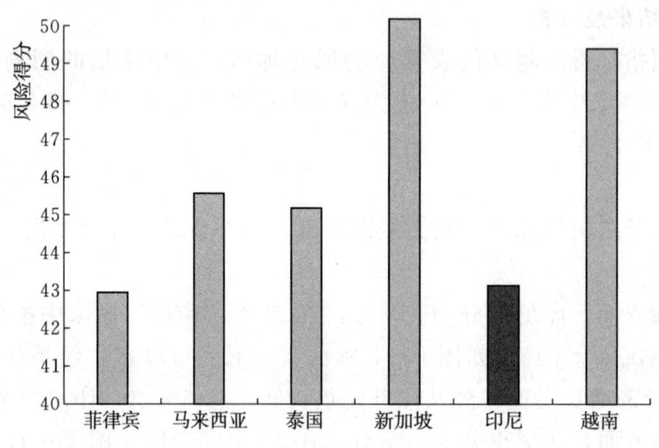

图4-2 东南亚六国电煤电力风险得分情况

(2) 煤电收益方面，印尼得分54.39分，在21个“带路”国家中排名第6。印尼煤炭资源相对丰富，有一定开采基础和储量支撑，同时现阶段煤电比重较低，加之印尼政府积极追求能源结构优化，努力降低油电比重。而且尽管煤电已成为印尼的主力电源，煤电和气电装机快速增长，油电逐渐被淘汰，但人均电力装机（0.22kW/人）依然远低于全球平均水平（0.83kW/人），煤电作为主力机组的状况预计会延续到2030年以后。总体而言煤电投资收益前景广阔。

3. 环境因素

此指标分为 5 个二级指标，分别为排放水平、排放增长、水压力、PM2.5、NDC 目标。

环境因素方面，印尼得分 65.88 分，在 21 个“带路”国家排名第 5，如图 4-3 所示。印尼水资源丰富，属于世界第五大水资源国，随着印尼的能源利用方式正在向电气化方向转变，能源消费水平和节能降耗状况有所改善，GDP 碳强度有所下降。但是，印尼的运行煤电机组均暂未实行脱硫脱硝，这加大了煤电的环境风险。总体来看，尽管印尼的环境因素得分较高，环境因素良好，但潜在风险也不容忽视。

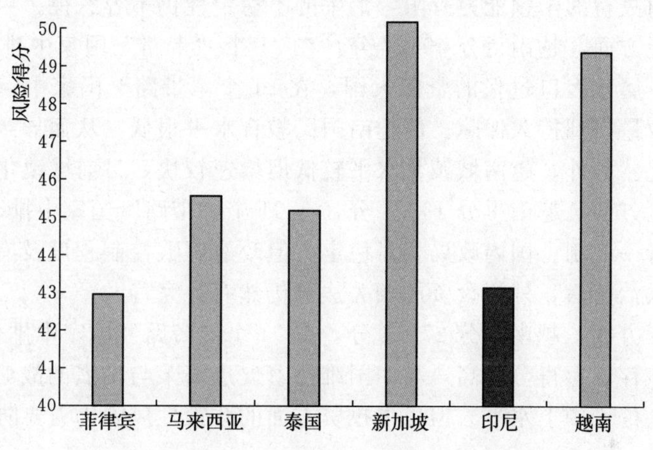

图 4-3 东南亚六国环境风险得分情况

4. 面对的挑战

上述对印尼煤电投资风险国别风险停留在现有数据，从发展的角度看，印尼煤电投资仍存在一些挑战：

(1) 政策不确定性。印尼政策不确定性主要体现在每年都会调整电力规划目标。2018 年，印尼政府就大幅度调低 2016 年作出的电力规划，这为电力投资带来了很大不确定性。

(2) 发电经济性下降，印尼有意降低政策性补贴，这有可能使得发电经济性进一步下降，降低电力投资回报率。

(3) 印尼煤电技术标准较低，印尼的运行煤电机组均暂未实行脱硫脱硝，这加大了煤电的环境风险。

总体来看，对于中国企业，在印尼的投资煤电投资风险和机遇并存。国别风险属于中等风险水平，但从印尼电力环境来看，印尼政府鼓励发展煤电，电力需求巨大，煤电投资前景广阔，投资风险相对较小，有较为广阔的市场前景。

4.1.2 越南评价结果及分析

指标评价结果中各项指标得分越高代表相应的风险越低。其中越南在国别风险指标得分为 51.33 分，在 21 个国家中排名第 7；电力煤电指标得分为 46.15，排名第 6；环境风险指标得分为 71.35，排名第 2。

1. 国别风险

此指标分为5个二级指标，分别为经济基础、对外金融、社会发展、政治风险、中国因素。

(1) 经济基础方面，越南得分44.64分，在21个“带路”国家中排名第15。总体来看，越南经济现阶段发展水平较低，人均GDP很低，但近些年越南经济增长迅速，2017年GDP经济增速超过6.7%，有较大的发展潜力。

(2) 对外金融方面，越南得分56.35分，在21个“带路”国家中排名第6。越南的贸易开放度和汇率变动情况两项指标得分较高，其中汇率变动情况得分在21个“带路”国家中排名第二，越南盾波动大约在上下3%。尽管目前市场较为稳定，但由于市场容量小，外汇储备少，越南央行的干预能力有限，汇率的不稳定性仍不容忽视。

(3) 社会发展方面，越南得分49.27分，在21个“带路”国家中排名第15。越南人力资本优势明显，属于人口过亿的资源大国，在21个“带路”国家中，越南人口增速最高，人力资源的数量得到持久保障。但越南国民教育水平很低，从而导致各类犯罪案件较多，治安水平堪忧。另外，越南城镇化水平较低但增速较快，目前城镇化率约为34.2%。

(4) 政治风险方面，越南得分46.25分，在21个“带路”国家中排名第9。越南为社会主义国家，实行一党制，国内政局相对稳定，但政府腐败控制程度及有效性较低、监管质量较差，社会法治落后，外资投资的相关法律仍然有待完善。

(5) 中国因素方面，越南得分27.14分，在21个“带路”国家中排名第7。越南在伙伴关系和进出口依存度上得分较高，与中国维持着促进繁荣与发展的战略伙伴关系，使得越南在中国因素上处于中上水平。但煤电投资方面的政策性风险仍需要防范。

2. 电力与煤电

此指标分为2个二级指标，分别为电力市场和煤电收益。

(1) 电力市场方面，越南得分32.68分，在21个“带路”国家中排名第5。越南通电率已达100%，同时电气化率较高，表明越南电力基础较好。但由于人口基数较大、人口增速较快，电力需求增速较快，仍需要从中国和老挝进口电力，每年进口电量超过1.5%。总体来看，越南电力市场潜力较大。

(2) 煤电收益方面，越南得分58.79分，在21个“带路”国家中排名第3。越南煤炭资源相对丰富，煤炭品质较高，有一定开采基础和储量支撑；同时，越南水电资源开发已趋饱和，现阶段煤电比重较低，加之越南政府积极开发煤电的政策，煤电规划在“带路”国家中仅次于人口大国印度，煤电投资前景广阔。

3. 环境因素

此指标分为5个二级指标，分别为排放水平、排放增长、水压力、PM2.5、NDC目标。

环境因素方面，越南得分71.35分，在21个“带路”国家排名第2。越南水资源丰富，水压力较小，随着印尼的能源利用方式正在向电气化方向转变，能源消费水平和节能降耗状况有所改善，GDP碳强度有所下降。总体来看，越南的环境因素得分较高，环境因素良好。

4. 面对的挑战

上述对越南煤电投资风险国别风险停留在现有数据，从发展的角度看，越南煤电投资仍存在一些挑战：

（1）发电经济性下降。越南平均电价为7.6美分/kWh，远低于其他国家，并且电价有进一步下降的趋势，这会使得发电经济性进一步恶化。

（2）发展煤电需要进口煤炭。越南对于进口煤炭的依赖程度会进一步扩大，预计2030年越南电力行业进口煤炭比重为75.5%。

总体来看，中国在越南投资主要面临的是国别宏观风险，属于中等风险水平，但从电力环境来看，越南的电力发展政策稳定，电力需求巨大，煤电投资前景广阔，环境压力较小，煤电投资风险相对较小，利于投资。

4.2 项目合作保障体系

中国企业在“走出去”的过程中，要明确自身优势，加强风险意识，重点关注综合风险管理、未来市场的机遇和海外投资的可持续发展。中国企业应遵循国际规范和东道国法律法规，尤其注重环保标准的达标，尊重当地宗教习俗和社区要求避免因项目施工、管理对当地环境、居民生活带来负面影响。印尼和越南都有很好的电力发展前景，但同时也面临着较为严峻的环境污染问题，中国企业应帮助印尼和越南完善电力基础设施、提高电力能效标准、减少大气污染物和二氧化碳排放。

4.2.1 印尼

结合印尼的煤电投资风险评估，本书提出以下建议：

（1）根据国别风险分析，印尼的国别风险得分处于中等偏下水平，存在一定风险。中国政府应当建立国别风险评估与预警体系，提供投资目的地国家的经济发展状况、金融信息、投资贸易、海外投资市场、社会稳定发展状况、对华政策等方面的信息。加强国内投资企业对于投资国家的了解，减少投资盲目性。中国还应定期发布政策白皮书，形成防范国家风险的预警机制。加强国家风险管理的立法和政策支持。政府应加强对外资监管体制的监管，完善外商投资的财税扶持政策。此外，并尽可能与各资源国政府签署双边、区域和多边协议，以鼓励和保护投资。

（2）电力与煤电方面，印尼得分良好。印尼拥有巨大潜力发展可再生能源，包括风电、水电、地热能、生物质能和太阳能等，目前印尼政府已经削减对矿物燃料的投资，未来需要增加对可再生能源发电的投资，逐步改变以一次能源为主的能源消费结构，降低其碳排放水平，将部分政策性贷款向示范性的可再生能源项目倾斜。

（3）环境方面，印尼的环境因素得分较高，环境因素良好。未来，印尼应主动提高能效，改变老旧电厂的高能耗生产方式，采用清洁生产技术减少排放、提高成本效益。煤炭的清洁利用技术也是《京都议定书》设计的清洁发展机制（CDM）的优先选择。印尼可以通过清洁发展机制利用发达国家的技术和资金，开展减少温室气体排放的项目。同时印尼具有丰富的可再生能源，发展清洁高效的可再生能源利于印尼环境得分。

（4）针对中国投资企业，应利用印尼当地优势并合理规避投资风险。风险集中在：领导层更替带来的政治风险，资源民族主义带来的政治风险，治安混乱带来的偷盗抢劫等问题，专利产权被仿冒抄袭的风险。

4.2.2 越南

结合越南的煤电投资风险评估，本书提出以下建议：

（1）根据国别风险分析，越南一党政策其政策稳定性较好，不存在恐怖安全风险，加之政府对外商投资保护政策较为到位，使越南投资环境稳定，政策连续性好，经济增长前景佳，基础设施建设与劳动文化水平不断提高，大幅降低了在越南投资的成本。国别风险得分在21个国家中处于中等偏上水平，但受政府有效性、监管执行能力以及腐败控制等的问题。中国企业必须注意到由此带来的国别政策风险。

（2）电力与煤电方面，越南得分良好。未来需要增加对可再生能源发电的投资，逐步改变以一次能源为主的能源消费结构，降低其碳排放水平，将部分政策性贷款向示范性的可再生能源项目倾斜。中国应关注越南的电力市场形势变化，加强与越南政府的双边能源政策交流与互动；通过技术、资金援助、政策对话等方式引导越南政府优化能源政策，助力电力投资转型和中国可再生能源行业走出去。

（3）环境方面，越南的环境因素得分较高，环境因素良好。中国应当借助国际开发署的新机构平台，加速中国能源环境NGO走出去，与投资目的地国的政府、行业和公共加强公共对话、技术服务、政策咨询；设立对外投资ESG规范，出台行业指南和操作手册（GEI），提升中国企业在海外投资运营的软实力；强化金融部门的海外金融服务能力和风险管控能力，对传统化石能源项目融资实施严格的技术标准，开展环境气候压力测试，降低环境因素带来的风险。

第5章

典型项目经济性与压力测试

5.1 典型项目

5.1.1 国华印尼南苏项目

国华印尼南苏项目（以下简称“南苏项目”）是中国神华海外建设运营的第一个煤电一体化IPP项目，项目由中国神华能源股份有限公司（70%）和印尼EMM公司（PT. Energy Musi Makmur，30%）共同出资建设，中国神华国华电力分公司全面负责该项目的建设、管理和运营。2017年11月23日国华印尼南苏电厂成功获评印尼“五佳电力企业”“五佳创新电力企业”和“五佳100兆瓦级以上电力企业”3个奖项，并折桂“2017年度最佳创新电力企业”[38]。

南苏项目位于印尼南苏门答腊省穆印县境内，采取煤矿坑口建设形式，煤电联营，一期工程安装两台15万kW凝汽式汽轮发电机组，配套年产量为210万t的露天煤矿，并具备继续扩建条件。该项目送出工程以两回150kV线路接入苏门答腊电网Lahat变电站，共100km线路、281座输电塔。按照印尼开发电力项目的惯例做法，由企业先行垫资建设由所建电厂至电网接入点的配套送出线路工程，待工程建成并经验收投产后移交PLN。所垫资金将由PLN以按送出电量给予电价补偿的方式偿还[39]。

该项目两台机组自2009年7月7日浇筑第一罐垫层混凝土，到2011年7月6日、11月3日分别通过96h试运行并顺利投产，较约定工期分别提前12个月和11个月，其中1号机组24个月的建设工期创造了印尼电力工程建设的奇迹。实现了“9个第一”：我国第一个海外投资的煤电一体化IPP项目；神华第一个实现收益的海外资产项目；国华第一个海外公司及国际化管理团队；印尼第一个真正的坑口电厂；印尼第一个燃用劣质褐煤并取得成功的电厂；印尼第一个采用煤干燥技术并取得成功的电厂；印尼第一个使用泵船取水技术并取得成功的电厂；印尼第一个比PPA（购电合同）工期提前发电的IPP电厂；并创造了印尼中国机组投产后连续运行最长周期的纪录[40]。

南苏项目属于煤电一体化项目，燃煤就地开采。项目所在地苏门答腊地区的煤属于高水分、低热量的劣质褐煤，全水分55%～65%，发热量只有7533kJ，针对发热量低、水份高的褐煤，项目创先采用煤干燥技术，大幅提升了原煤品质，使水分由62%下降到52%，热值提升到大卡9950kJ，并通过各种技术改造，彻底解决了粉尘、着火、堵煤、出力不足等瓶颈问题。

2017年以来，南苏项目进一步优化经营指标，强化安全生产、社会责任，在科技创新、节能环保、文化融合等方面取得了优异成绩。南苏电厂机组等效可用系数达99%，运行系数达96.64%，利用小时数达4382h，在印尼电力行业处于领先地位。尘、硫、氮指标分别为0.04g/kWh、0.35g/kWh、0.74g/kWh，远远优于印尼排放指标；完成主机降温降噪工程，主厂房降温5℃、降噪20dB。

南苏项目建设期和运营期的良好表现得到了印尼矿能部等部门以及同行的赞誉，印尼能源委员会将此项目列为示范工程，并向中国大使馆提出以神华为标准推荐进入印尼的电力队伍。同时南苏项目成功应用了煤干燥技术并实施了一系列改造，将经济价值极低、几乎无法利用的劣质煤就地转化成电力，为印尼南苏地区大量劣质褐煤的利用创造了条件，这种典型示范影响非凡，同时对于神华进一步拓展印尼煤电市场具有重要的战略意义。

5.1.2 印尼巴厘岛一期燃煤电厂项目

印尼巴厘岛一期燃煤电厂项目（以下简称巴厘岛项目）位于印尼巴厘岛省北部，该电站总装机3×142MW，总投资约6.3亿美元，由华电工程投资和总承包建设并控股运营30年，于2015年9月23日实现投产运营。该项目既是巴厘岛最大的电厂，也是华电集团投资建成的最大海外项目，投产后年均发电量超过28亿kWh，承担全岛40%以上的负荷，极大缓解了巴厘岛地区电力供应紧张状况，同时也降低岛上对燃油、燃气发电的依赖[41]。

巴厘岛燃煤电厂的建成和运营，有效解决了巴厘岛的缺电问题，节约了当地的购电成本约1.165亿美元，但据印尼绿色和平组织对电站的影响进行了广泛研究，包括通过实地观察及与利益相关者特别是社区成员的访谈，证实电站确实也对当地社区产生了一些负面影响，影响如下：

（1）土地和补偿。尽管该电厂于2015年开始运营，但有关土地补偿的问题仍未解决，存在长期分歧。据当地居民反映一开始并不清楚购买土地的用途，电厂管理层利用中间人以便宜的价格购得土地，村民只能获得极低的补偿，甚至不足以支持村民盖新房。在2013年12月、2015年2月和其他时间，当地居民堵住了建筑工地的入口并抱怨该项目使用的部分土地并未完全被华电收购，仍然属于他们。另外，由于项目建设而流离失所的人们抱怨说他们还没有收到土地补偿。

（2）生计问题。电厂破坏了传统的生计来源，如农业和粮食。自从电厂建成以来，由于珊瑚受到破坏导致海岸附近的渔获量下降，渔民不得不远渡重洋，收入锐减，有时甚至没有收入。许多农作物明显减产，农民们也经历着同样的生计困扰。同时发电厂为一些当地居民提供了工作机会，但数量很少，现场90%的建筑工人主要是未经授权的外籍工人。2012年12月，移民官员在现场缴获了75名非法外籍劳工的护照。

（3）环境退化。运煤船破坏了珊瑚生长的水域，加之倾倒在海里的热废物，破坏了沿海生态系统。电厂在没有合理垃圾处理方案之前，即开始运营。

（4）健康危害。尽管缺乏有关巴厘岛燃煤电厂如何直接影响当地社区健康的官方数据，但几乎所有与绿色和平组织交谈过的人都抱怨自己生病的情况，经常伴有呼吸系统问题。

(5) 违规情况。根据1997年第23号《环境管理条例》，工厂与住宅区的最小距离应为1km，但据绿色和平组织调查有个别家庭住在离工厂烟囱只有50m的地方，这表明该项目在环境管理方面没有进行适当的规划。另外2013年4月，布莱伦港立法委员会委员访问了施工现场，发现多处违规行为，其中包括使用没有安全证书的重型机械和在建设中使用补贴燃料。

印尼政府一直致力于完善巴厘岛内设施建设，为投资创造一个良好的平台，同时，深切感受到电力缺乏对当地经济发展的严重制约，该燃煤电厂工程是巴厘岛最重要的能源项目之一，用以改善当地电网供应紧张情况，提高供电质量，这将成为中国和印尼在基础设施领域深入合作的又一项重要成果。但与此同时上述问题确实存在，这就要求巴厘岛燃煤电厂全力加强电厂运营管理，建立各项规章管理制度，优化运行方式，始终严格遵照环保规定，尽可能减小对环境的影响，从细节上体现出绿色思维。

5.1.3 越南永新燃煤电厂项目

越南永新燃煤电厂一期BOT项目（以下简称“越南永新一期项目”）位于越南平顺省，由中国南方电网有限责任公司（股份占比55%）、中国电力国际有限公司（股份占比40%）和越南煤炭集团电力有限公司（股份占比5%）共同投资，并按照股比成立越南永新一期电力有限公司负责项目实施，该项目由中国能源建设集团广东省电力设计研究院有限公司牵头与广东电力工程有限公司组成联合体总承包建设。建设规模为两台60万kW级超临界煤电机组，预计总投资17.55亿美元，建设工期4年，特许运营期25年，期满后将无偿移交给越南政府，是目前中国企业在越南投资规模最大的电厂项目，也是中国企业在越南的第一个BOT电力项目[42]。

项目于2015年7月18日开工建设。1号机组于2018年4月18日首次并网发电，并于5月1日提前6个月实现满负荷运行，2018年7月投入商业运营。2号单机60万kW的机组也将于今年底并网发电。一期项目设计、装备、施工均由中国企业负责，锅炉、发电机、汽轮机等所有设备均为中国制造，预计带动9.3亿美元国内技术、装备、工程“走出去”。建成投产后，年发电量约为80亿kWh，能满足越南南部重点经济区1/6的用电需求，将为越南南部重点经济区发展提供可再生能源保障、为南部重点经济区缓解“电荒”做出贡献。

越南永新一期项目自立项开始，始终按照“先进、可靠、绿色”的示范性电厂的建设目标开展工程设计、设备选型，努力将项目打造成为代表中国电力制造、建设和管理先进水平，体现中越两国务实合作的精品工程。项目非常重视工程建设中的节能环保问题，采取了多项措施，确保项目各个环节符合越南的环保标准。例如，电厂将原定的亚临界机组改为超临界机组，这是越南首台“W火焰”超临界锅炉，相对于越南亚临界同类型机组，供电标准煤耗同比下降，每年可减少二氧化碳的排放约2万t。同时，项目配备了电除尘和脱硫、脱硝等环保设备，严格控制烟尘、二氧化硫和氮氧化物的排放；全厂区设置了防风抑尘措施，降低了粉尘污染；厂区还安装了完善的工业废水集中处理系统和生活污水、含油废水、含煤废水各处理系统，处理后的水循环使用，做到废水零排放。未来，项目将引进国内专业的电厂运营队伍，强化电厂环保日常管理，采取源头预防和风险管控的措施，严格按照环境影响评价报告内容措施，将各种污染物控制排放范围内，保障当地的蓝天白云、青山绿水。

项目在设计、施工及设备上全面采用中国标准，是“一带一路”倡议以来中方企业在越建设的最大规模煤电站之一，对此中越两国政府高度重视。该项目也是中越经贸合作五年发展规划和陆上基础设施合作五年规划的重点产能合作项目，对推进中国政府“一带一路”倡议与“走出去”行动，深化中越两国经贸合作，推进中国产能和装备制造国际合作具有重要意义。

5.1.4 越南南定燃煤电站项目

越南南定燃煤电站项目（以下简称“越南南定项目”）位于越南南定省海后区，距离首都河内约 100km，建设内容包括新建两台 600MW 亚临界循环流化床发电机组，每台机组配置两台 300MW 循环流化床锅炉。该项目由沙特 Acwa 电力和韩国泰光电力共同投资建设，葛洲坝集团作为项目 EPC 总承包商，总投资约 22 亿美元。

循环流化床燃烧技术是一项近二十年发展起来的清洁煤燃烧技术。它具有燃料适应性广、燃烧效率高、氮氧化物排放低、低成本石灰石炉内脱硫、负荷调节比大和负荷调节快等突出优点，在国内外都得到了迅速发展。常压循环流化床燃烧技术是国际上公认的商业化程度最好的洁净煤技术，但在达到较高的供电效率方面并未具有明显的优越性。亚临界技术及大型循环流化床两者结合形成的亚临界循环流化床锅炉将在环保及效率上实现双突破。

项目建成后将有效缓解当地电力供应紧张局面，拉动就业，为当地提供约 4000 个就业岗位，同时培养一批有经验的技术工人，带动当地建材生产、产品制造及综合服务等产业发展，促进越南经济结构转型和人民生活水平提高。

作为中国葛洲坝集团在越南签约的首个煤电 IPP 项目，项目成功签约标志着中国葛洲坝集团在越南能源合作领域取得新突破，为中国产能输出和国际产能合作起到了积极示范作用。

5.2 经济性分析

5.2.1 国华印尼南苏项目经济性分析

为了详细地衡量南苏项目的经济性，本报告利用 LCOE 模型，通过计算国华印尼南苏项目（2×150MW 超高压机组）从初建到运营的总成本费用支出的折现值与其在寿命周期内能量产出的经济时间价值的比值，从而得到该电厂的平准化折现成本（度电成本）。平准化发电成本（levelized cost of electricity，LCOE）是指发电项目在建造运营周期内每度电的发电成本，是一种被广泛认可的、透明度高的发电成本计算方法。

直接发电成本一般包括总投资折旧成本、运营和维修费用以及燃料成本，发电成本加上资金回报和贷款利息构成上网电价，也就是说，当发电成本一定时，为了满足内部收益率、投资回报率等经济评价指标，就会形成一个最低的上网电价标准。该部分目标是针对南苏项目，在已知的数据背景下，构建一个财务评价指标模型——平准化发电成本 LCOE 模型，对项目投资收益情况做出合理的分析。

影响南苏项目经济效益的因素有很多，除了煤价和发电利用小时数等关键因素，单位投资成本、装机容量等参数也会产生一定影响。具体参数见表 5-1。

表 5-1　国华印尼南苏项目相关参数

公共参数	单位	设定值
装机容量	MW	300
发电投资成本	元/kW	8390
预期年利用小时	h/a	5667
供电煤耗[43]	gce/kWh	360
电厂自用率	%	10.2
资本金比例	%	38.96
贷款期限	年	13.5
年利息率	%	3
机组生命	年	30
折旧	年	16
工人	人	140
职工工资	元/a	185，714
煤价[44]	元/t	70
煤炭热值	kJ	9950

注　表中 gce 代表克标准煤，为中国供电煤耗常用单位。

考虑到南苏项目属于煤电一体化项目，采取煤矿坑口建设形式，且项目所在地苏门答腊地区的煤属于高水分、低热量的劣质褐煤，设定煤价为 70 元/t，国华印尼南苏电厂目前有在册员工 140 人，其中印尼员工 80 人，经调研中国外派国际员工年收入 30 万元，印尼本地员工年收入 10 万元，职工工资平均年收入 18.57 万元，综合上述（表 5-1）参数，最终计算得出的上网电价为 0.3150 元/kWh。

上网电价是预测当地煤电项目收益的重要指标，经调研南苏电厂 PPA 电价已降为 0.4 元/kWh。根据工程项目财务评价方法，分别编制南苏项目在基准情景下的全投资与自有资金投资现金流量表，计算南苏项目的关键经济技术指标，即项目投资回收期与内部收益率（IRR），结果如图 5-1 所示。

从以上 LCOE、IRR 和投资回收期的估算结果来看，国华印尼南苏项目有可观的利润空间，且 IRR（资本金回报率 IRR 为 15%）和投资回收期测算结果都比较乐观。南苏项目的成功主要源于机组稳定的生产，2012 年两年机组投产后的第一年，等效可用系数 98.75%，仅非停 1 次，在近两年内新投机组中生产最稳定，非停次数最少，市场占有率达到 119%，2013 年等效可用系数 100%，全年无非停，市场占有率达到 135%；先进的技术尤其是成功应用了煤干燥技术并实施了一系列改造，将经济价值极低、几乎无法利用的劣质煤就地转化成电力，独家开创了煤干燥系统、原煤仓、煤水综合治理等多项科技课

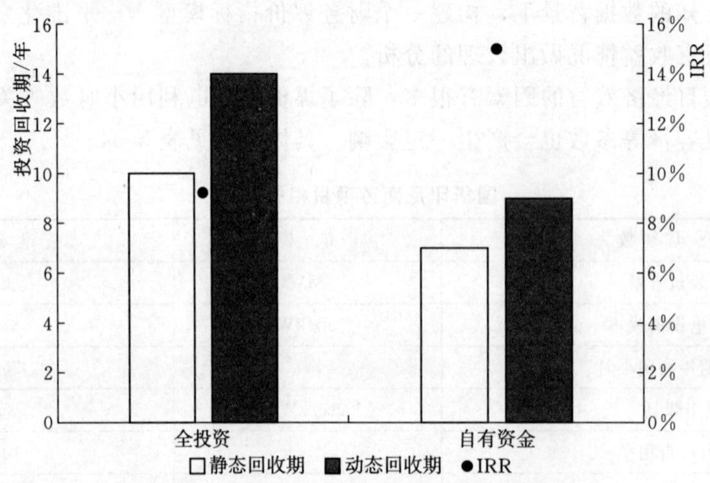

图 5-1 国华印尼南苏项目投资回收期和 IRR

题，成功探索出了印尼高水分低热值褐煤高效利用之路，为印尼南苏地区大量劣质褐煤的利用创造了条件。这些有利因素使得印尼南苏电厂相继获得 2015 年“十佳电力公司”、2016 年“最佳 IPP 电力企业”、2017 年“最佳创新电力企业”，成为南苏门答腊地区最重要的骨干煤电厂之一，稳坐电力行业的顶尖阵营。

在影响南苏煤电发电项目的诸多因素中，煤价和利用小时数的变动影响较大。敏感性分析是在基准情景基础上，关注以上这些因素的变动对南苏项目经济性的影响程度。

在其他条件不变时，利用小时数为 5667h 的情况下，煤价变动对应的 LCOE 情况如图 5-2 所示。可以看出，煤价对 LCOE 的影响呈线性关系，在年发电小时数 5667h 的情况下，煤价对 LCOE 的敏感系数为 0.001，当煤价从 60 元/t 上涨到 80 元/t（上涨幅度为 33.3%），LCOE 电价同步上涨 0.0199 元/kWh，涨幅为 6.51%。

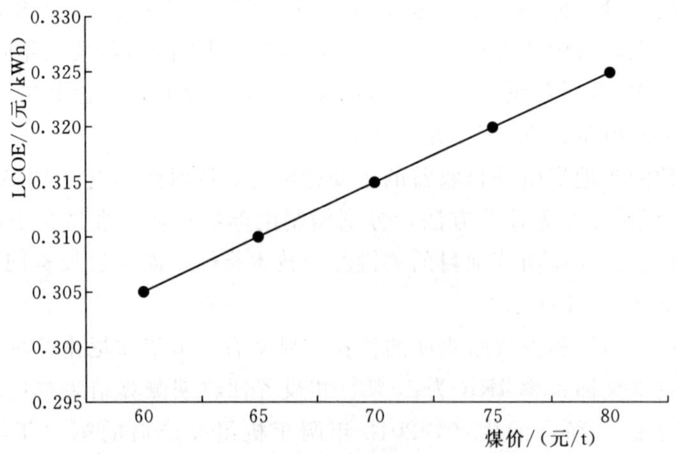

图 5-2 国华印尼南苏项目煤价变动下 LCOE

国华印尼南苏项目利用小时变动下 LCOE 如图 5-3 所示，在煤价为 70 元/t 的前提下，对利用小时数在 4500～6000h 的变化范围内 LCOE 电价进行回归分析。结果显示，发电利用小时数每增加100h，LCOE电价相应下降约0.004元/kWh。

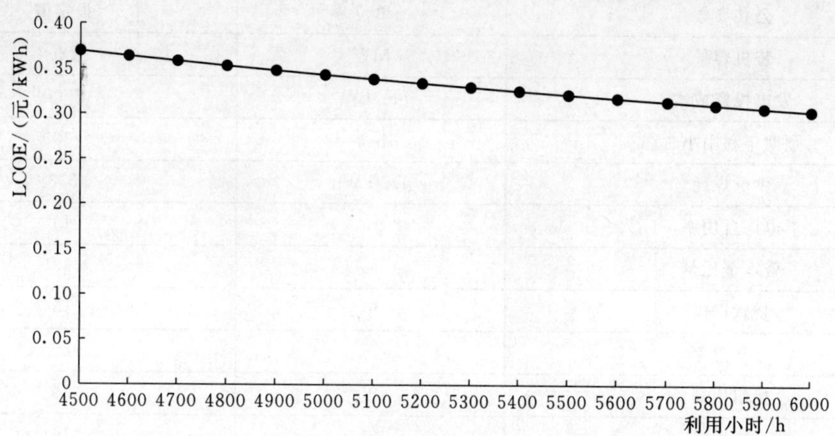

图5-3 国华印尼南苏项目利用小时变动下LCOE

单位投资是煤电项目总投资额与装机容量的比值。当煤价为70元/t时，测算不同单位投资的LCOE电价，结果如图5-4所示。可以看出，LCOE电价对单位投资的敏感性也基本呈线性关系，敏感系数为0.00002。利用小时数为5667h时，单位投资增加34.25%，LCOE电价涨幅大约15.73%。

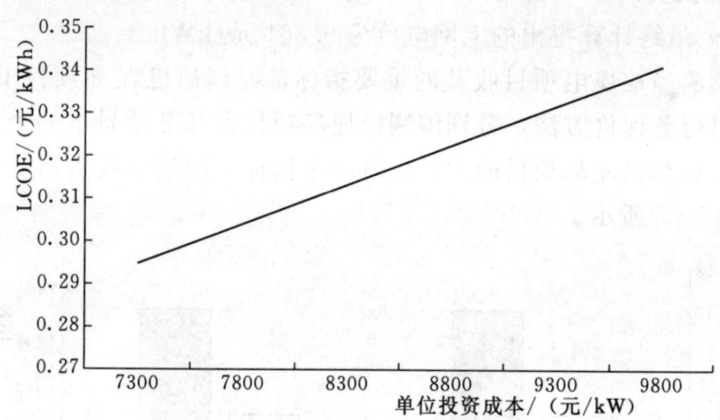

图5-4 国华印尼南苏项目单位投资成本变动下LCOE

从以上这些因素的变动对南苏项目经济性的影响程度的分析，可以看出，利用小时数是对LCOE电价影响最大的因素，因此购电协议（PPA）的签订是保障南苏电厂能否盈利的关键所在。

5.2.2 印尼巴厘岛一期燃煤电厂项目经济性分析

为了详细地衡量巴厘岛项目的经济性，同样利用LCOE模型，得到华电印尼巴厘岛项目（3×142MW机组）的平准化折现成本（度电成本），对项目投资收益情况做出合理的分析。

影响巴厘岛项目经济效益的因素有很多，除了煤价和发电利用小时数等关键因素，单位投资成本、装机容量等参数也会产生一定影响。具体参数见表5-2。

表 5-2 华电印尼巴厘岛项目相关参数

公共参数	单位	设定值
装机容量	MW	426
发电投资成本	元/kW	7500
预期年利用小时	h/a	7000
供电煤耗	gce/kWh	373
电厂自用率	%	15
资本金比例	%	30
贷款期限	年	15
年利息率	%	6.5
机组生命	年	30
折旧	年	16
工人	人	140
职工工资	元/a	185714
煤价[45]	元/t	316.5
煤炭热值	kJ	20088

巴厘岛项目总投资约 6.3 亿美元，由华电工程投资和总承包建设并控股运营 30 年，综合表 5-2 参数，最终计算得出的上网电价为 0.361 元/kWh。

上网电价是预测当地煤电项目收益的重要指标，经调研巴厘岛项目 PPA 电价为 7 美分。根据工程项目财务评价方法，分别编制巴厘岛项目在基准情景下的全投资与自有资金投资现金流量表，计算巴厘岛项目的关键经济技术指标，即项目投资回收期与内部收益率(IRR)，结果如图 5-5 所示。

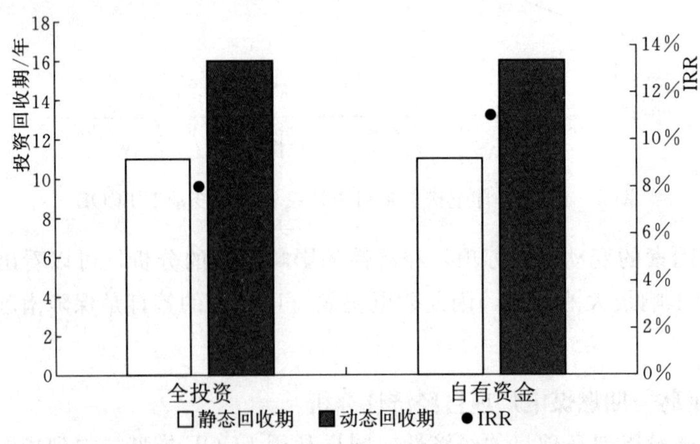

图 5-5 华电印尼巴厘岛项目投资回收期和 IRR

从以上 LCOE、IRR 和投资回收期的估算结果来看，华电印尼巴厘岛项目有可观的利润空间，且 IRR（资本金回报率 IRR 为 11%）和投资回收期测算结果都比较乐观。巴厘岛项目从规模上讲并不大，它由三组 142MW 的电机组成，净输出功率 380MW，与国内动辄百万千瓦的大型电厂相差甚远，但中国仍然采用了最高的标准来建设巴厘岛电厂。环保一直是重中之重，为防止露天煤场造成的污染，中国利用圆形料场技术建成全封闭圆形煤场并配有自动喷淋灭火等安全系统。滨海电厂容易受到盐雾腐蚀，电站最为“娇气”的变电站部分采用了中国先进的“气体绝缘变电站技术”，保护设备的同时，还能节约征地实现生态发电。但对于这样一座美丽的岛屿而言，环保方面确实有很长路需要走。

在影响巴厘岛煤电发电项目的诸多因素中，煤价和利用小时数的变动影响较大。敏感性分析是在基准情景基础上，关注以上这些因素的变动对巴厘岛项目经济性的影响程度。

在其他条件不变时，利用小时数为7000h的情况下，煤价变动对应的LCOE情况如图5-6所示。可以看出，煤价对LCOE的影响呈线性关系，在年发电小时数7000h的情况下，煤价对LCOE的敏感系数为0.0005，当煤价从250元/t上涨到350元/t（上涨幅度为40%），LCOE电价同步上涨0.0487元/kWh，涨幅为14.82%。

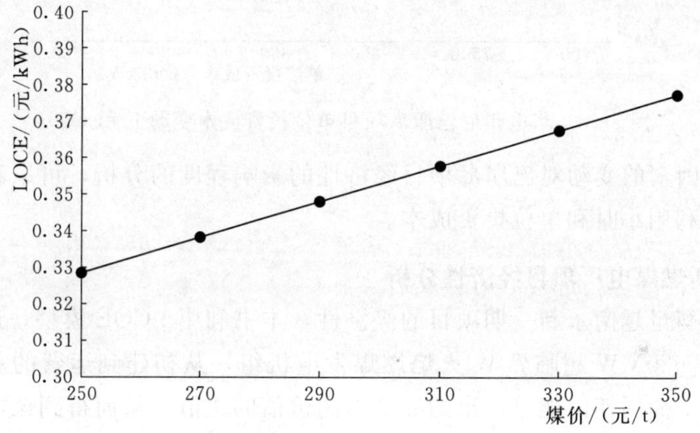

图5-6 华电印尼巴厘岛项目煤价变动下LCOE

华电印尼巴厘岛项目利用小时数变动下LCOE如图5-7所示，在煤价为316.5元/t的前提下，对利用小时数在6000～7500h的变化范围内LCOE电价进行回归分析。结果显示，发电利用小时数每增加100h，LCOE电价相应下降约0.003元/kWh。

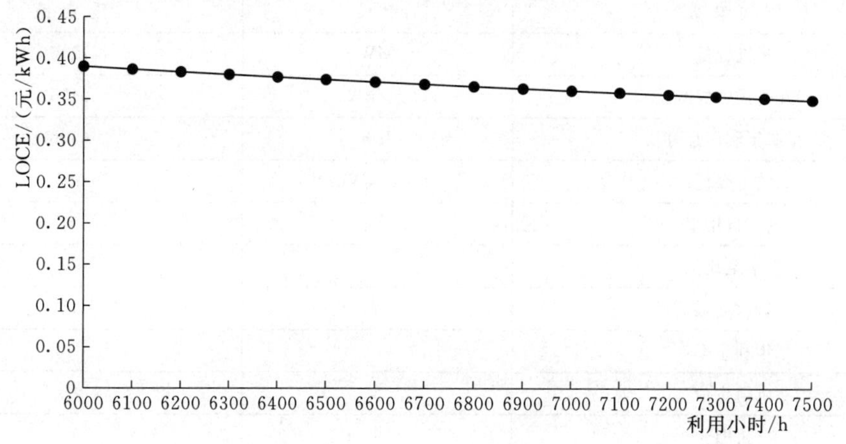

图5-7 华电印尼巴厘岛项目利用小时变动下LCOE

单位投资是煤电项目总投资额与装机容量的比值。当煤价为 316.5 元/t 时，测算不同单位投资的 LCOE 电价，结果如图 5-8 所示。可以看出，LCOE 电价对单位投资的敏感性也基本呈线性关系，敏感系数为 0.00002。利用小时数为 7000h 时，单位投资增加 35.71%，LCOE 电价涨幅大约 13.17%。

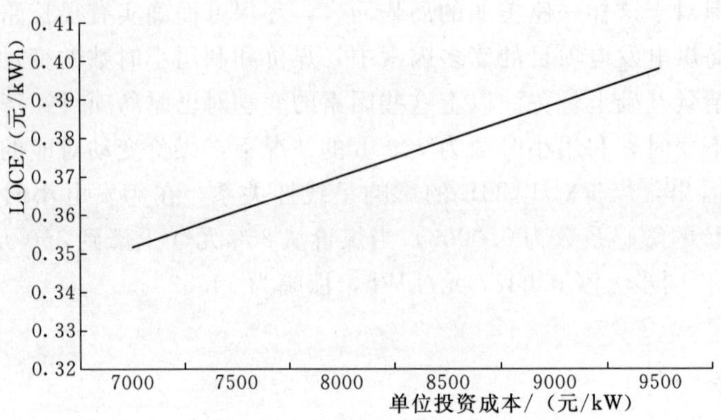

图 5-8 华电印尼巴厘岛项目单位投资成本变动下 LCOE

从以上这些因素的变动对巴厘岛项目经济性的影响程度的分析，可以看出，煤价的影响最大，其次是利用小时和单位投资成本。

5.2.3 越南永新燃煤电厂项目经济性分析

为了详细地衡量越南永新一期项目的经济性，本书利用 LCOE 模型，通过计算越南永新一期项目（2×620MW 超临界 W 火焰燃煤发电机组）从初建到运营的总成本费用支出的折现值与其在寿命周期内能量产出的经济时间价值的比值，从而得到该电厂的平准化折现成本（度电成本）。

影响越南永新一期项目经济效益的因素有很多，除了煤价和发电利用小时数等关键因素，单位投资成本、装机容量等参数也会产生一定影响。具体参数见表 5-3。

表 5-3 越南永新一期项目相关参数

公共参数	单位	设定值
装机容量	MW	1240
发电投资成本	元/kW	9455
预期年利用小时	h/a	6500
供电煤耗	gce/kWh	306
电厂自用率	%	5
资本金比例	%	20
贷款期限	年	15
年利息率	%	3
机组生命	年	25
折旧	年	15
工人	人	120

续表

公共参数	单位	设定值
职工工资	元/a	200000
煤价	元/t	440
煤炭热值	kJ	20925

考虑到越南永新一期项目属于“W火焰”超临界锅炉，相对于越南亚临界同类型机组，供电标准煤耗同比下降，设定供电煤耗为306gce/kWh，相较国内同类型电厂预估越南永新一期电厂目前有在册员工120人，其中越南员工60人，经调研中国外派国际员工年收入30万元，本地员工年收入10万元，职工工资平均年收入20万元，综合表5-3参数，最终计算得出的上网电价为0.3724元/kWh。

上网电价是预测当地煤电项目收益的重要指标，经调研永新电厂PPA电价为6.5美分。根据工程项目财务评价方法，分别编制越南永新一期项目在基准情景下的全投资与自有资金投资现金流量表，计算越南永新一期项目的关键经济技术指标，即项目投资回收期与内部收益率（IRR），结果如图5-9所示。

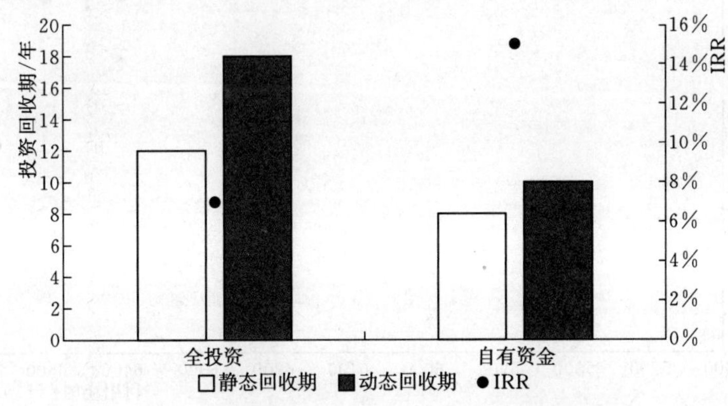

图5-9 越南永新一期项目投资回收期和IRR

从以上LCOE、IRR和投资回收期的估算结果来看，越南永新一期项目有可观的利润空间，且IRR（资本金回报率IRR为15%）和动态投资回收期都比较乐观。

在影响越南永新一期煤电发电项目的诸多因素中，煤价、利用小时数和单位投资成本的变动影响较大。敏感性分析是在基准情景基础上，关注以上这些因素的变动对越南永新一期项目经济性的影响程度。

在其他条件不变时，利用小时数为6500h的情况下，煤价变动对应的LCOE情况如图5-10所示。可以看出，煤价对LCOE的影响呈线性关系，在年发电小时数6500h的情况下，煤价对LCOE的敏感系数为0.0004，当煤价从420元/t上涨到480元/t（上涨幅度为14.29%），LCOE电价同步上涨0.0251元/kWh，涨幅为6.9%。

越南永新一期项目利用小时变动下LCOE如图5-11所示，在煤价为440元/t的前提下，对利用小时数在5600～6600h的变化范围内LCOE电价进行回归分析。结果显示，发电利用小时数每增加100h，LCOE电价相应下降约0.0025元/kWh。

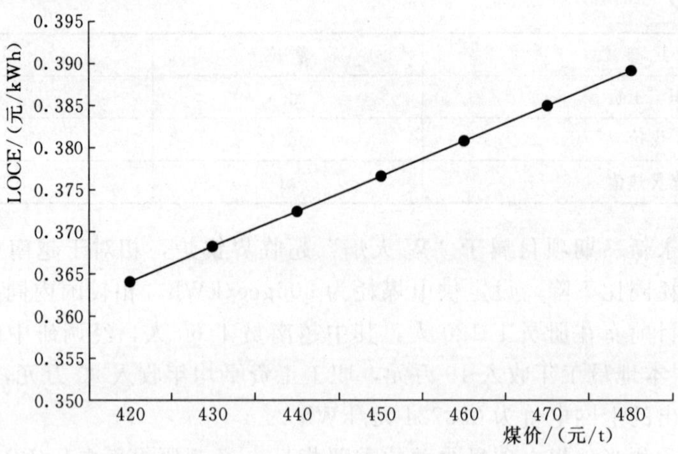

图 5-10 越南永新一期项目煤价变动下 LCOE

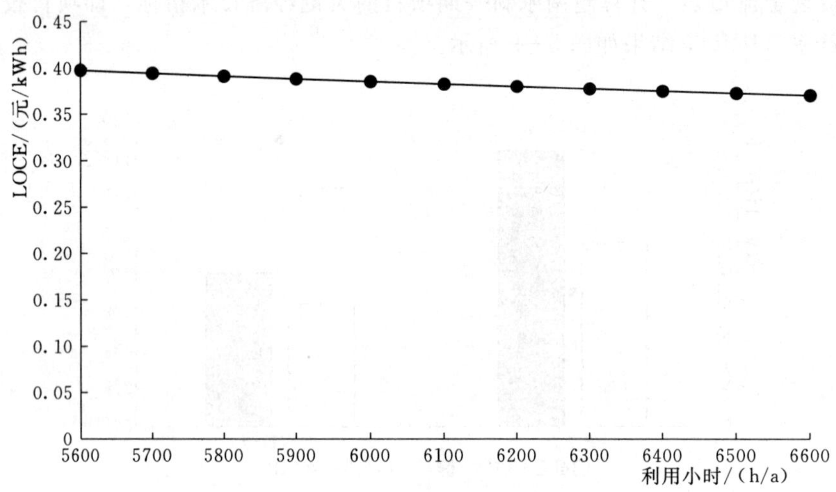

图 5-11 越南永新一期项目利用小时变动下 LCOE

单位投资是煤电项目总投资额与装机容量的比值。当煤价为 440 元/t 时，测算不同单位投资的 LCOE 电价，结果如图 5-12 所示。可以看出，LCOE 电价对单位投资的敏感性也基本呈线性关系，敏感系数为 0.00002。利用小时数为 6500h 时，单位投资增加 41.1%，LCOE 电价涨幅大约 13.67%。

从以上这些因素的变动对南苏项目经济性的影响程度的分析，可以看出，煤价的影响最大，其次是利用小时和单位投资成本。

5.2.4 越南南定燃煤电站项目经济性分析

为了详细地衡量南定项目的经济性，同样利用 LCOE 模型，得到越南南定项目（2×600MW 机组）的平准化折现成本（度电成本），对项目投资收益情况做出合理的分析。

影响南定项目经济效益的因素有很多，除了煤价和发电利用小时数等关键因素，单位投资成本、装机容量等参数也会产生一定影响。具体参数见表 5-4。

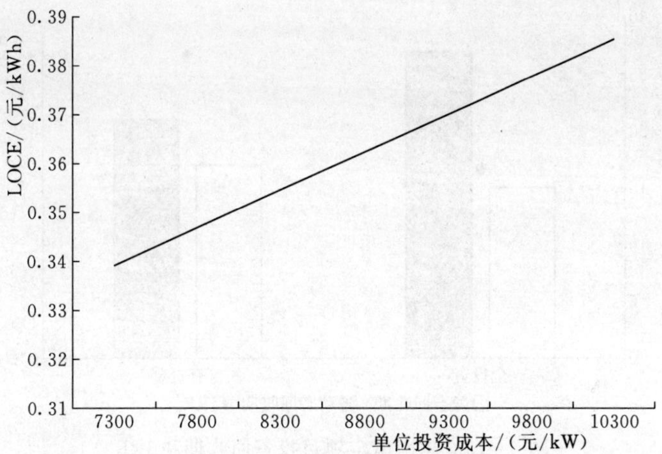

图 5-12 越南永新一期项目单位投资成本变动下 LCOE

表 5-4 越南南定项目相关参数

公共参数	单位	设定值
装机容量	MW	1200
发电投资成本	元/kW	12262.28
预期年利用小时	h/a	6500
供电煤耗[46]	gce/kWh	324
电厂自用率	%	5
资本金比例	%	30
贷款期限	年	15
年利息率	%	3
机组生命	年	30
折旧	年	15
工人	人	120
职工工资	元/年	200000
煤价	元/t	380
煤炭热值	kJ	20925

南定项目总投资约 22 亿美元，发电投资成本 12262.28 元/kW，综合表 5-4 参数，最终计算得出的上网电价为 0.4038 元/kWh。

上网电价是预测当地煤电项目收益的重要指标，经调研南定项目 PPA 电价为 6.5 美分。根据工程项目财务评价方法，分别编制南定项目在基准情景下的全投资与自有资金投资现金流量表，计算南定项目的关键经济技术指标，即项目投资回收期与内部收益率(IRR)，结果如图 5-13 所示。

从以上 LCOE、IRR 和投资回收期的估算结果来看，越南南定项目资本金回报率 IRR 仅为 8%，投资回收期较长，据调研煤电海外投资的要求为 10%～13%，南定项目投资风险较大。经调研了解到，除 2017 年已签订 BOT 合同的项目，今后的外资投资项目将只是

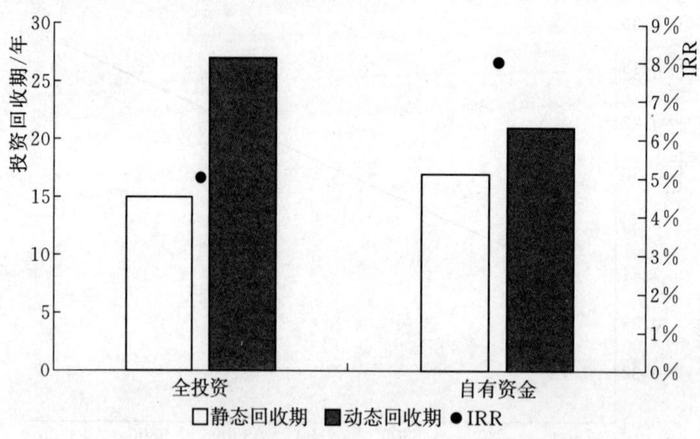

图 5-13 越南南定项目投资回收期和 IRR

IPP 项目，PPA 无国家担保。针对海外 IPP 电站项目，项目开发阶段的风险主要有融资风险、政府政策变化风险、项目超支风险、工期风险、性能不达标风险和征地风险[47]。尤其是融资风险和政府政策变化风险正是 IPP 项目有别于政府投资的项目风险点。这就要求在投资海外电站项目时根据所开发项目的独特性，采用有针对性的开发策略。

在影响南定煤电发电项目的诸多因素中，煤价和利用小时数的变动影响较大。敏感性分析是在基准情景基础上，关注以上这些因素的变动对南定项目经济性的影响程度。

在其他条件不变时，利用小时数为 6500h 的情况下，煤价变动对应的 LCOE 情况如图 5-14 所示。可以看出，煤价对 LCOE 的影响呈线性关系，在年发电小时数 6500h 的情况下，煤价对 LCOE 的敏感系数为 0.0004，当煤价从 360 元/t 上涨到 440 元/t（上涨幅度为 22.22%），LCOE 电价同步上涨 0.0357 元/kWh，涨幅为 9.03%。

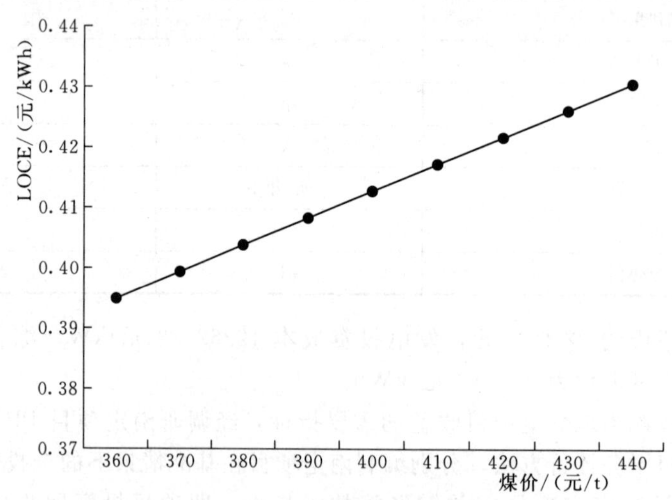

图 5-14 越南南定项目煤价变动下 LCOE

越南南定项目利用小时变动下 LCOE 如图 5-15 所示，在煤价为 380 元/t 的前提下，对利用小时数在 5600～6600h 的变化范围内 LCOE 电价进行回归分析。结果显示，发电利用小时数每增加 100h，LCOE 电价相应下降约 0.0035 元/kWh。

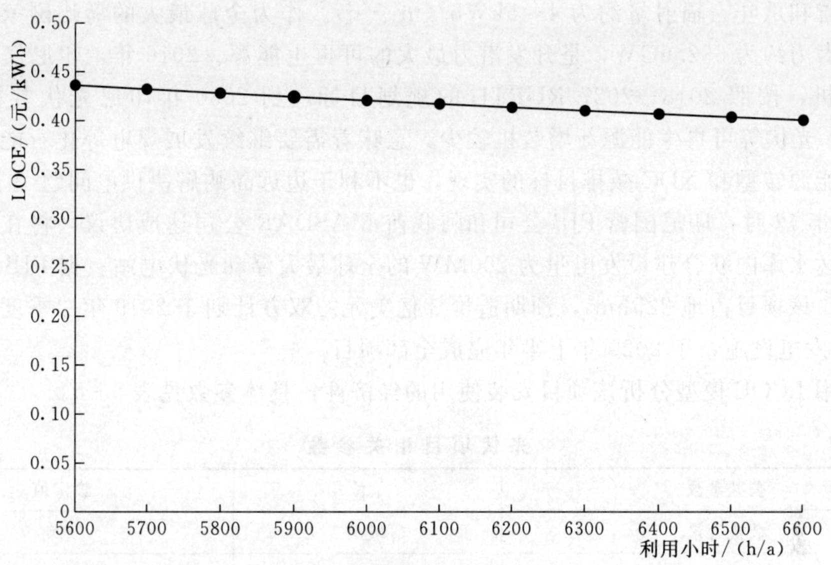

图 5-15 越南南定项目利用小时变动下 LCOE

单位投资是煤电项目总投资额与装机容量的比值。当煤价为 380 元/t 时，测算不同单位投资的 LCOE 电价，结果如图 5-16 所示。可以看出，LCOE 电价对单位投资的敏感性也基本呈线性关系，敏感系数为 0.00002。利用小时数为 6500h 时，单位投资增加 34.09%，LCOE 电价涨幅大约 13.3%。

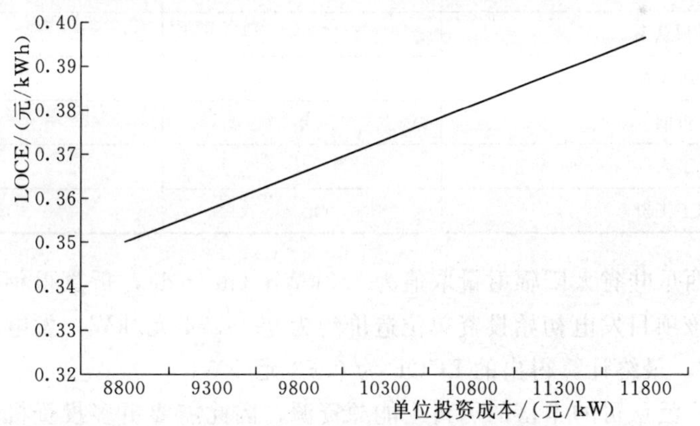

图 5-16 越南南定项目单位投资成本变动下 LCOE

从以上这些因素的变动对巴厘岛项目经济性的影响程度的分析，可以看出，煤价的影响最大，其次是利用小时和单位投资成本。

5.2.5 可再生能源——光伏项目经济性分析

5.2.5.1 印尼可再生能源——光伏项目经济性分析

印尼地处东南亚地区，属于热带地区，非常接近赤道，印尼太阳能辐射资源平均约为 4.8kWh/(m^2·d)。其中苏拉威西省、伊查安查亚省和巴里的大部分地区辐射量为 6～6.5kWh/(m^2·d)，山区辐射量为 4.5～5.5kWh/(m^2·d)；在低地形地区如加里曼丹省、苏门答腊省和爪哇，辐射量约为 4～5kWh/(m^2·d)。作为全球最大的岛屿国家，印尼发展太阳能潜力约为 532.6GW，是开发潜力最大的可再生能源。2016 年，印尼仅有 85MW 的光伏装机，按照 2018—2027 RUPTL 的规划目标，到 2030 年印尼光伏装机要达到 2327MW。光伏等可再生能源新增装机较少，意味着需要继续发展煤电等化石能源，不利于印尼的能源转型和 NDC 减排目标的实现，也不利于边远岛屿解决供电问题[48]。

2017 年 12 月，印尼国营 PJB 公司和阿联酋 MASDAR 公司达成协议，将在印尼西爪哇省齐腊达水库内联合建设发电量为 200MW 的全球最大浮动光伏电站。据 PJB 执行总裁伊万介绍，该项目占地 225hm^2，预期造价 3 亿美元。双方计划于 2019 年二季度前建成一期 50MW 发电设施，于 2020 年上半年完成全部项目。

现利用 LCOE 模型分析该项目安装使用的经济性，具体参数见表 5-5。

表 5-5 光伏项目相关参数

公共参数	单位	设定值
装机容量	MW	200
发电投资成本	元/kW	9994.74
预期年利用小时[49]	h/a	1500
系统效率	%	75
单位土地面积	m^2/MW	11250
资本金比例	%	30
贷款期限	年	15
年利息率	%	3
机组生命	年	25
折旧	年	15
工人	人	5
职工工资	元/a	100000

项目所在地西爪哇省太阳辐射量取值为 4.3kWh/(m^2·d)，折算得年等效利用小时数为 1500h/a[49]。该项目发电初始投资单位造价约为 9994.74 元/kW，发电项目寿命 25 年。综合表 5-5 参数，最终计算得出的 LCOE 为 0.73 元/kWh。

印尼拥有被广泛认可的丰富的可再生能源资源，因此需要更多投资机会和激励政策措施来鼓励企业和社区居民优化开发利用这些可再生能源。印尼光伏项目的经济性随着光伏电价补贴新政的出台有所好转。2016 年 7 月，印尼能源和矿产资源部（MEMR）部长发布了国内首轮光伏上网电价补贴政策，以支持 250MW 太阳能发电容量的开发。具体来说，印尼政府本次提供的购电协议（PPA）为期 20 年，开发商可以拿到的电价在 0.9～1.5 元/kWh 之间，具体价格主要因项目所在地不同而有所差异。印尼政府本轮将为 250MW 光伏容量提供补贴，采取“先到先得”的方式。爪哇岛分得的配额最多（150MW），但享受的上网电价最低（$0.145/kWh）。单个项目可享受补贴的容量上限为 20MW[50]。

在其他条件不变时，上网电价 0.918 元/kWh，利用小时为 1500h 的情况下，预测不

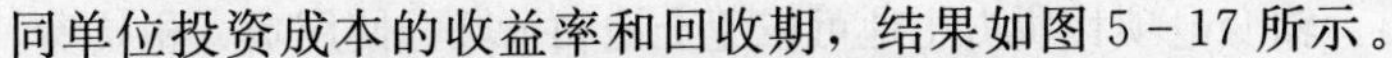

同单位投资成本的收益率和回收期，结果如图 5－17 所示。

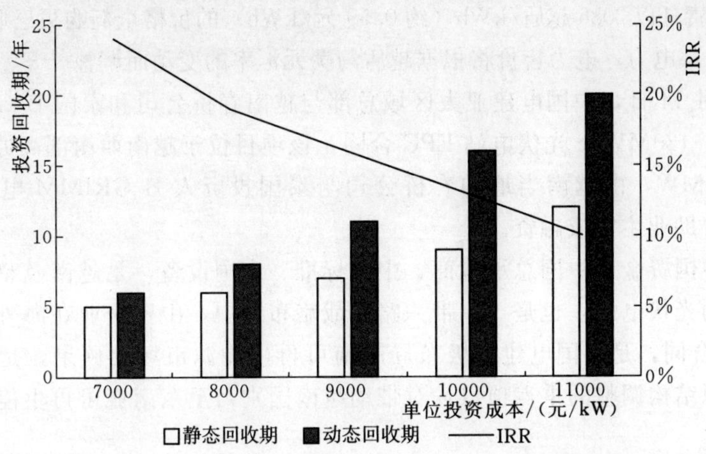

图 5－17　光伏项目单位投资成本变动下收益率和回收期

由于该项目位于爪哇岛，据最近印尼政府能源与矿产资源部颁布的上述太阳能上网定价政策，本项目按 0.918 元/kWh 的上网电价计算，从以上 LCOE、IRR 和投资回收期的估算结果来看，该电站有可观的利润空间，且 IRR（资本金回报率 IRR 为 13%）和投资回收期测算结果都比较乐观。且当单位投资成本降至 7000 元/kW，资本金回报率 IRR 高达 24%。根据彭博新能源财经的相关研究，目前，印尼光伏发电项目的 LCOE 在 0.56～1.40 元/kWh 之间，与上网电价补贴相比，经济性十分可观，项目自有资金 IRR 在 14%～19%之间。届时，全球光伏产业的组件平均成本不断下降，据图 5－18，从 2006 年的 71.101 元/kWh 降低到 2016 年 5.285 元/kWh，并且未来还有进一步下降的空间。这意味着印尼光伏行业的发展成本会降低，政府的财政补贴负担也会减轻，更有利于印尼光伏等可再生能源的发展。作为一个终年阳光普照的热带国家，印尼未来可能会将太阳能列为该国最重要的替代能源，因此开发利用太阳能在印尼将有巨大的投资潜力。

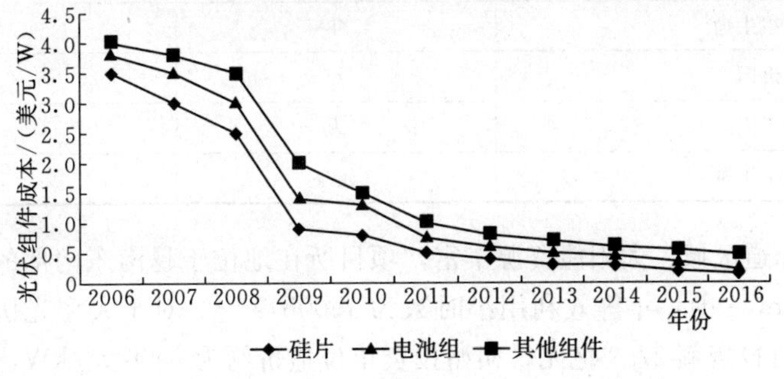

图 5－18　全球光伏组件成本下降趋势

5.2.5.2　越南可再生能源——光伏项目经济性分析

随着经济发展，越南电力基础设施升级跟不上飞速上升的用电需求，经济发达地区，“电荒”的情况仍然很严重。为鼓励光伏发电发展，缓解用电难题，越南政府在光伏发电项目上为国外企业设置了种种优惠政策。2017 年 4 月中旬，越南政府总理签发关于在越南发展太阳能发电项目鼓励机制的第 11/2017/NQ－ttg 号决定。越南政府将对构成太阳能项目固定资产的进口货物进行免税。太阳能发电项目、输变电项目所占土地可减免土地和水域的使用费、租赁费。同时，购电方有责任以 2086 越盾/kWh（约 0.59 元/kWh）的价格全额购买已联网的太阳能发电站所生产的全部电力。电力售价将根据越盾与美元汇率的变动而调整[51]。

2018 年 6 月 14 日，中国电建亚太区域总部与越南春桥公司和泰国 B. GRIMM 电力公司签署越南油汀 420MWdc 光伏电站 EPC 合同。该项目位于越南西南部高原的西宁省，总装机容量为 420MW，由越南当地的春桥公司与泰国投资人 B. GRIMM 电力公司共同开发，中国电建协助业主完成融资。

项目采用中国资金、中国总承包商、中国标准、中国设备，是越南及整个东南亚片区装机规模最大的光伏电站，也是“一带一路”战略布局中，中资企业在海外签约的最大的光伏项目 EPC 合同，是中国电建积极布局越南可再生能源市场的硕果，是配合越南国家政策，实施能源结构调整的重点项目，对带动越南国别乃至东南亚可再生能源市场发展具有里程碑意义。

现利用 LCOE 模型分析越南油汀 420MWdc 光伏电站项目安装使用的经济性，具体参数见表 5-6。

表 5-6 越南油汀光伏项目相关参数

公共参数	单位	设定值
装机容量	MW	420
发电投资成本	元/kW	6500
预期年利用小时	h/a	1500
系统效率[49]	%	80
单位土地面积	m^2/MW	14400
资本金比例	%	30
贷款期限	年	15
年利息率	%	3
机组生命	年	25
折旧	年	15
工人	人	5
职工工资	元/a	100000

越南位于亚赤道区域，太阳能资源丰富，项目所在地位于越南东南部的西宁省，太阳辐射量为 4.3kWh/(m^2·d)，年等效利用小时数为 1500h/a[49]。对于大型光伏电站，系统效率为 80%。整个项目投资额 27.3 亿元，初始投资单位造价约为 6500 元/kW，发电项目寿命 25 年。另外，为吸引国内外企业家前往西宁省投资，该省制定了一系列投资优惠政策，例如省辖市及各县区的土地租金每平方米最低为 1.1 元/a，各县所属乡镇租金最低为 0.2 元/a，本书取值 0.2 元/m^2[52]。综合表 5-6 参数，最终计算得出的 LCOE 为 0.4617 元/kWh。

在其他条件不变时，上网电价 0.415 元/kWh，利用小时为 1500h，电价补贴 0.189 元/kWh，预测不同单位投资成本的收益率和回收期以及投资成本为 6500 元/kW 时不同电价补贴情况下的收益率和回收期，结果如图 5-19 和图 5-20 所示。

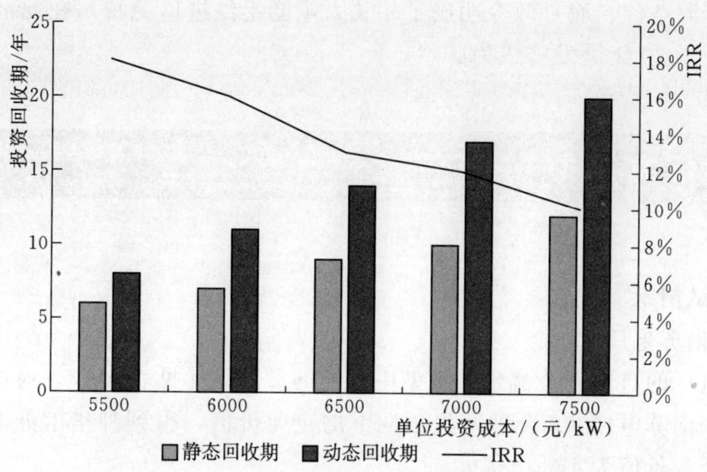

图 5-19　越南油汀光伏项目单位投资成本变动下收益率和回收期

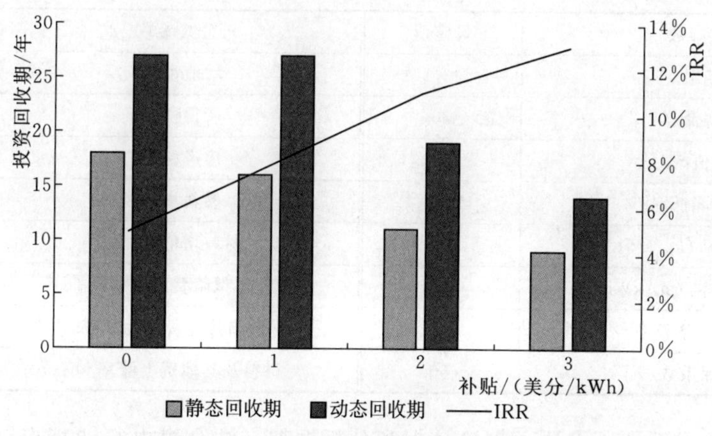

图 5-20　越南油汀光伏项目不同电价补贴下收益率和回收期

据实地调研了解到光伏项目现电价补贴标准为 0.189 元/kWh，从以上回收期及收益率的估算结果来看，越南油汀光伏项目即使单位投资成本上涨至 7000 元/kW 仍有一定的利润空间。与此同时分析不同电价补贴下的回收期及收益率，发现电价补贴降至 0.12 元/kWh 的情况下越南油汀项目回收率仍可达到 11%。但事实上，在 2010—2015 年，全球对消费电子产品和电动汽车的需求刺激了对电池技术的投资，从而降低了每个组件的单位成本，以及制造业和供应链管理的设计进步和效率提高，其他硬件如逆变器、容器和气候控制设备的成本变得更低。预计到 2020 年，中国晶体硅太阳能光伏组件价格将下降至 2.5 元/W 左右，2020 年之后到 2030 年，光伏组件的售出价格下降幅度可能低于组件成本下降幅度。尽管如此，由于光伏发电技术的发展，高效电池或其他新型电池的研发和普及，带来转换效率的提升和使用寿命的延长，将会导致太阳能光伏发电成本的进一步下降。届时，太阳能光伏组件的成本占电站总成本的比例也将显著下降。综合各种有利光伏电站价格下降的因素，地面光伏电站单位造价水平分析和未来预测，地面光伏电站单位造价水平在 2030 年前总体上呈下降趋势[53]。这一有利因素对于减轻政府财政负担更有利处。

越南光照资源丰富，发展太阳能优势明显，潜力巨大。越南有大力发展可再生能源的决心、目标与资源条件，而且政令明确了相关太阳能组件进口免税，在此情况下，越南光伏市场在 2018—2020 年爆发将成为必然。

5.3 环境压力测试

5.3.1 压力测试情景

5.3.1.1 神华南苏电厂

神华南苏电厂的自由现金流预测模型中涉及的参数设计见表 5-7。通过自由现金流折现模型计算神华南苏电厂 8%合理回报预期下的企业价值，得到神华南苏电厂 600MW 煤电机组的预期企业价值为 48.07 亿元。

表 5-7　　压力测试模型参数设定

公共参数	设定值	公共参数	设定值
贷款期限/年	13.5	增值税/%	10
运营寿命/年	30	所得税/%	10
资产残值率/%	5	房产税/%	1.2
发电煤耗降低率/%	0.10	水、燃料增值税/%	13
发电水耗率/(kg/kWh)	1.6	材料增值税/%	17
污染治理成本/(元/kWh)	0.006	保险费率/%	0.25
职工工资增长率	6	材料和其他费/(元/kWh)	0.02
福利劳保系数/%	60	材料及其他费上涨率/%	2

本书运用金融系统压力测试理论依据和分析框架，结合煤电行业特点，评估煤电企业在外部环境变化中的承受能力，量化潜在风险。环境风险的承压对象是指进行压力测试需关注的被测试的主体，即煤电企业；而承压指标则是指承压对象在某一方面的表现，即企业价值。压力测试的重点是环境风险引起的价格变动导致对企业价值的变动。环境压力测试流程图如图 5-21 所示。

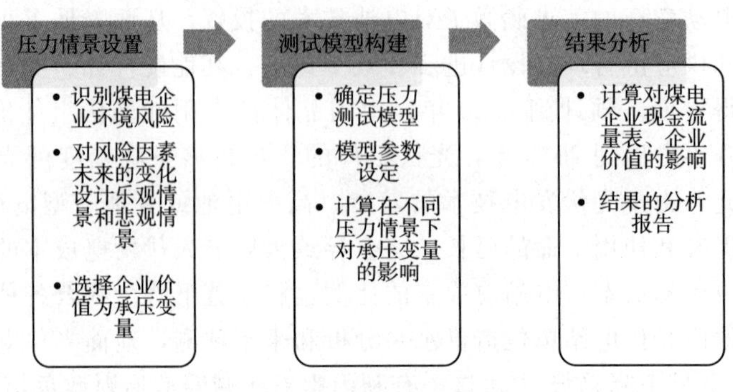

图 5-21　环境压力测试流程图

对煤电企业构成影响的关键风险因素见表5-8。

表5-8 煤电行业关键风险因素

风险因素	风险子因素	因素说明
物理风险	地区空气污染	空气污染严重区域将承担更大的财务风险
	水资源风险	高水资源压力区域会面临减少发电或停止营运风险
	可再生能源资源量	可再生能源资源丰富区域对于煤电的替代性更强
转型风险	碳捕获与封存	不适合CCS技术改造的煤电厂可能面临提前退役的风险
	能效水平	因能效水平未达标产生的损失，包括提前退役或投资改造成本
	环境保护税	造成空气污染而缴纳的税费
	电力市场化	过剩环境下，市场竞争加剧将降低电价
	全国碳市场	超出基准配额越多，购买配额的代价越高
	水资源税	因取用水而缴纳的税费
	产能过剩	产能过剩会导致机组利用率下降，进而影响收益
	可再生能源配额	完成可再生能源配额，会挤压煤电市场空间

对煤电企业环境风险因素进行分析，结合数据的可获得性。本书就煤价、利用小时数、汇率、碳税以及环保要求五项风险因素对神华南苏电厂的影响进行测试，来评估其面临不确定但可能发生的事件的承受能力。在确定风险因素量化的方法后，针对风险因素的未来变化设计两个情景，分别为乐观情景和悲观情景，具体见表5-9。

表5-9 压力测试情景设定

风险因素	乐观情景	悲观情景
煤价/(元/t)	65	80
利用小时数/(h/a)	6000	5200
汇率（美元：印尼盾）	1：13000	1：15000
碳税	碳价：10元/t	碳价：30元/t
	碳价增长率：10%	碳价增长率：18%
	碳市场有偿配额比例：10%	碳市场有偿配额比例：30%
环保要求	环保税 SO_2/NO_x：800元/t	环保税 SO_2/NO_x：1200元/t
	环保税烟尘：200元/t	环保税烟尘：250元/t
	脱硫脱硝除尘电价补贴：0.03元/kWh	脱硫脱硝除尘电价补贴：0元/kWh

5.3.1.2 越南永新电厂

越南永新电厂的自由现金流预测模型中涉及的参数设定见表5-10。通过自由现金流折现模型计算永新电厂8%合理回报预期下的企业价值，得到越南永新电厂2×620MW煤电机组的预期企业价值为235.48亿元。

本书运用金融系统压力测试理论依据和分析框架，结合煤电行业特点，评估煤电企业在外部环境变化中的承受能力，量化潜在风险。环境风险的承压对象是指进行压力测试需关注的被测试的主体，即煤电企业；而承压指标则是指承压对象在某一方面的表现，即企业价值。压力测试的重点是环境风险引起的价格变动导致对企业价值的变动。

表5-10 压力测试模型参数设定

公共参数	设定值	公共参数	设定值
贷款期限/年	15	增值税/%	5
运营寿命/年	25	所得税/%	10
资产残值率/%	5	房产税/%	1.2
发电煤耗降低率/%	0.10	水、燃料增值税/%	13
发电水耗率/(kg/kWh)	1.6	材料增值税/%	17
污染治理成本/(元/kWh)	0.006	保险费率/%	0.25
职工工资增长率	6	材料和其他费/(元/kWh)	0.02
福利劳保系数/%	60	材料及其他费上涨率/%	2

对煤电企业环境风险因素进行分析，结合数据的可获得性。本书就煤价、利用小时数、汇率、碳税以及环保要求五项风险因素对越南永新电厂的影响进行测试，来评估其面临不确定但可能发生的事件的承受能力。在确定风险因素量化的方法后，针对风险因素的未来变化设计两个情景，分别为乐观情景和悲观情景，具体见表5-11。

表5-11 压力测试情景设定

风险因素	乐观情景	悲观情景
煤价/(元/t)	450	520
利用小时数/(h/a)	6700	6200
汇率（美元：印尼盾）	1：22000	1：23500
碳税	碳价：10元/t	碳价：30元/t
	碳价增长率：10%	碳价增长率：15%
	碳市场有偿配额比例：10%	碳市场有偿配额比例：30%
环保要求	环保税 SO_2/NO_x：1000元/t	环保税 SO_2/NO_x：1200元/t
	环保税烟尘：200元/t	环保税烟尘：250元/t
	脱硫脱硝除尘电价补贴：0.03元/kWh	脱硫脱硝除尘电价补贴：0元/kWh

5.3.2 压力测试结果

5.3.2.1 神华南苏电厂

针对上文设置的乐观情景与悲观情景，通过企业价值与自由资金的内部收益率测试神华南苏电厂在这些关键变量突变的压力下的表现状况，得到结果如图5-22、图5-23所示。其中基准值情况即8%合理预期下的结果，考虑印尼当前的相关政策，暂不考虑碳税及环保要求对电厂收益的影响。

由图5-22、图5-23可知，煤价、利用小时数以及汇率三项因素对企业价值和内部收益率的影响比较直观。基准值情况下，内部收益率为14.69%，以基准值情况下的企业价值为标准来衡量变化值可以得到：降低煤价至65元/t，可以提高2.54%的企业价值，内部收益率达到15.38%；利用小时数增加至6000h/a，企业价值可以增加近8%，内部收

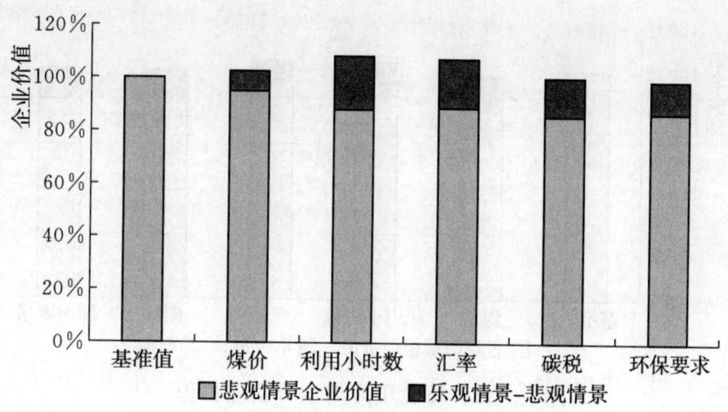

图 5-22 环境压力测试（企业价值）

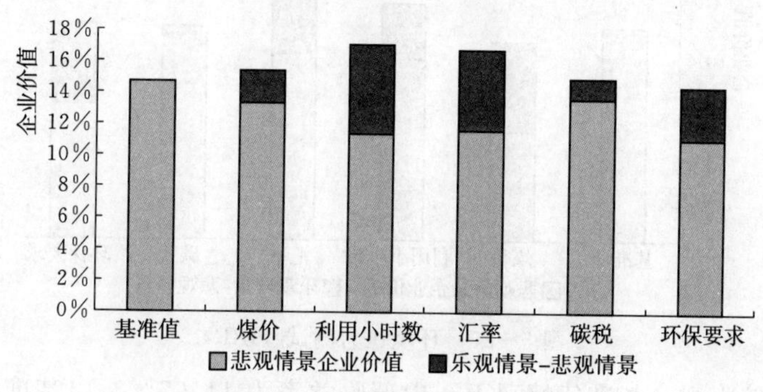

图 5-23 环境压力测试（IRR）

益率达到17.06%；设置美元对印尼盾的汇率为1∶13000，企业价值可以增加7.46%左右，内部收益率达到16.74%。其中，企业价值与内部收益率对利用小时数都比较敏感；汇率变化对企业价值的影响较小，但对内部收益率的影响很大。

对于碳税及环保要求，只要在现有的基础上进行考虑就会降低企业价值。乐观情景下，设置较低的碳价、碳市场有偿配额比例、环保税，较高的环保补贴，企业价值基本可以维持在基准线的水平内，不会有太大的浮动。悲观情景下，面对较高的碳价以及环保税，同时国家又没有补贴，可以看出企业价值会下降14%以上，内部收益率也只能达到13.64%和11.08%的水平，企业收益大幅下降。

从上述数据分析可以看出，对印尼电厂投资建设的过程中应该寻求低价煤、高利用小时数。碳税及环保要求方面，未来很可能成为投资的一大风险，如何在国家不给补贴的情况下又能达到环保要求，是我国在下一步的投资中必须要考虑的问题，否则将会造成企业收益的大幅下跌。

5.3.2.2 越南永新电厂

针对上小节设置的乐观情景与悲观情景，通过企业价值与自由资金的内部收益率测试越南永新电厂在这些关键变量突变的压力下的表现状况，得到结果如图5-24、图5-25所示的结果。其中基准值情况即8%合理预期下的结果，考虑越南当前的相关政策，暂不考虑碳税及环保要求对电厂收益的影响。

由图5-24、图5-25可知，煤价、利用小时数以及汇率三项因素对企业价值和内部

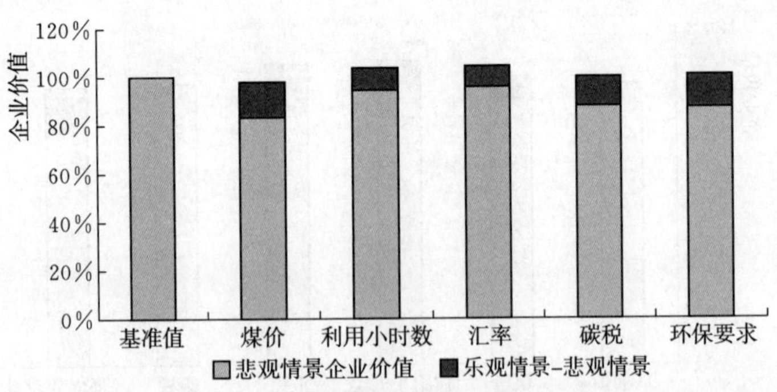

图 5-24 环境压力测试（企业价值）

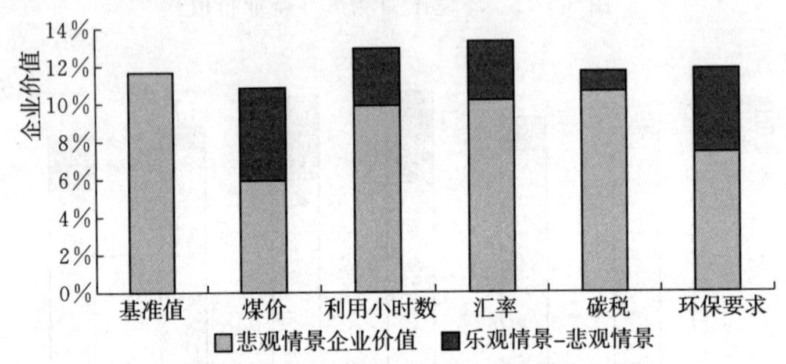

图 5-25 环境压力测试（IRR）

收益率的影响比较直观。基准值情况下，内部收益率为 11.67%，以基准值情况下的企业价值为标准来衡量变化值可以得到：小幅提高煤价至 450 元/t，企业价值仅降低 2.1%，内部收益率达到 10.85%；利用小时数增加至 6700h/a，企业价值可以增加近 3.73%，内部收益率达到 12.93%；设置美元对越南盾的汇率为 1∶23500，企业价值可以增加 4.3%，内部收益率达到 13.29%。其中，相比企业价值，内部收益率对煤价、利用小时数和汇率要更为敏感一些。

对于碳税及环保要求，乐观情景下，设置较低的碳价、碳市场有偿配额比例、环保税，较高的环保补贴，企业价值基本可以维持在基准线的水平内，不会有太大的浮动。悲观情景下，面对较高的碳价以及环保税，同时国家又没有补贴，可以看出企业价值会下降 12%以上，内部收益率也只能达到 10.61%和 7.38%的水平，企业的盈利状态不佳。

从上述数据分析可以看出，在越南进行煤电投资建设的过程中应该寻求低价煤、提高电厂的利用小时数。碳税及环保要求则会成为煤电项目的长期风险因素，如何在国家不给补贴的情况下又能达到环保要求，是我国在下一步的投资中必须要考虑的问题，否则将会造成企业的投资亏损。这与印尼神华南苏电厂面临的问题相似，说明在进行海外煤电投资过程中要特别注意环境因素对投资项目的长期影响。

第 6 章

中国电力发展经验

6.1 煤电清洁高效发展

中国作为全球最主要的煤电国家，煤电在当前电力安全稳定供应、应急调峰、集中供热、平衡电价中发挥着基础性作用。如图 6-1 所示，从 1956 年第一台国产 6000kW 燃煤发电机组投运开始，经过数十年努力，中国已实现从低效到高效、从高污染物排放到低污染物排放、从依靠进口到全面国产化的大跨越。2017 年，中国电力企业联合会发布了

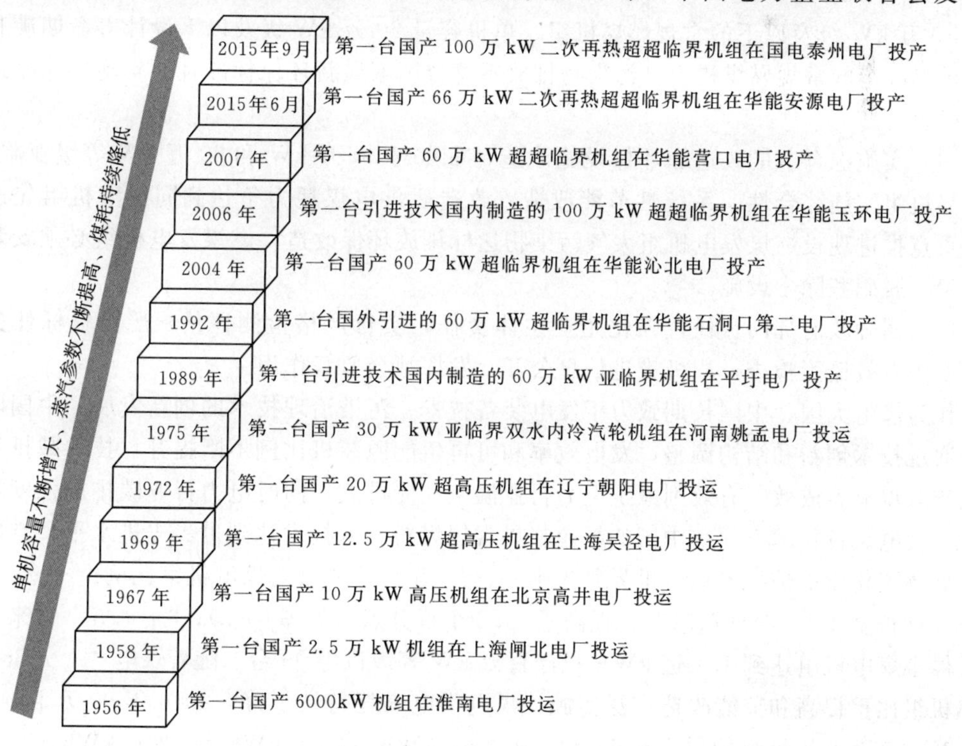

图 6-1　中国标志性燃煤发电机组投产情况

《中国煤电清洁发展报告》，报告指出，煤电清洁发展的主要内涵包括：提高煤电发电效率，减少碳排放强度；控制煤电大气污染、水污染，减少烟尘、二氧化硫、氮氧化物及废水的排放；推进清洁生产，提高固废综合利用率的措施和成效。经过多年的不断努力和发展，中国燃煤发电技术和污染物排放绩效已经达到世界先进水平，部分领域达到世界领先水平，燃煤电厂污染物实现了严格管控，环保设施形成了全覆盖。

2014年，中国发布了《煤电节能减排升级与改造行动计划（2014—2020年）》，加快推动能源生产和消费革命，进一步提升煤电高效清洁发展水平，全国新建燃煤发电机组平均供电煤耗低于300gce/kWh。相关措施及规定如下：

（1）严格能效准入门槛，新建燃煤发电项目原则上采用60万kW及以上超超临界机组，100万kW级湿冷、空冷机组设计供电煤耗分别不高于282g/kWh、299g/kWh，60万kW级湿冷、空冷机组分别不高于285g/kWh、302g/kWh；对循环流化床低热值煤发电机组，30万kW级湿冷、空冷机组设计供电煤耗分别不高于310g/kWh、327g/kWh；60万kW级湿冷、空冷机组分别不高于303g/kWh、320g/kWh。

（2）严控大气污染物排放，严格按照能效、环保准入标准布局新建燃煤发电项目，新建燃煤发电机组应同步建设先进高效脱硫、脱硝和除尘设施，不得设置烟气旁路通道，东部地区新建燃煤发电机组烟尘、二氧化硫、氮氧化物排放浓度分别不高于10mg/m^3、35mg/m^3、50mg/m^3（超低排放标准）。

（3）深入淘汰落后产能，提高煤电整体发电效率，加快淘汰以下机组：单机容量5万kW及以下的常规小机组；以发电为主的燃油锅炉及发电机组；大电网覆盖范围内，单机容量10万kW级及以下的常规燃煤机组、单机容量20万kW级及以下设计寿命期满和不实施供热改造的常规燃煤机组；污染物排放不符合国家最新环保标准且不实施环保改造的燃煤机组。

（4）实施综合节能改造和环保设施改造，重点对30万kW和60万kW等级亚临界、超临界机组实施综合性、系统性节能改造，改造后供电煤耗力争达到同类型机组先进水平，重点推进现役燃煤发电机组大气污染物达标排放环保改造，燃煤发电机组必须安装高效脱硫、脱硝和除尘设施。

（5）明确政府部门责任，强化企业主体责任，实行严格检测评估，严格目标任务考核，实施有效监管检查，积极推进信息公开，发挥社会监督作用。

作为煤电大国，中国长期致力于发电装备技术、污染治理技术的创新发展。中国电力行业通过技术创新和结构调整，发电效率和可再生能源装机比例不断提升，技术减排和结构减排取得显著成效，有效削减了电力行业温室气体排放，同时电力行业碳排放强度持续下降。发电装备技术方面：中国的超超临界常规煤粉发电技术达到世界先进水平，空冷技术、循环流化床锅炉技术达到世界领先水平；30万kW及以上煤电机组比例由1995年的27.8%增长至2016年的79.1%，提高了51.3个百分点（见图6-2）；“十一五”以来，累计关停小煤电机组达到1.1亿kW，投产百万kW等级机组96台。随着煤电“上大压小”、供热机组比重提高和节能改造广泛实施，煤电供电煤耗持续下降，2016年60万kW、30万kW、20万kW机组的供电煤耗分别为306g/kWh、308g/kWh和320g/kWh，二氧化碳排放强度降为822g/kWh。

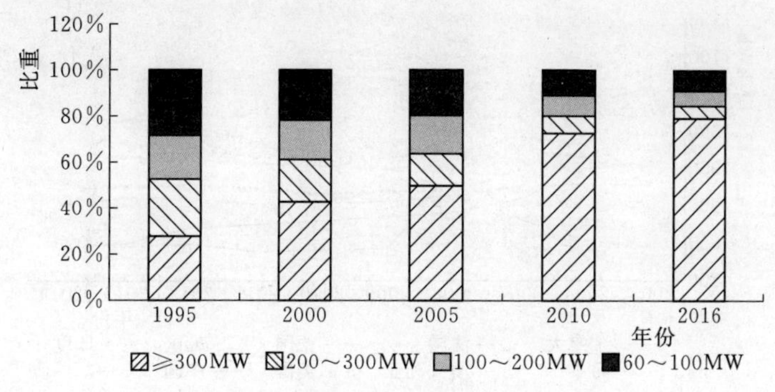

图 6-2 中国不同等级煤电机组容量比重

污染治理技术方面：中国燃煤电厂燃煤煤质复杂，平均发热量与挥发分偏低，硫分和灰分偏高，二氧化硫、烟尘和氮氧化物的原始生成浓度较高，且大多为环保技术改造项目，通过自主研发和引进消化吸收再创新，燃煤电厂大气污染物治理技术总体达到世界先进水平，部分领域达到世界领先水平。中国燃煤电厂实现了全过程（从设计、施工、投运到关停）、全方位（供电煤耗、排放浓度、总量控制、监管、统计等）、全要素（气、水、声、渣等）的清洁化发展。烟尘排放绩效由 1979 年的 25.9g/kWh 下降到 2016 年的 0.08g/kWh，下降 99.7%；2005—2016 年，累计新增脱硫设施 8.3 亿 kW，加上具有脱硫作用的循环流化床锅炉，脱硫机组占比接近 100%，脱硫效率大于 97%，部分达 99%以上，二氧化硫排放绩效由 1980 年的 10.11g/kWh 降至 2016 年的 0.39g/kWh，下降 96.1%；2011—2016 年累计新增脱硝机组 8.2 亿 kW，氮氧化物排放绩效由 2005 年的 3.62g/kWh 下降到 2016 年的 0.36g/kWh。在节能环保法律法规的约束下，在国家节能减排政策的引导和支持下，在先进燃煤发电技术、污染治理技术的支撑下，中国燃煤电厂清洁发展成效巨大。“十二五”期间，电力行业二氧化硫、氮氧化物分别减排 726 万 t、770 万 t，为全国实现减排目标做出了巨大贡献。图 6-3 为 2000—2016 年中国煤电发电量与电力大气污染物排放情况，图 6-4 为部分国家煤电碳强度情况。

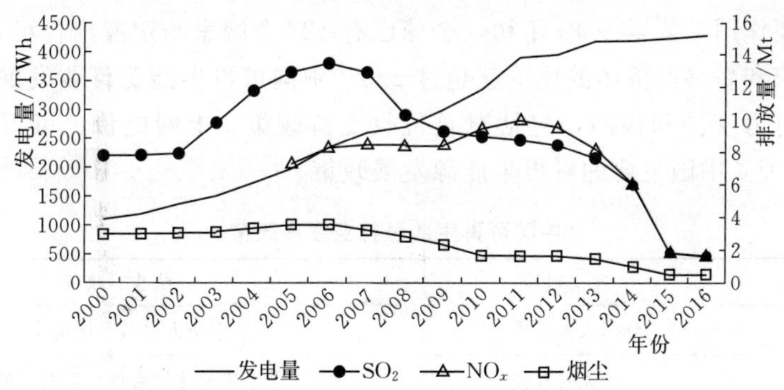

图 6-3 2000—2016 年中国煤电发电量与电力大气污染物排放情况

煤电是保障中国电力供应的基础性电源。中国煤电行业的装机结构不断优化，技术装备水平大幅提升，节能减排改造效果显著，为经济社会发展做出了重要贡献。随着能源转型和电力清洁化进程不断推进，需要慎重考虑煤电发展路径问题，尤其是在经济发展领

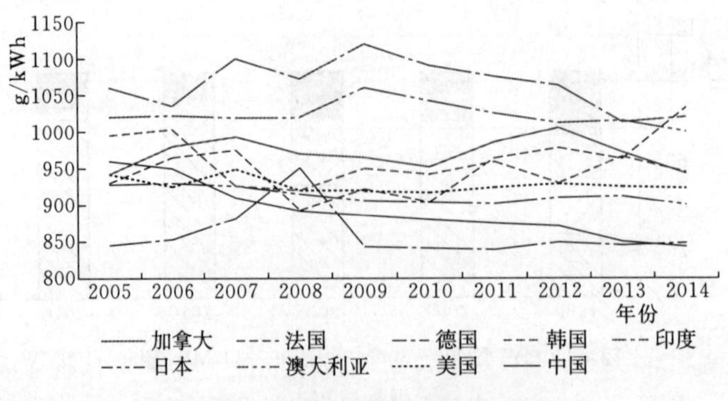

图 6-4 部分国家煤电碳强度情况

先、基础设施完善和社会环保要求较高的地区，例如中国的京津冀、长三角和珠三角地区，印尼的爪哇—巴厘岛地区等。2017 年 8 月，中国发改委、国家能源局印发《关于推进供给侧结构性改革 防范化解煤电产能过剩风险的意见》的通知，规定：燃煤自备电厂要纳入国家电力建设规划，不得以任何理由在国家规划之外审批燃煤自备电厂，京津冀、长三角、珠三角等区域禁止新建燃煤自备电厂。燃煤自备电厂要严格执行国家节能和环保排放标准，公平承担社会责任，履行相应的调峰义务。同样的，印尼经济发达的爪哇—巴厘岛地区电力供应能力充足，备用容量已达到较高水平，作为国际知名的旅游胜地，未来的电力发展路径应由新建煤电项目转向煤电清洁高效改造和可再生能源齐头并进的转型之路，以减少未来低碳发展的转型成本。

6.2 可再生能源产业与发展

可再生能源作为全球能源体系的重要组成部分，除降低温室气体排放外，为各国社会、政治、经济的发展提供重要驱动力，对保障世界各国能源安全、改善环境、增加各国就业发挥了重要作用。截至 2013 年初，全球已有 127 个国家制定或出台可再生能源政策，其中发展中国家和新兴经济体的比重就超过 2/3。中国可再生能源行业发展迅速主要得益于相关政策的有力支持和保障，包括财政税收支持政策、上网电价、可再生能源配额制等，表 6-1 梳理了中国主要的可再生能源发展政策。

表 6-1　　中国可再生能源行业发展政策

实施时间/(年．月．日)	发文机构	法律、政策
1996.4.1	全国人大常委会	中华人民共和国电力法
2005.7.4	国家发改委	关于风电建设管理有关要求的通知
2005.11.29	国家发改委	可再生能源产业发展指导目录
2006.1.1	国家发改委	可再生能源发电价格和费用分摊管理试行办法
2006.1.1	全国人大常委会	中华人民共和国可再生能源法
2006.12.13	国家发改委、财政部	促进风电产业发展实施意见

续表

实施时间/(年.月.日)	发文机构	法律、政策
2007.1.11	国家发改委	可再生能源电价附加收入调配暂行办法
2008.3.3	国家发改委	可再生能源发展"十一五"规划
2013.8.6	国务院	能源发展"十二五"规划
2015.3.20	国家发改委、国家能源局	关于改善电力运行、调节促进清洁能源多发满发的指导意见
2015.5.15	国家能源局	关于进一步完善风电年度开发方案管理工作的通知

目前，中国已经成为全球规模最大、增长最快的风力发电市场，按照截至2015年12月31日的风电累计装机容量计算，全球前五大风电市场依次为中国、美国、德国、印度和西班牙。中国的风力发电始于20世纪50年代后期，初期主要是为了解决海岛和偏远农村牧区的用电问题，重点在于离网小型风电机组的建设。70年代末，中国开始进行并网风电的示范研究，并引进国外风机建设示范风电场，1986年，中国第一座风电场——马兰风力发电场在山东荣成并网发电，成为了我国风电史上的里程碑。在此之后，中国风电才真正进入其发展阶段。

(1) 1986—1993年：早期示范阶段。此阶段主要是利用国外赠款及贷款，建设小型示范风电场，政府的扶持主要在资金方面，如投资风电场项目及支持风电机组研制。中国主要利用丹麦、德国、西班牙政府贷款，进行一些小项目的示范。欧洲风电大国利用本国贷款和赠款的条件，将他们的风机在中国市场进行试验运行，积累了大量的经验。

(2) 1994—2003年：产业化探索阶段。此阶段首次探索建立了强制性收购、还本付息电价和成本分摊制度，由于投资者利益得到保障，贷款建设风电场开始发展。在第一阶段取得的成果基础上，中国各级政府相继出台了各种优惠的鼓励政策。

(3) 2003—2007年：产业化发展阶段。此阶段主要是通过实施风电特许权招标项目确定风电场投资商、开发商和上网电价，通过施行《可再生能源法》及其细则，建立了稳定的费用分摊制度，从而迅速提高了风电开发规模和本土设备制造能力。国家发展和改革委员会通过风电特许权经营，下放5万kW以下风电项目审批权，要求国内风电项目国产化比例不小于70%等优惠政策，扶持和鼓励国内风电制造业的发展，使国内风电市场进入到一个高速发展的阶段。2006年中国新增装机容量134.7万kW，比2005年增加70%。自从2006年1月1日开始实施可再生能源法后，中国市场稳步发展。

(4) 2008至今：大规模发展阶段。在特许权招标的基础上，颁布了陆地风电上网标杆电价政策；在风能资源初步详查基础上，提出建设八个千万千瓦风电基地，启动建设海上风电示范项目。根据规模化发展需要，修订了《可再生能源法》，要求制定实施可再生能源发电全额保障性收购制度，以应对大规模风电上网和市场消纳的挑战。

2014年12月，国务院办公厅印发了《能源发展战略行动计划（2014—2020年）》，要求风电、光伏电价2020年实现平价上网的目标要求，合理引导可再生能源投资，促进光伏发电和风力发电产业健康有序发展。到2020年，非化石能源占一次能源消费比重达到15%，力争常规水电装机容量达到3.5亿kW左右，风电装机容量达到2亿kW，风电与煤电上网电价相当，光伏装机容量达到1亿kW左右，光伏发电与电网销售电价相当，地热能利用规模达到5000万t煤炭。

为贯彻落实《中共中央国务院关于进一步深化电力体制改革的若干意见》(中发〔2015〕9号)有关要求，国家发改委于2015年11月发布了六个配套文件，其中，《关于有序放开发用电计划的实施意见》提出了优先发电顺序的要求。《意见》提出在发电侧建立优先发电制度，保障以下电量的优先出售。一是纳入规划风能、太阳能、生物质能等可再生能源；二是调峰调频电量；三是热电联产；四是跨省跨区的国家计划、地方政府协议送电量；五是水电、核电、余热余压余气、超低排放燃煤机组优先发电。除去这部分优先的发用电计划，剩余部分可以逐步由市场来进行配置。

2016年2月，国家能源局发布《关于做好“三北”地区可再生能源消纳工作的通知》(本小节简称《通知》)，旨在促进华北、东北、西北地区风电、光伏发电等可再生能源消纳，充分挖掘可再生能源富集地区电能消纳潜力和电力系统辅助服务潜力，着力解决弃风、弃光问题，促进可再生能源与其他能源协调发展。《通知》提出要做好可再生能源发电直接交易工作。推动可再生能源就近消纳，鼓励可再生能源发电企业作为市场主体积极参与市场直接交易并逐步扩大交易范围和规模，鼓励超出可再生能源保障性利用小时数的发电量参与市场交易。鼓励可再生能源发电企业通过技术进步降低成本，提高市场竞争力。此外，通知还明确，针对“三北”地区电力系统灵活性不够的现状，以及风电和光伏发电随机性、波动性、间歇性的特点，提高辅助服务补偿力度，完善推广电力调峰市场机制，通过深化辅助服务补偿机制挖掘当地电力系统调峰潜力。

2016年3月，国家能源局发布《2016年能源工作指导意见》(以下简称《意见》)，《意见》明确指出2016年非化石能源消费比重提高到13%左右。积极发展水电，加快推进西南水电基地重大项目建设；稳步发展风电，推动“三北”地区风电健康发展，鼓励东中部和南部地区风电加快发展，研究解决制约海上风电发展的技术瓶颈和体制障碍，促进海上风电健康持续发展；大力发展太阳能，扩大光伏发电“领跑者”基地建设规模，继续推进太阳能热发电示范项目建设；积极开发利用生物质能、地热能等可再生能源。同时，建设配套调峰电站，提高电网接入消纳能力。开展风电供暖、制氢等示范工程建设。探索风电、光伏就地消纳利用商业新模式。统筹解决弃风、弃光、弃水等行业发展突出问题。

2016年3月，国家发改委印发《可再生能源发电全额保障性收购管理办法》(以下简称《办法》)，旨在加强可再生能源发电全额保障性收购管理，保障非化石能源消费比重目标的实现，推动能源生产和消费革命。根据该《办法》，可再生能源并网发电项目年发电量分为保障性收购电量部分和市场交易电量部分。保障性收购电量部分通过优先安排年度发电计划、与电网公司签订优先发电合同(实物合同或差价合同)保障全额按标杆上网电价收购；市场交易电量部分由可再生能源发电企业通过参与市场竞争方式获得发电合同，电网企业按照优先调度原则执行发电合同。《办法》提出，电网企业应按照节能低碳电力调度原则，依据有关部门制定的市场规则，优先执行可再生能源发电计划和可再生能源电力交易合同，保障风能、太阳能、生物质能等可再生能源发电享有最高优先调度等级，不得要求可再生能源项目向优先级较低的发电项目支付费用的方式实现优先发电。

2016年5月，国家发改委与国家能源局联合发布《关于做好风电、光伏发电全额保障性收购管理工作的通知》(本小节简称《通知》)，旨在做好可再生能源发电全额保障性收购工作，保障风电、光伏发电的持续健康发展。《通知》指出，根据《可再生能源发电全额保障性收购管理办法》（发改能源〔2016〕625号），综合考虑电力系统消纳能力，按照各类标杆电价覆盖区域，参考准许成本加合理收益，现核定了部分存在弃风、弃光问题地区规划内的风电、光伏发电最低保障收购年利用小时数。最低保障收购年利用小时数将根据可再生能源并网运行、成本变化等情况适时调整。《通知》是对今年3月24日印发的《可再生能源发电全额保障性收购管理办法》的细化与落实，为解决弃风弃光问题提供了现实有效的解决途径。

2016年7月，国家能源局发布《关于建立监测预警机制促进风电产业持续健康发展的通知》，旨在引导风电企业理性投资，促进风电产业持续健康发展。长期来看，预警机制将引导风电市场保持相对稳定且健康的发展，并在一定程度上缓和弃风限电现象。但是，鉴于当前不成熟的电力市场及落后的电源结构，部分政策可能难以得到有效的落实。

根据《可再生能源法》要求，结合行业发展需要三次调整了可再生能源电价附加征收标准，扩大了支持可再生能源发展的资金规模，完善了资金征收和发放管理流程。在政策支持、市场竞争和技术进步等多种因素的促进作用下，中国可再生能源迅猛发展，2015年底，水电、风电、光伏和生物质发电装机容量分别达到31954万kW、12900万kW、4318万kW和1030万kW，成为全球可再生能源装机容量最多的国家，图6-5是中国风电与光伏发电装机情况。在单位造价方面，风电整机单位价格从2006年的7000元/kW降到了2015年的3300元/kW，光伏组件的单位价格在2001年时为43000元/kW，而到2010年时已降到11000元/kW，2015年约为4000～6000元/kW。2017年光伏发电标杆上网电价：Ⅰ类资源区0.65元/kWh，Ⅱ类资源区0.75元/kWh，Ⅲ类资源区0.85元/kWh；2018年风电发电标杆上网电价：Ⅰ类资源区0.4元/kWh，Ⅱ类资源区0.45元/kWh，Ⅲ类资源区0.49元/kWh，Ⅳ类资源区0.57元/kWh。

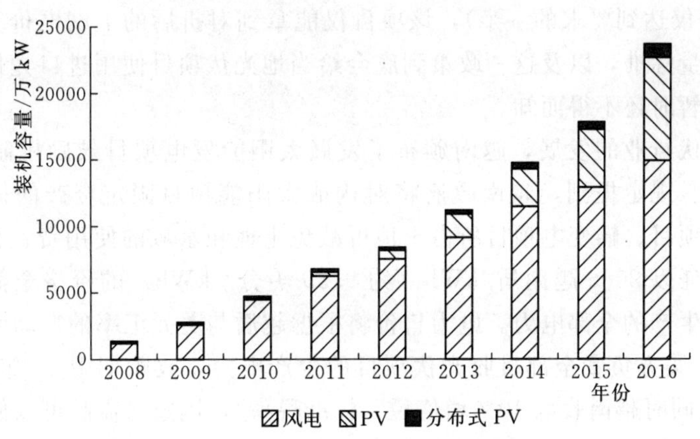

图6-5 中国风电与光伏发电装机

中国非常重视可再生能源的发展，逐步完善可再生能源产业体系建设，坚持将科技创新驱动作为促进可再生能源产业持续健康发展的基本动力，不断提高可再生能源利用效率，提升可再生能源使用品质，降低可再生能源项目建设和运行成本，增强可再生能源的技术经济综合竞争力。相关措施及规定如下：①加强可再生能源资源勘查工作，推动可再生能源技术创新；②建立可再生能源质量监督管理体系，完善可再生能源标准检测认证体系，提高可再生能源运行管理和信息化管理的技术水平；③建立可再生能源开发利用目标导向的管理体系；④贯彻落实可再生能源发电全额保障性收购制度；⑤建立可再生能源绿色证书交易机制。

印尼可再生能源资源丰富，尚未得到充分利用。可再生能源技术潜力约为716GW，2015年底可再生装机仅8.75GW，开发程度为1.2%，到2030年规划新增装机14.55GW，届时开发程度也仅为3.2%，如图6-6所示。此外，印尼不同地区可再生能源发展情况与当地经济水平直接相关，爪哇—巴厘岛地区有着全国最完善的电力基础设施，对于可再生能源电价承受能力也较强。印尼可再生能源开发受限的原因主要在于：①丰富的地热资源大多分布在深山丛林等尚未开发地带，并且远离负荷中心，资源探索和应用成本高；②风电、光伏等电源发电成本较化石能源缺乏竞争力，政府财政补贴压力大，投资吸引力不够；③政府电力规划没有强有力的可再生能源目标和执行能力。

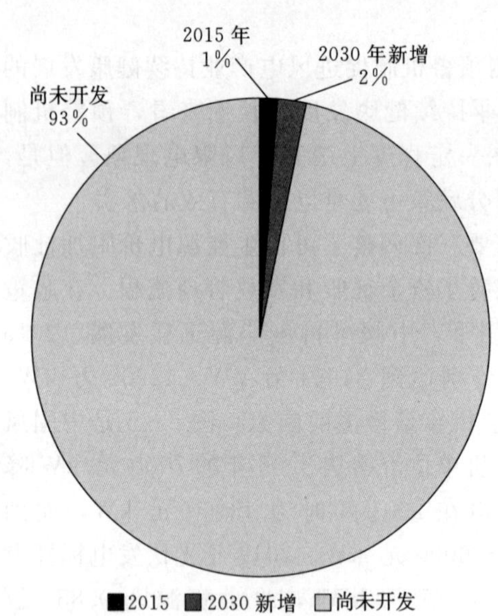

图6-6 印尼可再生能源资源潜力与开发情况

按照政策要求，印尼的光伏项目必须至少达到43.85%的最低当地成分要求才有资格拿到补贴。未能达标的光伏项目只能拿到低很多的上网电价。举个例子，如果一个项目的当地成分仅为22%（即仅达到要求的一半），该项目仅能拿到对折后的上网电价。不过，当地成分要求的具体衡量标准，以及这一政策到底会给当地光伏项目使用进口光伏组件和逆变器带来哪些影响，暂时还不得而知。

为了促进光伏行业的发展，越南颁布了发展太阳能发电项目鼓励机制的第11/2017/NQ-ttg号决定。规定提到，越南政府将对构成太阳能项目固定资产的进口货物进行免税。太阳能发电项目、输变电项目所占土地可减免土地和水域的使用费、租赁费。同时规定，购电方有责任以2086越南盾/kWh（约9.35美分/kWh）的价格全额购买已联网的太阳能发电站所生产的全部电力。电力售价将根据越盾与美元汇率的变动而调整。从2019年6月30日起，买方负责全部接收光伏项目的生产电力，收购期限20年。企业所得税，一般税率20%，同时越南收取10%增值税（标准税率），国家必需品可以使用5%增值税，企业需承担社保福利为22%。

越南颁布的光伏产业新政，强有力地促进了光伏行业的发展，项目投资收益得到保障。但光伏发展规划目标并不高，原本的政府规划情景中2030年光伏装机目标1200万kW，而本书设定的常规煤电情景和高比例可再生情景分别为1800万kW和2800万kW，远远高于政府规划目标，如图6-7所示。这是考虑到光伏成本进一步下降和越南NDC减排目标的实现，可再生能源必然要大规模发展。越南应把握住全球可再生能源发展的新机遇，依托现有可再生能源（光伏）产业园区优势，加快实现可再生能源本地化发展，激励手段从政策性的“价值型工具”逐步过渡到“绿色证书交易机制”，降低产业发展成本。

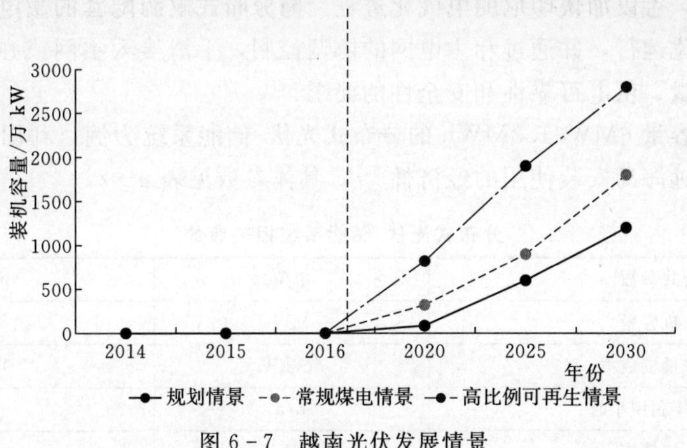

图 6-7 越南光伏发展情景

6.3 印尼边远地区的电力普遍服务

印尼很多偏远的海岛没有电网覆盖，主要依靠小柴油机或移动燃油电站发电，发电成本很高（约 20 美分/kWh），是分布式可再生能源、微电网的理想试点。目前，技术较为成熟且适用于印尼可再生资源条件的分布式能源系统是“分布式光伏＋储能＋微电网”的形式。光伏＋储能系统大多采用“自发自用，余电上网”的并网模式，当然也有离网模式，如图 6-8 所示。举例来说，5kW 容量的分布式光伏一天可发电 20kWh，其中 10kWh 供给用户使用，6kWh 用于上网，4kWh 存入蓄电池，当用户需要的时候将这 4kWh 的电释放出来供用户使用，那么自发自用的比例就变成了（4＋10)/20＝70%。分布式光伏储

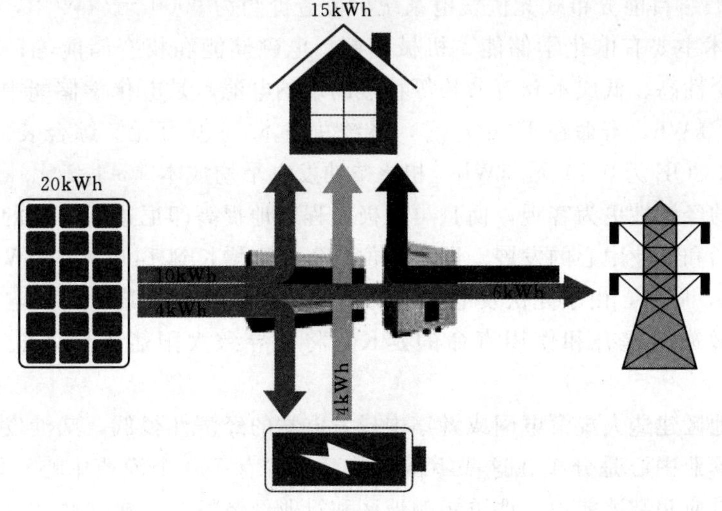

图 6-8 分布式光伏储能系统

能系统的优势非常明显，包括：①可实现零碳排，且没有附加成本；②可以实现夜间的持续供电，增加可用发电时间内的产出；③减少配电网压力，推迟或减少基础设施投资；④宏观层面来看，可以加快印尼的电气化进程。与分布式电源配套的微电网能实现内部电源和负荷的一体化运行，并通过和主电网的协调控制，平滑接入主网或独立运行，充分满足用户对电能质量、供电可靠性和安全性的要求[54]。

以 1 台装机容量 6MW/1.2MWh 的分布式光伏-储能系统为例，利用 LCOE 模型分析该系统在印尼偏远海岛安装使用的经济性[55]，具体参数见表 6-2。

表 6-2　　分布式光伏-储能系统相关参数

公共参数	单位	设定值
装机容量	MW	6
发电投资成本	元/kW	9894.75
预期年利用小时	h/a	1600
系统效率	%	75
单位土地面积	m^2/MW	10000[56]
资本金比例	%	30
贷款期限	a	15
年利息率	%	3
机组生命	a	25
折旧	a	15
工人	人	2
职工工资	元/a	100000

印尼地处东南亚地区，地理位置处于热带地区，非常接近赤道，太阳能辐射资源平均约为 4.8kWh/(m^2·d)[57]，折算得年等效利用小时数为 1600h/a[49]。对于分布式光伏，系统效率大约 75%。目前分布式光伏发电系统单位造价约为 9000 元/kW[58]，发电项目寿命 25 年；储能技术主要有电化学储能、机械储能、电磁储能和相变储能等；本书选择了具有无污染、安全性高、低成本和寿命长等特点的水钠电池，是电化学储能中的一类，市场价格是 2000 元/kWh，寿命在 15 年左右，系统总成本 5640 万元。综合表 6-2 参数，最终计算得出的 LCOE 为 0.71 元/kWh，相比柴油发电平均成本 1～1.2 元/kWh，“分布式光伏＋储能”的经济性更为客观，而且可以极大程度地提高印尼边远岛屿的供电质量，保障当地居民生活和渔业中心的发展。即使单位投资成本增长到 14400 元/kW 时，LCOE 才达到 1 元/kWh，届时，由于光伏发电技术的发展，高效电池或其他新型电池的研发和普及，带来转换效率的提升和使用寿命的延长，将会导致太阳能光伏发电成本的进一步下降。

印尼偏远地区建造大规模电网或者集中式发电站的经济性很低，柴油发电机供电成本很高，但很多渔业中心是分布在这些零散岛屿，至少有 700 个渔业中心（fishing center）由于缺乏电力供应和制冰能力，严重影响地区和行业经济发展。在这些地区建造分布式光伏储能系统，接近负荷中心，运行方式灵活，可接入配电网，也可不联网，而且系统安全性和可靠性高，发生大的停电事故几率小，能源综合利用率可达60%～90%。微电网可以为边远地区实现低成本供电，整合可再生能源发电，降低传统化石燃料消耗。

中国《可再生能源发展“十三五”规划》指出，在偏远、海岛或电网薄弱地区建立风、光、水为主，储能、天然气、柴油备用的独立型微电网。中国目前正在开展的“光伏扶贫”项目对印尼边远地区的供电服务有很好的借鉴意义。“光伏扶贫”是2015年中国国务院确定实施的“十大精准扶贫工程”之一，旨在充分利用贫困地区太阳能资源丰富的优势，通过“自发自用、多余上网”方式，实现扶贫开发和可再生能源利用、节能减排的三重目的。国家和地方分别出台了政策予以支持，例如，国家要求保障200万建档立卡无劳动力贫困户每年每户增收3000元以上；河北省、黑龙江省等保障受益贫困户每户每年增收3000元以上，持续获益20年；湖南等省份按10万元/村的标准补助到项目村等。光伏扶贫是一种精准扶贫的方式，投入少、回报稳定、可持续，不但可以帮助贫困边远地区解决供电问题，还能提高当地居民收入、保障经济和光伏产业发展。实施方式可以总结为四类：①结合危房改造，异地搬迁等，直接在屋顶建设时安装设备；②在贫困村，建立小规模集中电站（20MW以下）；③与现代农业设施结合，如观光农业、光伏农业大棚等；④在贫困地区建设大型地面光伏电站。投资模式方面，较为成功的有三种：①扶贫资金+农户银行贷款，政府出资70%，政府担保、农户从信用社贷款30%；②扶贫资金+企业垫付，政府出资80%，企业垫付20%，后期居民以发电收益分期偿还；③扶贫资金+地方财政配套，居民无负担。截至2017年底，累计完成国家光伏扶贫项目接网总容量954.2万kW，惠及155.1万贫困户。

松巴岛是印尼的一个边远小岛，是通过发展可再生能源来提供电力服务的典范。在MEMR的支持下，2010年Hivos公司提出了实现松巴岛100%可再生能源的发展计划，当地政府也签署了这份协议。2012年11月，亚洲开发银行加入该项目，推动了这一目标的实现。2013年2月，MEMR承担了实现松巴岛可再生能源目标的责任。Hivos和Winrock研究发现，松巴岛有巨大的可再生能源潜力，包括水电、太阳能、风能和沼气（来自动物粪便），见表6-3。到2016年，松巴岛可再生能源投资总额已达97亿美元，完成27个电力项目，可再生能源总装机容量为6.76MW；岛上55%的电力是来自于可再生能源，为岛上4158户居民提供电力服务，电气化率从2011年的24.5%提高到2015年的42.67%。

表6-3　　松巴岛可再生能源潜力

能源类型	装机容量	开发潜力
水电	3.421MW	7.1MW
风电	50kW	10MW
光伏	集中式：9.119kWp，分布式：439kWp	—
沼气	4.92kW	—
生物质	3MW	10MW

松巴岛可再生能源项目基于政府、私营部门、银行、非政府组织和社区的多参与者模式，资金来源包括国家收入和支出预算、私人投资、海外赠款和社区捐款等联合筹资方

式。该项目的可持续性，不仅需要政府支持，还需要来自私营部门和社区的积极参与。2017 年 3 月 1 日，荷兰政府提供了近 170 万美元的赠款，为期 18 个月（到 2018 年 9 月），为松巴岛的学校和家庭开发太阳能电池板系统，安装的太阳能电池板可用于玉米加工。松巴岛电力供应能力提高，使得当地居民的生活和医疗条件有了明显改善，例如，分娩中死亡的母亲和婴儿数量的减少，学生使用电灯学习，整体教育水平提高，女性可以在晚上做手工、参与其他创业活动等。松巴岛的可再生能源发展项目是一个很好的典范，通过它可以促进社会和文化对可再生能源的理解，并利用社区资本来投资可再生能源。可再生能源项目将更加可持续，当社区和居民积极参与其中，私营部门的投资者承担的风险也会降低。

第7章

结论和主要建议

7.1 结论

7.1.1 印尼

印尼各类资源丰富，经济发展水平达到中等偏上收入国家的标准，独特的地理位置使其成为全球贸易的重要节点，投资快速增长，市场前景广阔。虽然印尼的人均 GDP 高于越南、泰国等多数东南亚国家，但其人均能源消费量和电力消费量处于较低水平，这主要是由于印尼依靠出口化石能源来获取国民收益，而忽略了自身能源利用和电力工业的发展。目前，印尼已转变了依靠能源出口换取经济收益的策略，转而重视国内电力工业基础设施建设，较快的经济和人口增长使得印尼成为当前国际电力投资合作的热门国家。

印尼电力长期处于需求巨大、供应不足的状态，不同地区之间电力供需情况差异巨大，电气化总体水平低。印尼发电能力严重不足，2015 年人均电力装机容量约为 0.22kW/人，甚至比印度人均装机容量还要低，电力装机容量不足已成为制约印尼电力工业发展的主要原因。印尼的发电量年均增速保持在 6%左右，发电量结构以煤电和气电为主，可再生能源发电量比重较小。终端用电结构方面，居民用电量超过了工业用电量，成为印尼最主要的用电部门。此外，印尼的输电线损率为 10%，2005—2015 年，印尼累计线损电量为 1890 亿 kWh。可见，印尼一方面要加快电力装机建设，满足快速增长的电力需求；另一方面要完善输配电网络，降低线损率。

印尼最新的电力供应规划中，电力规划的目标是到 2027 年新增电力装机容量 5602.4 万 kW，届时总装机容量达到 1.01 亿 kW，其中煤电装机比重达到 54.4%，较 2016 年的 44.2%有了较大的提高。从印尼的装机增长和未来规划情况来看，印尼对于发展煤电有着极大的热情，原因主要包括：①印尼国内丰富的煤炭资源，且开采条件优越，价格低廉；②国内油气资源日渐枯竭，油电逐渐淘汰，难以大规模发展气电，而水电资源虽然丰富，但开发条件并不理想，因此需要依靠煤电作为基荷电源；③尽管政府制定了非化石能源发展目标和 NDC 目标，但政府不愿意增加电力供应成本，再加上可再生能源发展基础薄弱，风光资源的间歇性问题，以及地热资源全部在原始森林，开发难度极大，使得印尼的可再生能源发展十分缓慢。但是，印尼的煤电机组技术水平普遍较为落后，在能效、污染物排放等方面还有很大的改进空间。

印尼的宏观风险（政治、经济、国家关系等）较高，处于中等风险水平，投资活动面临很大的不确定性，缺乏收益保障机制；而从电力（煤电）市场和环境约束来看，印尼发展政策稳定，电力需求潜力巨大，电力投资吸引力强劲。投资收益方面，印尼煤炭价格低，南苏煤电项目的收益率很高，而且注重对当地社区基础设施的建设以及对人文和自然环境的尊重，使得项目营运非常成功。针对未来印尼电价政策、煤炭资源和提升环保标准等不确定性，压力测试结果显示，对印尼电厂投资建设的过程中应该寻求低价煤、提高电厂的利用小时数；碳税及环保要求方面，未来很可能成为投资的一大风险，如何在国家不给补贴又能达到环保要求方面达到平衡，是我国在下一步的投资中必须要考虑的问题，否则将会造成企业的大幅亏损。

我国对外投资企业在海外履责过程中，面临缺乏专业组织和人才服务、缺少理论和实践支持的制约。难以预料的政治局势、显著的中外文化差异、缺乏与当地社区的有效沟通，以及由此产生的当地居民对中国企业的误解等，是中央企业海外履责面临的主要挑战。在印尼一期、二期电力开发计划中，中国企业投资建设了大量的电力项目，但是一些无资质、无实力、无信用的企业造成了多个延期、劣质甚至烂尾的工程（34个），严重影响了中国企业在印尼的信誉，使得如今印尼对中国企业的投资活动抱有强烈的怀疑甚至排斥心态。这种对中国电力企业的认知惯性，再加上中国企业的国际融资成本较高，且PLN自营项目设置了非OECD限制条款，实际上限制了中国企业的进入。中国企业有必要转变电力投资观念，努力依靠技术和成本优势获得国际市场的认可，建立多方协商机制，适应国际和东道国发展要求，重视品牌战略。

7.1.2 越南

越南属发展中国家，经济增速较快，与中国有着密切的贸易往来和投资合作，是“一带一路”倡议的重点国家。越南目前以水电、煤电和气电为主，电源结构相对合理，其资源条件决定了各类电源的地区分布情况，北部地区以煤电和水电为主，电力系统备用容量较高，南部以气电为主，系统备用容量较低，因此需要通过输电线路来实现地区电力供需平衡。

越南每年需要从中国和老挝进口部分电力，同时也出口少量电力到老挝和柬埔寨。越南的电力需求和发电装机增长迅速，居民通电率接近99%，但人均电力装机依然很低（0.4kW/人）。电力结构已经从水电和气电为主的局面发展为如今的水电、气电和煤电并重，三者发电量比重超过99%，其他可再生能源装机很少。越南南北地区输电网络为500kV线路，长距离输电使得输电损失较高，线损率常年保持在9%左右。

越南煤电行业发展存在着很大的不确定性，原因在于：①越南用于发电的本国煤炭主要是无烟煤，该煤种碳排放系数较高，加上越南煤电效率较低、煤耗较高，使得越南煤电碳排放强度较高，NDC减排压力大，需要对现役机组进行大规模清洁高效改造；②如果越南大规模发展煤电，本国煤炭将无法满足需求，对于进口煤炭的依赖程度增加，可能会有能源安全和电力供应成本不确定性的风险，而且国际市场煤炭价格普遍高于国内，会使得煤电经济性进一步下降；③越南对煤电投资提出新的规定，今后的外资投资项目将只是

IPP项目，PPA无国家担保，而且越南的PPA无照付不议条款，无视同调度条款，项目投资方的风险较大；④越南典型电厂压力测试结果显示，煤电年利用小时数下降和环保标准的提高会使项目的企业价值和IRR明显减少，从目前看来，越南煤电污染物排放标准处于非常低的水平，未来提高环保标准的可能性非常大，无PPA保障的煤电利用小时数也存在着很大的不确定性，加剧了煤电项目潜在的运营风险。

在可再生能源方面，越南需要制定更为明确和具有挑战性的可再生能源开发利用目标，在依托现有水电、稳步发展气电、合理规划煤电的基础上，适当采用补贴和价格政策来引导可再生能源投资和产业良性发展。例如，越南目前的补贴政策：在6.5美分/kWh的煤电上网电价的基础上，陆上风电加1美分/kWh，光伏最高可获得3美分/kWh的补贴，这使得风电和光伏项目有了盈利空间。但越南政府财政补贴能力有限，这种方式并不能持久，需要建立长期政策机制，努力实现可再生能源产业本地化发展，把握当前国际能源投资多元化、技术进步和成本加速降低的趋势，利用能源政策杠杆撬动可再生能源产业发展，并助力自身经济结构升级。

越南电力投资同样面临较为严峻的国别宏观风险，煤电需求虽然很大，但在当前全球能源体系清洁低碳转型的大趋势下，越南的煤电政策有很大的变动空间，这需要慎重考虑。越南煤电项目的IRR主要是依靠很高的利用小时数（6000h以上）来实现，但越南已经不再提供PPA担保，煤电的年利用小时数无法保障会使得煤电项目的收益面临很大的风险。环境压力测试的结果显示，在越南进行煤电投资建设的过程中应该寻求低价煤、高利用小时数的短期风险规避手段，长期则应考虑碳税及环保要求对煤电项目收益的影响。

7.2 对中国企业的政策建议

7.2.1 中国-印尼

（1）强化海外投资指引，建立国别风险评估与预警体系。国际投资风险要更为复杂、多变，很多企业在不了解东道国发展政策、市场条件、法律规范以及国际金融投资准则的情况下，贸然进行项目投资，一方面大大增加企业自身遭受投资损失的可能性；另一方面也会给国际市场留下中国企业胡乱投资、不负责任等负面印象，对中国企业“走出去”非常不利。为了避免无序、盲目的国际投资活动，需要加强中国企业海外投资指引体系建设，为中国企业“走出去”提供国别风险评估和预警指南服务，制定中国企业海外投资准则，健全海外投资服务体系。

（2）规范海外投资行为，由重投资规模转向重投资收益能力。中国企业在国际投资市场获得了很多大额项目，但国际社会对中国企业取得的成果褒贬不一，这是因为有部分大型项目过度追求短期利益，在建设或运营过程中对当地社区、环境等造成了负面影响。随着我国经济实力、投资能力的不断增强以及国际竞争加剧，国际投资观念也要逐渐转变，严格投资审批和监管程序，从以往的依靠投资额打开市场的方式，向依靠投资质量打造品牌的高端路线转变，注重国际投资的投资收益和社会效益，遵守东道国法律法规和宗教习俗，重视社会责任和有序竞争。企业自身要完善海外履责管理机制，包括海外社会责任管理体系、管理部门和人才队伍建设，同时还要加强海外履责信息的披露和传播，构建海外责任品牌，完善责任实践模式，积极参与国际责任交流，参与相关国际标准制定，借鉴东道国企业优秀履责经验，以提升海外履责实践水平、树立责任担当品牌形象、提升海外责任影响力。

（3）强化ESG（环境、社会和公司治理）治理，建立海外投资项目的ESG政策体系。国家相关部门要形成海外投资企业海外社会责任专项指引、主动开展专项提升工作，督促相关金融机构有效地识别、计量、监测、控制投融资活动中的环境社会及管治风险，制定海外投资企业海外社会责任绩效考核体制、建立海外履责绩效考核和奖惩机制，敦促相关企业加强海外履责信息披露，同时指导企业培养社会责任专业人才。亚洲基础设施银行、丝路基金等机构制定高标准的多边ESG风险管理指引，创造绿色就业，发展绿色经济。

亚洲基础设施银行、丝路基金等机构在对外投资ESG建设方面可以发挥出重要作用，应设立专门ESG绿色金融事业部，制定高标准的多边ESG风险管理指引；引导在越南、印尼“走出去”的企业，在各类资本上加大对ESG指标表现方面的投入力度，创造绿色就业，发展绿色经济，推动沿线地区改善生态环境，提升当地社区居民生活质量；鼓励对外投资和企业积极探索绿色债券，提高中长期绿色项目的融资可获得性，通过绿色债券绿色信贷等手段倒逼对外投资企业加强ESG建设。

（4）借助中国与东道国之间的双边政府机制，加强能源政策交流与互动，将部分政策性贷款向示范性的能源项目倾斜。中国与很多“一带一路”国家都签订了双边协定，这为双方在多领域的深度合作提供了很好的保障，借助该优势进一步加强与东道国的能源政策、技术交流与合作，针对不同国家的政策导向、市场需求、环境约束等，选择适当的国际合作方式，一方面严格要求投资行为，要符合国际标准和东道国要求，另一方面可以开放性地将以官方发展援助（ODA）为主的部分政策性贷款向示范性的能源项目倾斜。外交部和驻外使领馆可以借助论坛、研讨会的活动，增强企业责任意识，鼓励企业海外履责，同时通过主动宣传、加强同当地政府合作等方式，支持海外投资企业海外履责。本土社会团体要积极走出去，发挥专业优势和专长、充分利用国际资源，帮助提升相关企业海外履责活动的实践价值。

（5）与对外援助相结合，将资金援助、技术援助与东道国的能源基础设施建设、SDG项目结合，并同时开展可再生能源技术与产能合作，落实中国-印尼能源战略对话承诺。印尼对于中国的煤电投资合作抱有排斥心态，这主要是由于早期部分中国企业在印尼投资的项目存在诸多问题，严重影响了中国企业的信誉和形象。而且当前国际能源发展理念是低碳清洁，对于煤电项目有一定的投资限制，各方面的因素使得煤电项目的投资成本和风险显著提高。在国际煤电投资合作受阻的情况下，中国需要转变思路，从政策、技术、资金等方面加强能源合作，以无偿贷款、优惠性贷款和技术专家协助等形式拓宽国际能源与产能合作，结合印尼当前最为迫切的联合国可持续发展目标（SDG），切实帮助印尼等国家完善社会福利项目、能源基础设施和可持续发展体系。可再生能源投资要切实结合当地实际情况，全面考虑资源条件、市场需求、运营管理等因素。

（6）运用南南基金援助项目，开展南南合作碳减排核算与披露机制，必要时可升级为中国与“带路”国家联合减排履约机制。为更好地了解国际能源合作项目的运营和履约情况，需要建立完善的监督与信息披露机制，尤其是煤电项目的资源消耗、污染物排放、碳排放。依托南南合作平台等国际机构，加强国际合作项目的环保核查与监督，建立公正、透明、高效的能源合作与治理联合机制。根据21世纪可持续发展议程创建一套适用、高效、先进的绿色可持续新标准，由于国内技术、环境要求等的不同，国内ESG相关标准不完全适用境外，要针对东道国具体实际情况来设计ESG新标准，突出针对性和适用性，这样才能促进环境社会及管治的优良表现。从东道国角度出发，要积极发挥出国家监管层的监督作用，并配以社区团体以及相关非政府组织（NGO）要求和标准将企业ESG建设落到实处。

7.2.2 中国-越南

（1）关注越南的电力市场形势变化，加强与越南政府的双边能源政策交流与互动。越南是与中国相邻的重要能源合作伙伴，双方在煤炭、电力等领域有着密切的贸易合作往来，同时越南经济、人口和社会的快速发展必然会刺激对能源和电力的需求。越南电力市场发展仍然存在一定的不确定性，有必要从政策交流和市场需求的角度拓展和加深两国能源合作，为国际电力合作项目提供保障，秉持互利互惠的原则，共同推动“一带一路”倡议。外交部和驻外使领馆可以借助论坛、研讨会的活动，增强企业责任意识，鼓励企业海外履责，同时通过主动宣传、加强同当地政府合作等方式，支持海外投资企业海外履责。

（2）通过技术、资金援助、政策对话等方式引导越南政府优化能源政策，助力电力投资转型和中国可再生能源行业“走出去”。越南电力市场已经基本实现供需平衡，即将迈入优化转型阶段，而中国的电力市场改革持续深化，在清洁高效煤电、可再生能源发展政策机制、电力系统安全运行和市场规则设计等方面已经取得了一定成果。中国和越南电力市场发展情况相似，中国可以通过政策沟通、经验交流、技术和资金援助等方式，结合越南电力需求助力其电力转型，同时推动我国先进煤电和可再生能源“走出去”。本土社会团体要积极走出去，发挥专业优势和专长、充分利用国际资源，帮助提升相关企业海外履责活动的实践价值。

（3）借助国际开发署的新机构平台，加速中国能源环境NGO“走出去”，与东道国政府、行业和社区加强公共对话、技术服务、政策咨询。NGO组织在国际合作中发挥着非常积极的作用，解决政府与企业不便涉及或无能力涉及的关键领域。中国企业在“走出去”过程中会遇到沟通不畅、协商受阻、政策不明等问题，建立中国能源环境NGO，有利于在国际上塑造中国良好形象，便于中国企业“走出去”；NGO以中间协商者的身份，加强与政府、使馆和社区的信息沟通发挥事态预警、提示作用；国际合作事务上，施援国与援助国要加强协调与政策沟通，NGO在援助项目示范与评估中可发挥重要作用；从东道国角度出发，要积极发挥出国家监管层的监督作用，并配以社区团体以及相关NGO要求和标准将企业ESG建设落到实处。

（4）设立对外投资ESG规范，出台行业指南和操作手册（GEI），提升中国企业在海外投资运营的软实力。中国企业在“走出去”时要特别注意社会和环境影响，减少与当地民众的利益冲突。早期中国企业“走出去”时缺乏严格的审批门槛和监管条款，很多投资项目质量不过关，严重影响了中国企业的品牌信誉。国家相关部门要形成海外投资企业海外社会责任专项指引、主动开展专项提升工作，督促相关金融机构有效地识别、计量、监测、控制投融资活动中的环境社会及管治风险，制定海外投资企业海外社会责任绩效考核体制、建立海外履责绩效考核和奖惩机制，敦促相关企业加强海外履责信息披露，同时指导企业培养有社会责任的专业人才；此外要重点支持生态友好型的绿色产业，越南国家可再生能源丰富，具有发展绿色生态产业的地理和资源优势，也意味着具有发展绿色经济的良好机遇。因此，要加强对中国企业海外投资的监管审批和 ESG 规范标准，出台行业投资指引，提高企业国际竞争力。

（5）进一步强化海外投资行为管理，实施最严格的海外投资管理政策，国资委强化对国有企业海外业务投资回报率和企业社会责任的两级考核机制（项目层面和海外公司层面）。国有企业作为"走出去"的主力，要担负起引领责任，建立涵盖项目决策、投资竞标、工程建设、运营管理和效益监管等各个环节的严格投资管理政策，兼顾企业社会效益和项目投资收益，摒弃追求自身利益和短期效益的狭隘观念。可再生能源投资要切实结合当地实际情况，全面考虑资源条件、市场需求、运营管理等因素。企业自身要完善海外履责管理机制，包括海外社会责任管理体系、管理部门和人才队伍建设，同时还要加强海外履责信息的披露和传播，构建海外责任品牌，完善责任实践模式，积极参与国际责任交流，参与相关国际标准制定，借鉴东道国企业优秀履责经验，以提升海外履责实践水平、树立责任担当品牌形象、提升海外责任影响力。

（6）强化金融部门的海外金融服务能力和风险管控能力，对传统化石能源项目融资实施严格的技术标准，开展环境气候压力测试。中国企业在进行投资决策时，应将压力测试作为风险评估的组成部分，识别会导致风险的环境因素，如煤价、利用小时数、汇率、碳税及环保要求等，将环境因素转化为数量和质量信息，纳入决策制定体系之中。环境风险评估最主要的是环境信息的可得性和准确性，企业不仅需披露财务信息，还需披露包括气候与环境信息在内的社会责任信息，建议企业进一步建立和完善环境信息数据库，使环境信息披露更透明公开。随着市场竞争和环境风险加剧，企业应结合自身实际情况开展全面风险管理，树立风险管理观念，完善环境风险管理的支撑体系，提升环境风险防范和应对的能力，建立健全风险责任制度，明确奖惩措施、责任和义务，将环境风险纳入到宏观综合决策体系，全面提升环境风险的治理水平。随着越南对环境保护要求的提高，中国企业应争取得到更多的环保补贴，同时从煤价、利用小时数等方面来提高自身的企业价值，保证企业的收益。

7.3 对印尼政府的政策建议

7.3.1 煤电领域

（1）对新建煤电项目按照先进、适用原则执行最佳适用技术标准（BAT），特别是大幅提高新建煤电项目的效率与排放准入标准。煤电已成为印尼最主要的电源形式，为了满足经济增长需求与环保约束的双重目标，煤电机组的建设一方面要实现经济运行目标，另一方面也要对煤电机组进入的技术标准提出要求。参考 OECD 的《官方支持出口信贷安排》对于煤电投资的要求，在印尼等发展中国家可以采取"仅在最优时适用"的 BAT 原则，在经济可承受范围内采用最优技术水平，对于新建煤电项目的效率与排放准入标准的制定则可以参照当前国际煤电技术领先水平。

（2）分阶段开展在役煤电机组的清洁高效改造。印尼的煤电机组平均技术水平不高，部分机组存在污染严重、能效低下的情况，这类机组供电成本较高，且会影响电力系统的稳定性和可靠性。淘汰运行年限较长、机组容量较小、发电效率低下的落后机组，提高整体发电效率；因厂制宜采用汽轮机通流部分改造、锅炉烟气余热回收利用、电机变频、供热改造等成熟适用的节能改造技术；未达标排放的机组要加快实施环保设施改造升级，确保满足最低技术出力以上全负荷、全时段稳定达标排放要求。

（3）尽快提高煤电机组的污染排放标准。随着对在役机组的清洁高效改造和新建机组的规模不断扩大，可以逐步提高印尼煤电机组的污染排放标准，利用政策和市场手段来加快落后机组的升级改造或淘汰，新建燃煤发电机组应同步建设先进高效脱硫、脱硝和除尘设施，在确保电力供应充足的前提下，构建清洁、高效、低碳的电力工业体系。

7.3.2 可再生能源领域

（1）选择渔业中心、偏远海岛开展以可再生能源为基础的微电网、分布式可再生能源、离网型可再生能源示范项目（可再生替代柴油工程）。印尼的岛屿分布较为分散，大范围的电网系统面临着经济性和安全性的巨大挑战，因此，可在偏远海岛、渔业中心等地区建立示范性的分布式能源系统，“微电网＋分布式能源＋储能”的能源系统的单位供电成本要低于现有的柴油发电，依靠这种供电形式来满足当地的电力需求，并与经济发展形成良性循环。

（2）在具有较好电网基础设施能力的爪哇—巴厘岛电网有序推进规模化可再生能源项目。爪哇—巴厘岛地区作为印尼的经济中心，有着较为完善的输配电网络，而且对于电价的承受能力也优于其他地区，印尼的可再生能源发展目标可以围绕该地区逐步开展、有序推进，一方面减少化石能源电力补贴，另一方面分阶段要求 PLN 拿出部分的电力补贴用于支持可再生能源。

（3）强化可再生能源资源评估、技术研发、本地制造与配套能力建设。印尼可再生能源开发潜力巨大，但很多都位于森林、山地等远离电力负荷中心的地方，开发难度较大，水能和地热能的价值并未受到重视，这成为阻碍印尼可再生能源发展的主要外部因素。印尼可再生能源单位投资成本较高，相对化石能源经济性较差，使得可再生能源发展的市场空间有限。从长远发展的角度来看，印尼需要从政策、技术和产业三大支撑体系做出有益探索，积极整合各方资源，大力推动“产学研”联合，构建涵盖资源勘探、技术评估、方案设计、设备制造、项目建设和运营管理的可再生能源产业链，努力降低可再生能源开发和投资成本，适当提高可再生能源补贴，平衡煤电、气电和可再生能源之间的发展。

7.4 对越南政府的政策建议

（1）在电力供应能力提升的基础上着力优化电源结构，在可接受的额外成本增加前提下加速可再生能源发展，避免不必要的能源安全风险和低碳转型困境。越南电力供应主要来自于煤电、气电和水电，三者所占发电量份额相当，低碳电力占主体地位。在保证电力供应平衡的情况下，优化能源结构，化石能源与可再生能源协调发展，通过市场手段、技术发展和配套政策等途径，着力降低可再生能源发展成本，避免电力供应能力增长与碳减排目标的冲突，根据电源需求合理发展煤电，同时提高能源供应的安全和可持续性。

（2）用更高的环保与能效标准引领煤电高质量发展。从当前的电力规划和需求增长情况来看，至少对 MOIT 而言，未来十年内煤电是越南电力供应的主力。对于煤电的发展，越南政府态度暧昧，既有大规模煤电开发计划，又在一定程度上限制煤电发展（越南近几年没有新批准煤电项目），政策导向的不确定性使得煤电项目风险大大提高。这就需要转换发展思路，不能简单地增加煤电装机容量，而要通过技术改进、环保标准提高、市场竞争的方式，来推动煤电行业从“高速发展”转向“高质量发展”，避免煤电发展后期转型难的问题。

（3）出台明确的可再生能源政策和目标清晰可行的发展规划，逐步提高可再生能源本地化水平要求，实现能源政策与产业政策的良性互动。各国可再生能源行业的发展，前期都需要依靠政策支持和财政补贴，并且要有较强的执行和监管效力，等到技术成熟、成本降低到与化石能源相当水平时，依靠电力市场化手段来平衡各类电源发展。越南需要制定更加明晰的可再生能源政策，坚定清洁发展意愿，逐步完善可再生能源产业链，发挥本地化资源和市场优势。

（4）开展越南电网大规模接入可再生能源的先导性试验，着力提高电力系统弹性以提高可再生能源接纳能力。风电、光伏等可再生能源有着很强的间歇性和不稳定性，容易产生谐波和负荷剧烈波动等情况，对电网运行调度带来了巨大挑战，增加了供电成本。大规模可再生能源的发电上网需要配套的调峰电源来调节电网负荷，防止脱网，越南有着充足的调峰资源，如气电、抽蓄和部分煤电机组，电力系统灵活性充足，加上正在建设的电网系统，为可再生能源并网发电提供了保障，可以进行先导性技术试验，开发和引进先进技术和理念，着力提高可再生能源消纳能力。

（5）平衡好追求低电价和高能源效率之间的关系，在市场化改革的进程中注重价格机制对提高终端能效的作用，提升需求侧管理（能效和需求响应）对保障电力安全的贡献。低电价虽然有助于降低生产和生活成本，但在一定程度上会加剧电力浪费的情况，不利于提高能源效率。越南在进行能源转型和市场化改革过程中要权衡电价与能源效率之间的关系，降低电价并不是减少社会成本的唯一途径，节能服务、需求侧管理等先进管理方式可以在完成同样用电功能的情况下减少电量消耗和电力需求，从而缓解缺电压力，降低供电成本和用电成本，对于电力系统安全稳定运行有着非常积极的作用。

（6）强化电力行业清洁低碳发展与兑现 NDC 目标的联动性，把可再生能源、终端能效和煤电技术进步作为电力部门 NDC 的重点行动计划。越南气候环境条件持续恶化，造成了严重的社会和经济损失，环境治理势在必行。越南的温室气体主要来自于能源行业，但能源部门的减排目标分别为 4.4%（无条件）和 9.8%（有条件），使得其他行业要承担更为艰巨的 NDC 任务，这显然是不公平的。越南应将温室气体减排的重点目标定位在能源行业，加快电力生产清洁低碳化发展，从供给侧、需求侧两端加强碳减排，可再生能源与清洁高效煤电同步发展。

参 考 文 献

[1] 聚焦“一带一路”国际社会评说“一带一路”[EB/OL].[2018-09-26]. http://www.sohu.com/a/134718013_115495.

[2] “一带一路”五年来电力行业丰硕成果[EB/OL].[2018-09-26]. http://www.sohu.com/a/256184600_289755.

[3] 魏充.“一带一路”电力合作前景展望[J].中国电力企业管理,2017(28):64-65.

[4] 中国电力报.“一带一路大背景下电力投资成为引领我国企业‘走出去’风向标”[EB/OL].[2017-12-26]. http://www.cnenergy.org/dl/201712/t20171226_449554.html.

[5] 张力,文任鹏,刘畅.“一带一路”中国参与煤电项目概况研究[R]. 2017.

[6] 袁家海,赵长红,张浩楠,等.“一带一路”绿色电力合作研究[M].北京:中国水利水电出版社,2018.

[7] 德勤.“一带一路”电力国际合作展望[R]. 2018.

[8] 中国工业报纸.“一带一路”电力与高耗能行业产能合作前景广阔[EB/OL].[2017-10-20]. http://fec.mofcom.gov.cn/article/tjgjcnhz/xgzxhlj/201710/20171002657363.shtml.

[9] 中国人民共和国商务部.中国对外承包工程发展报告 2017—2018[EB/OL]. http://fec.mofcom.gov.cn/article/tzhzcj/tzhz/upload/dwcbgc2017-2018.pdf.

[10] 臧雷振.治理定量研究:理论演进及反思——以世界治理指数(WGI)为例[J].国外社会科学,2012(04):11-16.

[11] Worldwide Governance Indicators. http://info.worldbank.org/governance/wgi/index.aspx#doc-sources.

[12] Daniel Kaufmann, Aart Kraay, Mastruzzi M. The Worldwide Governance Indicators: Methodology and Analytical Issues [J]. Hague Journal on the Rule of Law, 2011, 2 (3): 220-246.

[13] Michel Henry Bouchet. Country Risk Assessment: A Guide to Global Investment strategy [M]. Duke University, 2003.

[14] Political risk service [EB/OL]. http://www.prsgroup.com.

[15] 危俊.国际主流政治风险评估机制经验借鉴[J].金融经济,2012(08):74-76.

[16] 中国社会科学网.中国海外投资国家风险评级报告(2015)[EB/OL]. http://www.cssn.cn/zk/zkzkbg/201506/t201506032019736.shtml.

[17] 季铸,张琳琳,孙瑾,等.《全球75个国家国际贸易投资风险指数》报告[R]. 2005.

[18] 鲁肃.世界经济风险指数与主权国家评级报告发布[N].科技日报.

[19] 樊金明,季成.《全球75个国家国际贸易投资风险指数》报告[R]. 2012.

[20] 中诚信国际信用评级有限公司简介[EB/OL].[2015-12-10]. http://www.ccxi.com.cn/247/ompany.html.

[21] 华东政法大学政治学研究所.国家参与全球治理指数[EB/OL]. http://psi.ecupl.edu.cn/spigg/.

[22] 国际能源署.Iea世界能源展望[R]. 2016.

[23] 中国投资咨询网.印度尼西亚电力行业 SWOT 分析[EB/OL].[2016-08-23]. http://www.ocn.com.cn/chanjing/201608/qmttq23165442.shtml.

[24] 戴丽君.越南近五年投资环境及其经济数据分析[J].管理观察,2016(33):101-102.

[25] 刘才涌．越南油气产业发展现状、问题与新动向［J］．南洋问题研究，2015（01）：43-51.

[26] 张明亮．越南的能源与中越能源合作［J］．东南亚纵横，2006（01）：21-25.

[27] 张森林．越南电力工业发展近况［J］．中国电力，2008（02）：69-73.

[28] 张朋举．论越南风电项目投资开发［J］．云南水力发电，2017，33（3）：7-9.

[29] 武氏芳草．越南电力行业民营化改革研究［D］．上海：复旦大学，2013.

[30] 米良．越南革新开放以来电力业的发展及相关制度的建立完善［J］．东南亚纵横，2013（09）：62-66.

[31] Review V I. China funds coal away from home［EB/OL］. http：//www. vir. com. vn/china-funds-coal-away-from-home-55038. shtml.

[32] 越南提出未来 40 年能源发展计划主要在电力领域［EB/OL］. http：//www. docin. com/p-506369004. html.

[33] 越南矿产资源概［EB/OL］. http：//blog. sina. com. cn/s/blog_12b26945e0102w8kq. html.

[34] 驻越南经商参处．越南从煤炭出口国向进口国转变［EB/OL］. http：//vn. mofcom. gov. cn/article/sqfb/201610/20161001502091. shtml.

[35] 驻越南经商参处．越南 2016 年前八个月进口煤炭翻番［EB/OL］.［2016］. http：//www. mofcom. gov. cn/article/i/jshz/new/201610/20161001404467. shtml.

[36] 孙璐．中国电力承包企业开拓越南市场策略分析［J］．黑龙江对外经贸，2010（07）：45-46+93.

[37] 中国信保．印度尼西亚经济与商业环境风险分析报告（2017 年版）［R］．2017.

[38] 中国电力报．一带一路　国华印尼南苏电厂：做"印尼最优"［EB/OL］. http：//www. cpnn. com. cn/zdyw/201712/t20171214_1039933. html.

[39] 刘博．国华印尼南苏项目投资风险管理研究［D］．北京：华北电力大学，2013.

[40] 中电新闻网．神华国华电力印尼南苏电厂建设发展实现"9 个第一"［EB/OL］. http：//www. cpnn. com. cn/zdyw/201504/t20150430_798369. html.

[41] polluting paradise［EB/OL］. http：//www. greenpeace. org/seasia/Global/seasia/report/2018/Celukan-Bawang-CFPP-Polluting-Paradise. pdf.

[42] 驻越南经商参处．中资企业投资建设的越南永新一期 BOT 电厂项目首台机组实现满负荷发电［EB/OL］.［2018］. http：//www. mofcom. gov. cn/article/i/jyjl/j/201805/20180502739179. shtml.

[43] 刘东．600MW 超临界 W 火焰炉给水控制技术研究及应用［D］．北京：华北电力大学，2012.

[44] 越南无烟煤价格——2018 年 1 月 5 日市场行情［EB/OL］. http：//www. 10s1. com/html/201801/297858. html.

[45] 国际煤炭网．印尼煤价下跌 22% 印度进口商利润增加［EB/OL］. http：//coal. in-en. com/html/coal-2548490. shtml.

[46] 亚临界与超临界参数锅炉［EB/OL］. http：//www. docin. com/p-292273965. html.

[47] 高平，刘春梅，孙平．海外 IPP 电站 EPC 总承包项目开发阶段风险管理［J］．项目管理技术，2016，14（08）：66-70.

[48] 2017 年印尼雅加达国际太阳能光伏展览会［EB/OL］. http：//www. eastyida. com/exhibition/detail? exid=150.

[49] 王斯成．分布式光伏发电政策现状及发展趋势［J］．太阳能，2013（08）：8-19.

[50] 彭博新能源财经．印度尼西亚推出光伏上网电价补贴［EB/OL］. http：//guangfu. bjx. com. cn/news/20160826/766775. shtml.

[51] 商务部国际贸易经济合作研究院，中国驻越南大使馆经济商务参赞处，商务部对外投资和经济合作司．对外投资合作国别（地区）指南——越南（2017 版）［R］．2017.

[52] 百度百科．西宁省［EB/OL］. https：//baike. baidu. com/item/%E8%A5%BF%E5%AE%81%E7%9C%81.

[53] 舟丹. 未来光伏发电建设成本变化趋势分析 [J]. 中外能源，2017，22 (06)：14.

[54] 赵娜，高赟. 分布式光伏+储能电站模式与经济性分析 [J]. 太阳能，2017 (12)：17-25.

[55] 邵汉桥，张籍，张维. 分布式光伏发电经济性及政策分析 [J]. 电力建设，2014，35 (07)：51-57.

[56] 2018光伏电池价格明细表 [多少钱一块] [EB/OL]. http：//www.luaninfo.com/News/lanews/2017/04/35/28227100.html.

[57] 印度尼西亚光伏市场概况与分析 [EB/OL]. https：//solar.ofweek.com/2014-07/ART-260009-8420-28845537.html.

[58] 邓忻依，艾欣. 分布式光伏储能系统综合效益评估与激励机制 [J]. 发电技术，2018，39 (01)：30-36.